U0553083

　　本书为国家社会科学基金规划项目"城市化进程中'村改居'社区组织建设研究"（项目批准号：10BSH052）的最终成果，并得到福建省高校人文社会科学研究基地——海西社会建设与社会服务研究中心和集美大学学术著作出版基金的资助

转型与创生："村改居"社区组织建设

TRANSFORMATION AND CREATION:
CONSTRUCTION OF COMMUNITY ORGANIZATION
AFTER VILLAGE CHANGING
INTO COMMUNITY

杨贵华 著

社会科学文献出版社
SOCIAL SCIENCES ACADEMIC PRESS (CHINA)

目 录
Contents

导论

第一节　研究问题的提出和意义

一　中国话语下的现实问题

本项研究课题的题目为："城市化进程中'村改居'社区组织建设研究"。我把"村改居"社区组织建设置于城市化进程中或背景下进行研究，是有一番考虑的，有必要在"导论"中作些说明。

随着工业化和城市化的快速推进，我国许多城市周边的村成建制地实现了"农转非"，农村建制的"村民委员会"改为城市建制的"社区居民委员会"。这就是人们通常所谓的"村改居"。

"村改居"是一个地地道道的中国"特色"的话语。那么，为什么要"村改居"呢？理解这一点，有必要从城市化切入。

城市化，在我国也称城镇化①，其通行的理解是指人口由农村向城镇集聚的过程。工业革命之前，尽管早就有了城市，但人类生产和生活以农业和农村为主。工业革命揭开了历史的新篇章，人类

---

① 城市化和城镇化在内涵上有着细微差别，关于城市化的概念和本质，本书第二章将作进一步界定和说明。

生产和生活开始向以工业和城市为主转变。工业化和城市化相互促进，引发了生产方式、生活方式、行为方式的变迁，同时导致社会结构、组织、制度的适应性变化。在我国，20世纪70年代末，随着改革开放和社会主义现代化建设号角的吹响，我国城市化重新起步。特别是1992年以后，随着市场经济改革的全面启动，城镇化更是进入持续发展的快车道。诺贝尔经济学奖获得者、前世界银行副行长斯蒂格利茨甚至这样说："中国的城市化与美国的高科技发展将是影响21世纪人类社会发展进程的两件大事。"中国的城市化或城镇化，其规模之大为人类历史所未有，不仅是中国这样一个发展中的大国走向现代化的必由之路，而且会影响世界。但由于长期以来形成的城乡分割的二元结构，顺利推进并完成城镇化，并不是一件轻易的事。目前，我国城市化主要有两条路径，一是农村人口自发进城从业和生活，并逐步市民化；二是"村改居"，即出于城市化的需要，将城镇周边的农村人口成建制地由农村户籍转为城镇户籍，原农村建制的村民委员会改为城市建制的居民委员会。"村改居"始于20世纪80年代，进入90年代中期以后，在城市化快速推进和城市不断扩张的背景下，"村改居"工作也在政府的主导和推动下如火如荼地进行，在旧村改造、村民转职转产、集体资产产权改制、社区新型组织培育等诸多方面取得了可喜的成绩。"城市，让生活更美好"（Better City，Better Life）这是中国2010年上海世界博览会的主题。其实，不仅城市要让人们的生活更美好，城市化和"村改居"也应让人们的生活更美好。2013年全国"两会"以来，新一届中央领导明确提出"以人为核心的新型城镇化"建设理念，其深刻用意就在于此。

"村改居"是城乡二元体制依然存在条件下国家快速推进城市化的重要举措。但"村改居"又是一项十分复杂的社会工程，需要跨过一道道"坎"，不会也不可能全程凯歌。随着这项工作的深入，一些深层次的矛盾和问题已经凸显出来，引起决策层、学术界、基层工作者乃至"村改居"社区新老居民的广泛关注，社会上也有各种议论和担心。如何使城镇化的路走得更好？如何使"村改居"的路走得更好？人们都以各自的方式进行着思考。

显然，"村改居"不是简单地换块牌子（将"村民委员会"变更为"居民委员会"）或居民户籍的变更（由农民变为市民），也不只是道路、居住环境、活动场所、居住格局等硬件设施的建设；同时也要在组织管理体制、公共服务和社会保障等方面与城市社区对接；就村民而言，又是从业领域、生活方式、行为习惯、思想观念等多方面的转变。可见，"村改居"虽然从表象上看发生在村域范围内，但实质上是大社会层面上工业化、城市化、现代化的要求，因而是全方位的农村城市化和农民市民化。有的城市提出"居住社区化、从业非农化、资产股份化、保障社会化、素质市民化"，大体包括了"村改居"的一些主要任务和目标，但不是全部。事实上，社区组织建设也是"村改居"建设中一项十分重要的工程，其建设质量对于"村改居"乃至城市化的发展具有举足轻重的意义。

二 "村改居"社区组织建设的意义

由于城乡二元体制在我国依然存在，要进行"村改居"，首先需要进行组织管理体制的转换，即撤销农村建制的基层群众自治组织——村委会，设立城市建制的居民委员会。与之相适应，基层管理体制也由以往的乡（镇）—村体制转变为街道办—社区体制（街—居制）。可见，转变组织管理体制对"村改居"的重要性是不言而喻的。但是，这不能停留在换牌子上，而必须实现组织职能、管理方式、体制机制的转型，这就要求加大"村改居"社区组织建设的力度。而"村改居"社区组织又有其特殊性和动态发展性，既不能简单套用城市社区组织的框架，也不能停留在农村基层组织建设的层次上，而必须立足"村改居"社区实际，自觉地开展建设。

目前"村改居"社区层面上的主要组织还是党组织、居委会两个委员会，近年来有的基层政府也开始在"村改居"社区设置社区服务站。人们一般称这些社区组织为体制内社区组织。总体说来，这些组织是在党的领导和政府主导下建立起来的，是党和政府开展社区建设的组织依托，也是党和政府联系群众的"桥梁"，在"村改居"社区发挥着"枢纽"的作用。但由于"村改居"社区成员在来源、结构上的复杂多样性，这些体制内社区组织在开展工作、履行职能时覆盖面不够宽，还不能很好地适应城市化发展对社区治理的新要求，不能很好地满足新老居民多元化、多层次的需要，未能有效地将外来务工人员及其家属等新居民纳入其服务和管理之中，未能很好地发挥使村民市民化的平台作用，未能成为吸引大众广泛参与、推进社区和居民全面、协调、可持续发展的有效载体。因此，迫切需要从城市化发展的要求和"村改居"社区的实际出发，积极推进"村改居"社区"两委"工作和服务重心的转变，并在完善组织架构、丰富工作载体、创新工作模式、强化队伍建设的探索创新中全面提升其能力。

近年来，适应社区居民多方面的需要，新型社区组织开始出现，并有了一定的发展。所谓新型社区组织，是相对于社区居委会、社区党组织、街道办事处等既有的社区组织而言的，泛指社区建设启动以来，新产生和发展起来的社区组织，既包括各类社区服务组织，也包括各类居民社团。从背景上看，有的是政府主导成立的，有的是居民组建但又属于正式的社区性社会组织，有的则是纯粹"草根性"的组织。如何培育和发展新型社区组织，以便与原有的社区组织互动互补，共同开展社会治理和社区服务，这是当今我国城乡社区组织建设面临的新课题，也是城市化进程中"村改居"社区组织建设的一项重要任务。

研究"村改居"社区组织建设，不能不涉及原村（组）集体经济组织的改制问题。受城乡二元体制的影响，城乡基层社区在组织体系和管理体制上有着明显的差别，尤其表现在，村委会负有促进本村经济发展和经营管理村集体资产的职能，而城市社区居委会不具有经济职能。要进行并完成"村改居"，就需要将原村委会管理的集体资产剥离并进行处置，这是"村改居"面临的最大难题，也是"村改居"过程中的"瓶颈"。其中，以产权改制为主线的集体经济组织改革，更具有制度创新的意义。但是，应该说，这一实践探索仍在继续，作为制度创新标志的组织形态也远未定型，还是"进行时"而非"完成时"。

近年来，随着城乡一体化建设和社会管理体制改革创新的提出与推进，"村改居"社区组织对新老居民的作用更加凸显，"村改居"社区组织建设的意义也进一步彰显出来。"村改居"社区组织建设不仅是"村改居"社区建设的重要内容，也是"村改居"社区全面、协调、可持续发展的组织保障。加强"村改居"社区组织建设，也是我国加强基层社会建设和创新基层社会管理方式的重要举措。要将城乡社区建设成为管理有序、文明祥和的居民生活共同体，就需要居民、社区组织、基层政府及其机构、驻社区的单位、社会组织甚至企业等多种利益相关方合作共治，这就是社区治理的新理念。而社区组织在其中的地位和作用又是不可替代的，可以形象地称其为社区治理的"第一方阵"，因为，它们与社区和居民的联系更紧密，更能将管理和服务融为一体。

加强"村改居"社区组织建设不仅具有重要意义，而且具有紧迫性。长期以来，我国的社会建设和管理明显滞后，尤其是对城乡社区生活共同体、社会组织等微观社会缺少自觉的建设意识。由于历史欠账，再加上社会转型和市场化改革未能正确把脉，社会矛盾和社会问题凸显出来，其中相当一部分沉淀于基层。这种现状显然不利于推进和谐社会的建设。进入21世纪，我国现代化建设已经站在新的历史起点上，但发展中不平衡、不协调、不可持续问题依然突出，特别是社会发展的"短板效应"突出。社会管理工作面临着更加错综复杂的形势、更加严峻繁重的任务。而目前我国社会管理特别是基层社会管理的理念、组织、体制、机制还不能适应新情况、新要求，相当一部分人习惯于用既有的方法解决复杂的社会问题，致使社会管理成本过高效果却不如意。而"村改居"社区又由于"亦城亦村"的过渡性、居民构成复杂、人口流动性大等特征，再加上处在政府主导的强制性制度变迁过程中，多重主体的利益相互纠结,诉求各有差别,极大地增加了解决矛盾的难度。"村改居"社区组织预防和化解基层社会矛盾的任务更为突出。当然,这些组织由于植根于居民,活动于社区,在预防和化解基层社会矛盾方面又有其独特的优势。

三 相关研究述评

"村改居"工作启动后,日益引起人们的关注。但学术界的研究主要是从 21 世纪开始的,检索中国学术期刊(中国知网)全文数据库,主题包含"村改居"的文章最早出现于 2001 年,2001 ~ 2013 年共收录 507 篇;篇名有"村改居"的文章也最早出现于 2001 年,2001 ~ 2013 年共收录 260 篇。十多年间,还有一些研究"村改居"和"城中村"的著作面世。这些论著涉及经济学、政治学、社会学、法学、管理学等多种学科,当然也有多学科的综合研究。就研究内容而言,涉及集体资产改制,失地居民的就业和社会保障问题,"城中村"问题,党、政、经组织分离,"村改居"社区社会资本,"村改居"社区文化,"村改居"社区治理,"村改居"社区管理体制,"村改居"社区自组织发展。近几年,有的还以"村改居"为选题撰写了硕士或博士学位论文(焦彩霞,2007;胡建勋、陈灿辉,2008;彭恬、张海舰,2009;吴瑜、王继业,2010;张丽丽、李秀梅,2011;胡振光、高扬、徐正前,2012;杨宏伟、金乐,2013;等)。

"城中村"研究是一个与"村改居"社区研究相关联但又有区别的课题,学术界的关注和研究更早一些〔中国学术期刊(中国知网)全文数据库最早收录篇名有"城中村"的文章为 1996 年〕。从严格意义上讲,"城中村"是在城市化进程中为新的城市建筑和城区所包围但建制依然为村民委员会体制的村落。但在实际生活中,人们往往把那些虽已进行"村改居"但依然保留村落特征和集体经济的"亦城亦村"的社区习惯地称为"城中村"。"城中村"问题、"城中村"改造、"城中村"转型、"城中村"村级资产改制等一直吸引着学者的研究目光，已有大量论著出版和发表（房庆方、马向明、宋劲松，1999；郑庆昌，2002；李培林，2004；蓝宇蕴，2005；孙学文，2009；陈湛，2009；等）。

社区治理是我国社区建设在深入推进中越来越为学界关注的热点问题（陈伟东，2004；潘小娟，2004；史柏年，2004；王巍，2009；刘伟红，2010；董小燕，2010；吴群刚、孙志祥，2011；夏建中，2012；等）。其中，刘伟红的博士论文从社区组织运行机制的视角对社区治理进行了研究，并从体制运行的基础性组织之一——双重身份的居委会，体制发展的新型社区组织——贫弱的业委会，体制转型的承接性组织——社工与社区居民组织几个方面对社区组织展开具体分析，在此基础上还就社区组织间沟通协作制度加以讨论。近年来，有的学者也将社区治理引入"村改居"社区研究中。有的作者以从村落到社区的视角，分析了城市化影响下的"村改居"社区变革及社区治理（胡振光，2012），有的对"村转居"社区的治理机制、治理模式展开了进一步的研究（王权典、刘信洪、曾琥，2011；徐琴，2012；吴瑜，2012）。

由于20世纪90年代我国城乡不同的现实条件，当时党和政府首先倡导推动城市社区建设。所以，关于社区组织的论著，国内以往大多集中在城市社区组织的研究上（雷洁琼，2001；魏娜，2003；等），有的还就居委会进行了专门深入的研究（王邦佐，2003）。一些高校还成立了"城市社区建设研究中心"等研究机构。十七大以来，随着"建设管理有序、文明祥和的城乡社区"任务的提出，研究农村社区组织的论文开始增多，"村改居"社区组织建设也进入研究的视域。从已发表和出版的"村改居"社区组织的论著来看，所涉及的主要是集体经济组织产权改制，"村改居"社区居委会建设、"村改居"社区党组织建设、"村改居"社区组织体系和管理体制这些问题。

一些研究者基于城市边缘地带"村改居"社区的调查，提出要将"村改居"社区纳入城市社区建设视野，并作为社区建设的突破点和创新点；逐步将社区居民委员会与社区企业及有关经营开发行为分开，将社区的公共事务管理和社区企业经营分离（高灵芝、胡旭昌，2005）。有的研究者提出"村改居"社区要以推进产权制度改革为契机，探索优化组织体系的路径，并就完善"村改居"社区组织体系进行了分析（徐睿，2010；等）。在关于"村改居"社区居委会的研究中，有文章指出："村改居"社区居委会需要结合自身实际，在村委会和城市社区居委会之间寻求一个平衡点，借鉴村委会治理中的优势，规避现阶段城市居委会存在的不足和缺陷，走出一条适合并能促进本地区社会和经济发展的治理新路（王碧红、苏保忠，2007）。

在社区党组织建设研究上，杜德印主编的《社区党建工作创新研究》一书从理论和实践结合的角度，就社区党建工作创新的背景和基本思路、主要任务等，进行了分析研究（2009）。近几年，研究"村改居"社区党组织和党建的论著增多。这些论著对"村改居"后社区党建工作面临的新问题进行了梳理，并提出具体对策，如开创城市社区党建工作新格局（胡慧江，2007），构建适应"村改居"社区要求的领导体系（刘文罗，2009），对"村改居"后基层党组织的职能进行重构（张红云，2012）。有的文章运用政党生态分析范式，研究了在城市化进程中由体制变革形成的"村改居"社区党组织功能转型的问题（罗新阳，2012）。

集体经济组织要不要改制，又如何改制，这个问题不仅"村改居"社区急需破解，其实，发达地区一些推进农村城市化的地方，在没有"村改居"之前就开始了此项实践探索。如广东省广州市的天河区，早在20世纪80年代中期就开始探索农村集体经济产权制度和集体经济组织的改革，后来扩展到珠江三角洲和南方经济发达且处于城市化进程中的农村，并受到广泛的关注和研究（傅晨，2005；等）。在"村改居"社区，是由行政力量主导先撤村建居，再来对原村级（或村民小组）的集体资产进行处置，而集体资产的处置方式又制约着集体经济组织改制的路径选择。许多城市的"村改居"社区积极开展此项探索，地方政府也适时引导并规范。关注此项工作的研究人员，就"村改居"集体经济组织面临的问题、集体经济产权改制的做法和程序、集体经济的新形式（社区经济合作社、社区股份合作社、社区股份合作公司等）等进行了许多调研，不仅推出了一批内容丰富的个案研究成果，有的还在理论研究和应用研究之间找到了"结合点"（高灵芝、胡旭昌，2004；孔有利，2004；王权典、江惠生，2008；轩明飞，2008；杜国明，2011；黄静晗、潘扬彬，2012；等）。

以上综述表明，十多年来，"村改居"社区组织建设研究植根于"村改居"社区实践的沃土，在跟踪、反思、提升中取得了多方面的进展。但也应指出，这些研究多是对体制内既有组织类型的研究，而对新型社区组织特别是体制外社区性社会组织的研究只能说刚刚起步。此外，现有的研究也存在着视野不够开阔的局限，特别是没有从城市化发展的高度就这些社区组织如何提供社区性公共物品、如何参与社区治理、如何满足居民多层次需求、如何提升建设能力等方面开展多方位的研究，也缺少从城市化和社会建设的高度对"村改居"社区组织体系进行的宏观思考和总体性设计。因此，"村改居"社区组织建设又是一项有待深化的研究课题。

第二节　研究思路、基本概念和框架结构

一　研究思路

本书立足于我国经济社会发展和城市化发展的实际，以科学发展观为指导，在广泛深入调研"村改居"社区组织建设的基础上，吸收和借鉴国内外经验和研究成果，着眼于居住社区化、资产股份化、就业非农化、福利社保化、服务公共化、组织网络化、素质市民化等"村改居"社区建设的目标，就"村改居"社区组织中的几种主要类型的建设，开展系统而深入的研究。这些组织类型有：职能转换中的"村改居"社区居委会、适应性转变中的"村改居"社区党组织、发展中的社区新型服务组织、发育中的居民社团组

织、改制中的集体经济组织。本书力求突破以往研究中就组织谈组织的局限，着眼于城市化与社区组织的变迁、"村改居"社区组织的架构、制度设置、工作模式创新、能力建设、队伍建设、体制政策法律环境、本土化资源利用等，力求使"村改居"社区组织建设的研究多视角、立体化。

"村改居社区组织"是本书的研究对象，但需要指出，它又是一个由正式的和非正式的组织乃至社群网络构成并且处于变化之中的组织体系，而且置身于城市化进程和社会转型的大背景之下。因此，对城市化进程中"村改居"社区组织建设开展研究，涉及内部与外部、横向与纵向、时间与空间多方面的关系，本书在研究中力求实现以下三个"注重"。

一是注重社会转型和城市化的宏观背景。"村改居"是因应我国城市化和城市扩张的需要而开展的，又是在社会转型的背景下进行的。社会转型和城市化相互交织、相互渗透、相互作用，构成了当今"村改居"的宏观总体背景。社区组织建设同样"嵌入"于这一宏观总体背景之中，自然具有宏观总体背景衬托的"时代特征"。因此，"村改居"社区组织建设的研究必须置于社会转型和城市化背景下考察。

二是注重外部与内部多种因素的作用。"村改居"过程主要还是一个强制性的制度变迁过程，政府主导和推动的色彩很明显。"村改居"社区组织建设也明显地体现出这一色彩。作为国家治理的基层社会单元，"村改居"社区中的体制内组织，虽然在性质上互有差异，但都是自上而下通过"他组织"的方式组建的。另一方面，作为地域性生活共同体，居民在社区生活中又需要自我组织起来实现不同的目标。"村改居"社区组织建设就是要努力实现"他组织"和"自组织"两种方式的衔接与互补，使"村改居"社区既融入现代城市管理体系，又不失社会生活共同体的本色。

三是注重过渡形态的"村改居"社区与农村社区和城市社区的联系及差异。"村改居"社区组织建设既不能停留在农村基层组织建设的思路上，也不能简单套用城市社区组织的框架，而应该立足于"村改居"社区的实际兼顾二者,既要考虑在城乡二元分割体制尚未完全打破的条件下,从农村基层组织形态向城市基层组织形态转变这一过程的历史连续性,又要因应城市化发展对基层社会治理的新要求,从加强社会建设和社会管理的高度进行前瞻性的设计。

二 基本概念阐释

本书研究的是"城市化进程中'村改居'社区组织建设","村改居"社区和社区组织是研究的两个基本概念,有必要先对这两个基本概念作一阐释。

1. "村改居"社区

从严格意义上讲,"村改居"社区不是一种与农村社区、城市社区并列的社区类型,也不是农村社区在向城市社区自发演进过程中的中介形态,而是指在城乡二元体制依然存在的情况下,由政府主导和推动而成建制实施土地城市化和人口户籍"非农化"的这样一类社区。可见,"村改居"社区只具有过渡的性质。

"村改居"社区既是国家治理的单元,又保持着较为明显的生活共同体的特征,因为它的前身是村落共同体。而"一个完整的村落共同体,其实具有五种可以识别的边界:社会边界,文化边界,行政边界,自然边界和经济边界"①。处于城市化进程中的"村改居"社区明显地区别于封闭的村落共同体,它已日趋开放。但"村改居"社区又不同于纯城市社区。因为,今天的城市社区,更多的是在法定社区的意义上理解和使用的,其社会边界和文化边界并不明显,生活共同体的色彩弱化了许多,更多情况下是作为国家治理的单元而存在的。

2. 社区组织

社区组织的概念有广义和狭义之分。狭义的社区组织,在我们看来,则是指由社区及其居民组建并吸纳社区成员参与以满足居民

---

① 李培林:《村落的终结——羊城村的故事》,商务印书馆,2010,第39页。

社会性需要和维护社区公共利益为目标的各种社会组织。狭义社区组织概念的要义在于，一是强调建立这些组织的主体是社区及其居民；二是强调其组织目标是满足本社区居民的社会性需要和维护社区公共利益；三是为了保证上述目标的实现，强调这些组织要吸纳社区居民或驻社区的企事业单位以及其他组织以社区成员的身份参与；四是强调其组织的性质为社会组织，而非政府组织或企业组织。可见，狭义的社区组织是从建立主体、组织目标、参与成员、组织性质等方面强调其作为居民组织的质的规定性的，因而其"社会组织"的属性更加显著。狭义的社区组织主要包括社区居（村）民、业主自治组织，在我国有居民委员会、村民委员会、商品房住宅小区的业主组织等，在国外如美国的邻里委员会、日本的町自治会、加拿大的社区董事会等；由社区居民组建的社区志愿者组织、社区老年协会等正式组织，各类兴趣团队、健身团队、邻里互助网络等"草根性"社团组织。在西方和我国港台地区，此类社区组织更多，如社区义工（志工）组织、"社区小组"、"居民组织"、"邻舍组织"等等。

而广义的社区组织可以是社区及其居民自己建立的组织，也可以是进入街道、社区开展业务活动的专业组织及其分支机构，其中有的属于营利性的专业服务组织，如小区物业服务管理处；有的则是非营利的社会服务组织，如进入街道、社区提供非营利服务的社会工作机构、老人公寓等民办非企业单位；还可以是政府面向社区及居民开展工作的派出机关，如我国的街道办事处、社区警务室，或承接政府转移出来的职能提供社区综合服务的机构，如社区事务受理中心、社区服务中心等。在我国，街道、社区党组织不仅属于社区组织，而且是社区组织的行政中枢。上述这些组织在组织性质、系统隶属关系、工作目标的内涵等方面存在着相当的差别，在社会转型阶段的情况尤为复杂。但是，它们又都以满足社区及其居民需要为主要职能和目标，其组织功能与现代社区息息相关。即便是街道办事处等政府的派出机关或机构，也承担着开展社区公共服务和进行行政性管理的职责。在这个意义上，它们都属于广义社区组织的范畴。因此，我们认为，应将广义的社区组织界定为：在社区地域内面向社区居民开展工作，满足社区及其居民需要的各种组织的统称。

三　本书的框架结构

第一章，导论。导论分为两节，第一节从城市化进程的高度说明"村改居"及其组织建设的重要性，并对这一方面的研究现状进行梳理。第二节解释本书的基本思路、基本概念，并对本书的章节结构作一概述。

第二章，城市化与社区组织的变迁。在前人研究的基础上，本章对城市化作出新的理解：城市化既有城市人口增加、城市规模扩大、城市数目增加等数量增长的特征，更有其本质内涵。它是近代工业革命以来开启的人类生产、生活由以农村为主向以城市为主转变的过程，也是城市特质（如产业结构、组织机构、制度规范、思想观念、生活方式等）不断生成并向农村扩散的过程；它不仅是人类聚落形态发生的一次质的飞跃，而且是人类文明的跃升。以此为统领，本章较为详细地回顾了世界范围城市化的发展历程和中国工业化、城镇化进程，并就"城镇化"与"城市化"两个概念进行考察，指出其实质的一致性。第二节基于我国城乡二元结构依然存在的分析，提出我国城市化发展有两种主要路径：一是农村人口自发进城，二是"村改居"；并重点探讨"村改居"路径的特征、内容和需要解决的问题。在此基础上，第三节拟就我国城乡社区组织及其变迁展开具体深入的讨论。涉及的内容主要有，我国城乡社区组织的演变和发展，"村改居"社区及其特征，"村改居"社区组织。

第三章，职能转换中的"村改居"社区居委会。第一节从逻辑和历史结合的角度就"村改居"社区居委会的历史方位进行分析，即"村改居"社区居委会是由村委会向纯城市社区居委会的过渡。第二节拟梳理分析各地"村改居"社区居委会建设和村（居）民自治实践探索。第三节拟对"村改居"社区居委会建设的相关问题，如居民自治与社区治理、社区居委会的职能定位、"村改居"社区居委会所应发挥的独特作用等进行分析。"村改居"社区居委会的作用主要体现在：是"村改居"社区人口再组织化和居民自治的重要组织平台，是城市化进程中社区公共服务的生产者和供应者，是原住村民和进城农民工融入城市并转变为新市民的重要组织平台。第四节就"村改居"社区居委会组织体系建设和工作机构设置问题进行了研究，并从拓展"村改居"社区居委会管理服务对象、吸引新老居民参与社区活动和公共生活、全面落实新老居民的民主权利、规范"村改居"社区民主议事和决策程序等方面，提出"村改居"社区居委会的工作拓展和创新建议。

第四章，适应性转变中"村改居"社区党组织建设。"村改居"转型的组织特征不仅意味着村民委员会向城市社区居民委员会的转变，同时也是基层党组织工作的适应性转变和创新。本章首先以社区建设为背景对城市社区党组织建设兴起的背景、过程及其组织体系架构进行考察。第二节进一步从城市化发展的高度考察"村改居"社区党组织的历史方位、建设中面临的问题。第三节集中研究"村改居"社区党组织建设的主要内容。第四节就加强和创新"村改居"社区党组织工作展开进一步思考，探讨怎样围绕"村改居"社区内的社会性、群众性、公益性工作，在推进基层民主中，在"村改居"社区文化和精神文明建设中，发挥社区党组织的领导核心作用；同时就创新和完善"村改居"社区党组织的工作载体、工作机制和领导机制等问题进行了探讨。

第五章，发展中的社区新型服务组织。随着城乡社区建设的推进和经济社会的发展，近年来，一些新型社区组织在我国大陆萌生并获得了初步的发展，其中一类就是社区新型服务组织。本章将就发展中的社区新型服务组织展开研究。第一节首先对我国社区新型服务组织的主要类型进行梳理，然后分析社区新型服务组织存在的问题；第二节从"公共服务"与我国社会转型中公共服务的发展入手，讨论社区公共服务的多主体参与和多种机制运行，分析新型社区服务组织介入社区公共服务的意义和优势；在此基础上，第三节分别从政府全面积极履行职能和社区服务组织特别是民办非营利社区服务组织强化自身能力建设方面提出具体建议。

第六章，发育中的居民社团组织。社区居民社团属于社区性社会组织，也是新型社区组织的一类，意指由社区居民组建的旨在满足成员共同意愿和需要并主要在社区地域范围内开展活动的各种协会、联谊会、促进会、活动团队等社区组织。在城市化进程中，居民社团的培育和发展具有重要的意义。本章首先对社区居民社团的含义、特征进行解析，并回顾我国社会组织和社区居民社团组织的发展。第二节着重对"村改居"社区居民社团的主要类型、作用、面临的问题展开研究。在此基础上，第三节将就培育和发展"村改居"社区居民社团作出若干思考并提出建议。

第七章，改制中的集体经济组织。集体资产处置和集体经济组织产权改制是"村改居"过程中面临的最大难题。本章首先拟以我国农村集体经济组织的历史演变为主线，分析农村集体经济组织改制的背景，在此基础上对"村改居"过程中集体资产处置的方式和产权制度改革的模式进行梳理。第二节拟在分析社区股份合作制特征和"村改居"过程的约束条件的基础上说明社区股份合作制何以成为多数"村改居"社区集体产权改制的选择，并对"村改居"社区集体经济实施股份合作制改造的意义和绩效、"村改居"股份合作组织存在的主要问题开展研究，并提出完善"村改居"股份合作组织的对策建议。第三节拟就如何因地制宜进行"村改居"社区集体资产改制、社区股份合作组织立法问题、社区股份合作组织的公司化转型问题进行开放式的探讨。

第八章，社区组织建设与基层管理体制的改革创新。"村改居"社区组织处在复杂的社会生态系统之中。在这些外部社会环境条件中，管理体制具有重要的影响。因此，"村改居"社区组织建设研究在重点聚焦社区组织体系中各类组织自身的培育和建设的同时，又要关注基层管理体制的改革创新。本章首先概述我国基层管理体制的演变，并对城市基层管理体制进一步改革的必要性进行讨论，第二节将结合近年来各地的实践，就社区管理体制改革创新中的若干重要问题作一些探讨和思考，并从社会建设大政方针的确定方面分析说明社区管理体制改革创新的利好政策环境。

第二章

城市化与社区组织的变迁

"村改居"是我国大陆快速城市化的战略举措，是一个地地道道的本土概念，因而，研究"村改居"社区组织建设自然离不开对我国城市化发展背景及其路径选择的研究。我们认为，改革开放以来，我国城市化的路径大体可归纳为农村人口自发进城和"村改居"两条。本章首先对城市化和我国的城镇化进程作一回顾，然后分析说明城乡二元结构下我国城市化发展的两种主要路径，最后拟就我国城乡社区组织及其变迁展开具体深入的讨论。

第一节　城市化和我国的城镇化进程

一　城市化和世界范围的城市化

（一）城市化

据考察，"城市化"（Urbanization）这一概念是由西班牙工程师 Serda 于 1867 年率先提出的，到 20 世纪，这一概念已风行于世界。在我国大陆，由 Urbanization 转译而来的"城市化"概念是在 20 世纪 70 年代末随着改革开放而开始受关注的（也有学者主张，应根据中国实际将 Urbanization 译为"城镇化"），目前，已成为学界乃至媒体经常使用的一个专门术语。

由于城市化是一种复杂的社会过程，并且至今处于动态发展之中，加上人口学、地理学、经济学、社会学等不同学科在研究视角上的差别，因此，对"城市化"的理解和界定至今并不完全一致。

人口学视野中的城市化主要表现为农村人口向城市的集中和迁徙，与之相联系的是城市人口在总人口中所占比重的上升；地理学强调城市化是一个地域空间转化过程；经济学则聚焦人类经济活动从乡村转向城市、生产要素向城市集中、产业结构由农业向工业和服务业转变；社会学则更强调人们居住、生产和生活方式的变迁，以及与这一过程相关的政治、文化、价值观念和社会组织结构的变迁。这些强调各有其合理性，不仅反映了城市化研究中不同学科在研究视角上的区别，也表明城市化本身的复杂性。完整意义上的城市化应该是上述几个方面的综合。

关于"城市化"概念的界定，郑杭生教授主编的《社会学概论新修》指出："所谓城市化的过程，就是指在一个国家或社会中，城市人口增加、城市规模扩大、农村人口向城市流动以及农村中城市特质增加的过程。"① 并认为，城市人口比重上升，农村人口比重下降是城市化的一个显著标志。这一界定基本上代表了国内学界大多数学者对"城市化"概念的理解。它侧重于揭示城市化过程的外显特征，尤其侧重于城市化过程的数量表现形式，但是缺乏对城市化本质规定性的深入认识和理解。相比之下，美国学者弗里曼的如下论述更全面深入一些：城市化作为国家或区域空间系统中的一种复杂社会过程，它包括人口和非农业活动在规模不同的城市环境中的地域集中过程，非城市型景观逐渐转化为城市景观的地域推进过程，还包括城市文化、城市生活方式和价值观念在农村的地域扩张过程，前者被称为城市化过程Ⅰ，后者被称为城市化过程Ⅱ。② 有的学者还指出："城市化不是城市扩大、市容更新、基础设施建

---

① 郑杭生主编《社会学概论新修》（第三版），中国人民大学出版社，2003，第338页。
② 沈建法：《城市化与人口管理》，科学出版社，1999，第43~44页。

设的过程，这种过程叫做城市发展。城市化的本义是农村变为城市或者农民变成市民，其本质是农村人口转移到城市，在城市定居和工作。"① 的确，城市化和城市发展有区别，不应将城市发展的内容笼统地都看做是城市化。理解城市化需要从"农村变为城市或者农民变成市民"本义上着眼，但城市化中农村人口向城市的转移必然会引起城市规模的扩大和数量的增加，这些也是城市化过程的直观表象。

基于以上分析，我们认为，城市化既有城市人口增加、城市规模扩大、城市数目增加等数量增长的标志，更有其本质内涵。它是近代工业革命以来开启的人类生产、生活由以农村为主向以城市为主转变的过程，也是城市特质（如产业结构、组织机构、制度规范、思想观念、生活方式等）不断生成并向农村扩散的过程；它不仅是人类聚落形态发生的一次质的飞跃，而且是人类文明的跃升。

城市化起于何时？对此，人们也有不同的看法。有的观点主张，城市的产生和发展过程也是城市化的过程。在本书作者看来，作为世界性的趋势，城市化是以近代工业革命的兴起为真正标志的，是人类社会走向工业化的要求和产物。

城市是一种主要由从事非农业活动人口组成的、结构较复杂的地域性社会生活共同体。但古代城市是农业文明的产物。早在原始社会后期，就产生了以畜牧业和农业分离为标志的第一次社会大分工。继畜牧业与农业分工以后，伴随农业生产的发展，农产品有了剩余，一部分人又从农业中转移出来，从事手工业、商业等非农产业的活动。这部分劳动力在地理位置适中、交通方便、易于交换的地点集聚，使产品生产和交换有了固定的场所——市，这便是城市社区的雏形。进入阶级社会后，出于战争中防御的需要，人们又建筑城池，形成最早的城市。世界上第一批城市产生于当时农业生产力发达的大河流域，后来兴建的城市也主要分布于灌溉农业发达、

---

① 樊纲、武良成：《城市化：一系列公共政策的集合》，中国经济出版社，2009，第1页。

利于农业生产或便于向周围征集农产品的地区。受农业社会生产力发展水平的制约，社会经济发展缓慢，再加上社会的动荡，在产业革命前的几千年里，城市和城市人口增长速度缓慢，有的还经历了曲折，世界城市人口比重增长也十分缓慢。当时城市主要是政治、军事、宗教、手工业的中心，经济职能尚不突出且要依赖于农村，属于我们今天所统称的"前工业社会城市"。因此，农业社会时代城市缓慢、曲折的发展并非当前讨论意义上的城市化的发展，更不应该将自从城市产生便开始的城市演化发展过程都称为"城市化"。

城市化和工业化密切关联，同向发展。工业化是城市化最主要的推动力，对内部新因素逐步积累自发产生和发展的以英国为典型的西欧国家的工业化和城市化来说尤为如此。工业化的发展需要人口和资源的相对集中，于是便导致了工厂、商贸以及服务企业的积聚，客观上启动了城市化进程。同时，城市化反过来又为工业化的快速发展创造了条件。工业化与城市化的这种互动关系，恩格斯在《英国工人阶级状况》一书中曾做过精辟的论述："大工业企业需要许多工人在一个建筑物里面共同劳动；这些工人必须住在近处，甚至在不大的工厂近旁，他们也会形成一个完整的村镇……于是村镇就变成小城市，而小城市又变成大城市。城市愈大，搬到里面来就愈有利，因为这里有铁路，有运河，有公路；可以挑选的熟练工人愈来愈多；由于建筑业中和机器制造业中的竞争，在这种一切都方便的地方开办新的企业，比起不仅建筑材料和机器要预先从其他地方运来，而且建筑工人和工厂工人也要预先从其他地方运来的比较遥远的地方，花费比较少的钱就行了；这里有顾客云集的市场和交易所，这里跟原料市场和成品销售市场有直接的联系。这就决定了大工厂城市惊人迅速地成长。"① 在工业化的推动下，城市发展的步伐明显加快。其中，最直观的表征是城市化的水平即城市人口占总人口的比重不断上升，与此同时，城市的数量与规模也在迅速增加和扩大。

---

① 《马克思恩格斯全集》第 2 卷，人民出版社，1965，第 300 ~ 301 页。

（二）世界范围内的城市化发展历程

回顾世界城市化的历程，大体分为如下三个阶段。第一阶段，从 18 世纪 60 年代到 19 世纪中叶，为世界城市化的兴起阶段。英国基于机器大工业为标志的工业革命，成为世界上第一个基本实现城市化的国家。1851 年，英国城市人口超过总人口的 50%，而当时全世界城市人口的比重仅为 6.5%。第二阶段，从 19 世纪中叶到 20 世纪中叶，城市化由英国向欧美各国和世界其他地区扩展。欧美各国的城市化基本实现，1950 年城市人口比重达 51:8%；发展中国家进入城市化的起步与初步发展阶段，世界城市化的水平也有了提高，城市人口的比重也上升至 28.2%。第三阶段，开始于 20 世纪中叶即第二次世界大战以后。这是城市化在全球范围的扩展阶段，也是世界城市化空前发展的阶段。二战以后，多数发展中国家不仅实现了民族独立，而且走上了工业化的道路，发达国家也通过自我调整呈现经济发展的新势头。在相对和平的国际环境下，各国和地区纷纷谋求经济增长与发展，城市化成为共同趋势。特别是广大发展中国家，加快了城市化的步伐。世界的城市化发展呈现一系列新特点，主要表现在以下几个方面。

（1）城市化水平大幅度提高。到 20 世纪末，世界城市人口已接近总人口的一半，其中发达国家的城市人口比重高达 76%，发展中国家的城市人口比重已达到 40% 左右。进入 21 世纪后，虽然发达国家城市化速度明显减慢，但发展中国家和地区依然在快速推进城市化，世界城市化水平上升的趋势还在继续。[①] 预计到 2030 年，世界城市人口达到 50 亿，约占世界总人口的 60%。

（2）大城市化趋势明显，城市群出现。由于城市具有集聚效应和规模效益的优势，城市在数量增加的同时也在扩大规模。一批中等城市甚至小城市变为大城市，大城市数量急剧增加，其增长速度

---

① 城市化发展速度呈现慢—快—慢的过程，这被称为"S"形曲线，首先由美国学者 R. M. 诺瑟姆提出，参见简新华、刘传江《世界城市化的发展模式》，《世界经济》1998 年第 4 期。

明显高于中、小城市。发达国家的一些地区还出现了经济社会联系密切、连绵密集的"城市群""城市带"。当然，大城市发展也出现了诸如环境污染、住房拥挤、交通阻塞、治安状况恶化等一系列经济社会问题，这被称为"城市病"。于是在一些发达国家又出现了城市人口向郊区和郊外转移的所谓"郊区化"和"逆城市化"。从表象上看，城市中心区的人口比重下降了，但这绝不是城市化的倒退，而是借助现代社会便捷的交通工具和通讯、信息手段，将城市文明及生活方式延伸到郊区甚至郊外的过程，因而是城市化的进一步拓展。可见，当今世界的城市化，并存着集中和分散两种相反相成的趋势。如果说，集中是城市化进程中的大趋势，因为没有集中就没有城市更没有大城市；那么，分散则是城市化发展中克服"城市病"出现的"小趋势"，这正是所谓的"大集中、小分散"。

（3）城市特别是大城市的引领和辐射作用突出，城市功能综合化。20世纪中叶以来，科学技术的进步和经济社会的发展，促使世界产业结构升级，第三产业特别是现代服务业和高科技产业越来越成为城市发展新的推动力。现代城市不仅集聚了众多的人口和工业企业，并逐步成为地区物流中心、商贸中心、金融中心，还往往是地区的政治、文化和科技中心。城市尤其是大中城市在地区发展中扮演着越来越重要的角色，大城市的引领和辐射作用更为突出。在经济全球化的背景下，城市的发展和影响已不再局限于本地区甚至本国，不论在发达国家还是在发展中国家，许多城市不仅面向世界而且走向世界，融入全球经济一体化和国际交往的格局中。一些城市还具有国际性的影响，成为世界性的大都会。

二 中国的工业化和城镇化

（一）中国城市化进程的简要回顾

近代鸦片战争以后，中国一步步沦为半殖民地、半封建社会，在西方工业文明的刺激和国内资本主义因素的驱动下，中国的城市特别是沿海、沿江的城市开始向近代工商业转型，也由此开启了近代中国的城市化过程。但是，由于受帝国主义、封建主义和官僚资本主义的长期打压，再加上社会的动荡和战乱，中国的经济社会发展缓慢，城市化水平一直较低。1949年新中国成立时，全国的城市化水平只有10.6%，但当时全世界城市化的平均水平为29%，欧美发达国家的城市化水平已经超过60%。当时，不仅城市人口在总人口中所占比重偏低，城市发育程度也低。可见，我国是在一个起点极低的基础上开展城市化建设的。

新中国成立后，中国的城市化开启了新的一页，但城市化的进程也不是一帆风顺的，而是经历了曲折，是在探索和总结中发展的。回顾新中国成立以来城市化的历程，我国的城市化发展大致可分为四个阶段。

第一阶段（1950～1957年），这是新中国城市化的起步阶段。新中国成立之初，国家经济尚在恢复之中，还不可能吸收大批农村劳动力进入城市就业，但当时国家对户口迁移的控制还比较宽松，1952年8月政务院《关于劳动就业问题的规定》，也只是提出"必须做好农民的说服工作"。在其后的第一个五年计划时期，随着大规模的工业建设，大批农村劳动力转移到工业部门，相应提高了城市人口的比重。1957年全国的城市化水平达到15.4%，城市数目也由1949年的136个增至1957年的176个。但是，城市人口增长也给城市带来了压力，再加上优先发展重工业的战略需要，1957年12月，国务院发布《关于各单位从农村中招用临时工的暂行规定》，明确规定城市"各单位一律不得私自从农村中招工和私自录用盲目流入城市的农民。农业社和农村中的机关、团体也不得私自介绍农民到城市和工矿区找工作"。"招用临时工必须尽量在当地城市中招用，不足的时候，才可以从农村中招用。"

第二阶段（1958～1978年），这一阶段是我国城市化出现严重的波折甚至停滞阶段。1958年全国人民代表大会常委会颁布了《中华人民共和国户口登记条例》。该条例对农业和非农业户口作了划分，对农村人口向城市迁移作了严格的限制："公民由农村迁往城市，必须持有城市劳动部门的录用证明，学校的录取证明，或城市户口登记机关的准予迁入证明，向常驻地户口登记机关申请办理迁出手续。"但随后出现了"大跃进"，这一政策未立即得到贯彻。伴随着大规模工业化建设的刺激，3000 万农村人口进入城市，城镇人口迅速增长，到 1960 年达到 19.7%。人口对城市的压力进一步凸显出来。面对"大跃进"的失败和接踵而来的自然灾害，国家开始严格执行限制农村人口迁移的政策，并将 1958 年以来从农村招收的职工及其家属遣返农村，1963 年又作出调整市镇建制、缩小城市郊区的指示。1965 年，城镇人口比重回落到 16.8%。与此同时，城乡分割的户籍管理制度进一步固化，城镇居民和农村居民被分割为待遇、地位、身份有着明显差别的两大封闭性人群，广大农村人口基本上被排除在工业化和城市化之外。"文化大革命"期间，经济建设陷入停止甚至倒退的局面，面对城市人口的巨大压力，国家不仅严格控制农村人口转为城镇户籍，而且采取了"知识青年上山下乡"等反城市化的措施，致使城市化的进程停滞。1978年城市化水平仅为 17.92%，在长达 20 年的时间里，城市人口的比重只提高了 2 个百分点。城市化水平也长期滞后于工业化发展水平，1978 年城市化水平落后于工业化水平 27 个百分点。

第三阶段（1979～1992 年），这一阶段是我国城市化的恢复和发展阶段。1978 年 12 月，中共十一届三中全会召开，使我国进入改革开放和社会主义现代化建设的新时期，知青及其他人员落实政策回城，高考、企业招工恢复，以往控制城镇人口的政策开始松动。1980 年，全国城市规划工作会议提出"控制大城市规模，合理发展中等城市，积极发展小城市"的城市发展方针。此后，费孝通等人发展小城镇的观点得到重视和支持，国务院在贯彻城市方针的最后加了第四句话"优先发展小城镇"。1984 年国务院批准调整建制镇的设置标准，小城镇由此进入发展的快车道。1989 年《中华人民共和国城市规划法》又将城市发展方针修改为"严格控制大城市规模，合理发展中等城市和小城市"。国家一方面希望推动工业化和经济的快速发展，另一方面，面对改革开放初期城市人口带来的压力，依然要控制农村人口向城市特别是大城市流动，发展小城市尤其是小城镇和乡镇企业便成为政府主导的优先选择。政府提倡"进厂不进城，离土不离乡"，鼓励农村富余劳动力就地就近进入乡镇企业。乡镇企业正是在这一政策背景下异军突起的。可见，这一时期我国的城市化进程重新起步，但尚未迈出大步。城市化与工业化的差距开始缩小，但依然明显。

第四阶段（1992 年至今），这一阶段是我国城市化的快速推进阶段。以邓小平南方谈话为标志，以建立社会主义市场经济体制为目标，经济领域的改革进一步向纵深推进。市场经济条件下资源配置形成的农村的推力和城市、城镇的拉力，促使大规模的农村人口进城务工或从事经营活动，人口由农村向城镇、城市的流动源源不断。放眼世界，世界各国在工业化过程中一般都要经历一个城市化快速发展的阶段。从世界城市化发展的一般规律来看，城市化水平达到 30% 一般就进入快速发展时期。1995 年，我国城镇人口的比重达到 29.0%，2000 年，我国的城市化水平提高到 36.1%，但与工业化进程仍然不相称。从产业结构角度看，世纪之交，我国产业结构已发生了明显变化，并已大体上完成了传统工业化过程。但是，在社会从业人员总数中，第一产业中从业人员的比重（2001 年为 50%）仍远远高于第一产业在 GDP 中的比重（2001 年为 15%）。这一现实表明我国农业生产水平总体还比较低，农民生活水平的提高不能不受到制约。要使农民富裕，一是要大力发展农业，提高农业生产效率。二是要走城镇化的道路，减少农业人口的数量，实现农村劳动力向城镇和城市转移。2002 年党的十六大报告提出："农村富余劳动力向非农产业和城镇转移，是工业化和现代化的必然趋势。要逐步提高城镇化水平。"这是基于我国经济社会发展的实际情况特别是城市化的实际水平作出的战略决策。此后，我国城市化步伐加快，城市化水平也以每年接近 1% 的速度快速推进。2011 年 4 月国家统计局公布了第六次全国人口普查数据，我国城镇人口占总人口的 49.7%。同年末，城镇人口占总人口的比重超过一半，达到 51.3%，标志着以农村人口为主的城乡人口结构发生了逆转①。2012 年城镇化率上升为 52.6%。此外，目前正在广泛征求意见并抓紧修改完善的"国家中长期新型城镇化规划"对城市规模划定标准进行了重新设定。未来我国城市规模划分将打破行政等级限制，根据城市所具承载力、人口集聚能力等方面进行认定。城市规模认定标准根据市区常住人口规模进行认定。与 20 世纪 90 年代的城市划分相比，小城市人口认定从 20 万以下提升至 50 万以下，中等城市认定从之前的 20 万至 50 万上升为 50 万至 100 万，大城市从之前的 50 万至 100 万上升为 100 万至 500 万。此外，增加对超过 500 万人的城市认定为特大城市②。城市化已成为我国现代化和新型工业化发展的助推力量，其积极意义是十分突出的。

通过以上回顾分析不难看出，我国城市化进程四个阶段的特征与各个时期的政治经济以及各种相关的社会政策或制度有着密切的关系。城市化是工业化等一系列经济因素和其他非经济因素综合作用的结果。只是在市场经济条件下，工业化等经济因素的作用才凸显出来，工业化与城市化的关系也更为直接。即便如此，工业化也不是独立起作用的因素。有的学者就曾指出："绝大多数学者都强调工业革命或工业化的巨大作用，认为工业革命是城市化的动力，工业化是城市化的发动机。粗略地看，这种认识基本上是正确的。然而，如果做更全面、深刻的考察，就会发现作为社会现代化重要标志的结构转换的城市化之发展受经济、社会、政治、文化等多方面诸多因素的影响。在诸多影响城市化发展因素中，产业结构的非农化转换、经济要素在不同产业及地域间的流动、相关的制度安排与创新是影响乃至决定城市化发展的关键要素。"③

---

① 现在我国城镇人口统计的是在城镇生活半年以上的常住人口，这一统计口径的城镇化率也称作常住人口城镇化率。据有的学者推算，若按户籍人口算我国的城镇化率，大概为 36%，这种统计称作户籍人口城镇化率。其中有 2 亿多人是进城务工人员及其家属，并没有享受到市民的权利。

② 梁倩、王政：《我国城市规模划定标准将重设，众多小城镇将变市》，《经济参考报》2013 年 7 月 4 日，转引自《文摘报》2013 年 7 月 9 日。

③ 刘传江：《世界城市化发展进程及其机制》，《世界经济》1999 年第 12 期。

（二）"城镇化"与"城市化"概念的一致性

"城镇化"一词的出现要晚于"城市化"，它是由我国学者创造的。很多学者主张用"城镇化"一词来替代"城市化"。在我国的官方文件中，也是使用"城镇化"来分析说明中国城市化的，并将"加快城镇化进程"作为国家战略之一提出。在我们看来，由于我国人口多，再加上城市的设置标准与其他国家不一致。中国的一些建制镇的人口在美国等西方国家已是城市人口的规模了。而在我国经济较发达的南方地区，由于大量外来务工人员进入，有的镇如广东省东莞市下属的镇，常住人口三四十万甚至更多，但镇户籍人口比例又很小，到现在依然为镇的建制。另外，城市化梯次推进也有一个由小城镇到小城市、由小城市到中等城市再到大城市的过程。城市化进程重新起步以来，面临的主要任务还是吸纳农村剩余劳动力。已故著名社会学家费孝通先生20世纪80年代就指出"解决农村剩余劳动力要以小城镇为主，大中城市为辅"，并认为"加强小城镇建设是中国社会主义城市化的必由之路"。可以说，城镇化是一个更能确切表述我国发展实际的概念。但是就其本质而言，"城镇化"和"城市化"是一致的。"城镇化"概念中的城镇本身就涵盖了城和镇，而不能将城镇理解为就是小城镇。因此，不能把"城镇化"理解为就是发展小城镇。那样，就将"城市化"概念原有的丰富内涵简单化了，也不利于深入全面推进我国的城镇化。如前所述，城市化是人类生产、生活由以农村为主向以城市为主转变的过程，也是城市特质不断生成并向农村扩散的过程。在这一过程中，小城镇不仅是连接城市和农村的过渡形态，也是城市特质和城市文明向农村扩散和传播的中间环节，但中国要实现工业化进而走向经济、政治、科技、社会、文化以及人的素质等全方位的现代化，更要发挥城市的引领和辐射功能。

三十年来，我国的城镇化取得了巨大的成就，人口向城镇、非农领域的持续快速转移，标志着中国正迈进以城市为引领以工商服务业为主导的现代社会①。当前和今后一段时期，中国依然处于城镇化的快速推进时期。但是，我们在看到城镇人口比重上升、城镇数目增加、城市规模扩大等积极进展的同时，还必须清醒地认识到城市化的本质内涵和根本目标。城市化具有多方面的丰富内涵，但其根本目标是要通过城市特质和城市文明的建构与扩展，全方位提高城乡居民（包括身份转变中的居民）的生活质量，增进他们的福祉。因此，不应将城镇化或城市化简单化为只是户籍或居住地点的变更，更不能以牺牲进城农民工群体和"村改居"失地人群的利益为代价换取城镇化或城市化，也不能为了城市化率的指标而人为地搞运动。在城镇化或城市化问题上，我们也必须坚持"以人为本"的科学发展观，必须把增进城乡居民的福祉作为我国城镇化或城市化建设的出发点和归宿，而不能见"物"不见"人"，或只见"社会"不见"人"。城镇化或城市化是手段，城乡居民的福祉才是目的。2013 年新任国务院总理李克强多次强调，"新型城镇化，是以人为核心的城镇化"，"以人为核心"就是要富裕农民、造福人民。

第二节　城乡二元结构下我国城市化的路径选择

一　我国社会的城乡二元结构

如前所述，20 世纪 50 年代后期，我国制定并开始实施户籍管理制度，将城镇居民户籍和农村居民户籍划分为两类即城镇户口和

---

① 与此同时，农村人口不仅比重下降，村落也在减少。据国家统计数据显示，2000 年时中国有 360 万个自然村，到 2010 年，自然村减少到 270 万个，10 年里有 90 万个村子消失，平均每天有将近 250 个自然村落消失。目前，行政村也从原来的七十几万个减少到现在的六十几万个。

农村户口，进行城乡分治。户籍制度与计划经济体制结合，衍生出一系列城乡分割的政策和制度安排，给我国经济和社会发展带来了消极负面的影响。首先，用严格的户籍制度和各种政策将农村居民锁定在土地上，严格限制农村人口迁入城市，招工、招干的指标也主要面向城镇人口和服转军人。农村居民除了务农别无他途，因为在改革开放之前的相当一段时间内，政策是限制农民从事非农产业的。在党和政府的动员下，亿万农民被组织起来从事集体生产劳动。这虽然在一定程度上缓解了人口流动给城市带来的压力，但这又是以农业生产的边际收入递减和社会活力的降低为代价的，也延缓了城市化的进程和社会现代化的步伐。其次，国家凭借行政力量和指令性计划，对农产品实行统购统销，为城市居民供应粮食、副食品，压低农产品、原材料、劳动力的价格，利用工农业产品"剪刀差"，为工业发展提供积累。这种农业支持工业，农村支持城市的政策，短期内有利于推进工业特别是重工业的快速发展，但也严重损害甚至牺牲了农民的利益。有专家测算，仅农产品价格剪刀差一项就从农村和农民那里提取了8000多亿元。这些政策的推行，就导致了我们所不愿意看到的结果。我们在理论上主张消灭"三大差别"（工农差别、城乡差别、脑力劳动和体力劳动的差别），但导致的结果是：第一，由于单向度从农村汲取资源支持城市和工业发展，城乡、工农之间的差别不仅没有缩小，反而不断拉大；第二，由此形成了"城乡二元分割"的社会结构，并逐步固化下来；第三，在差别化的政策和制度安排下，城乡居民国民待遇不公平，福利、社会保障和公共服务权益不平等。以城镇职工为主体的城镇居民和农村居民在就业、医疗、住房、子女入学、社会福利等方面都是区别对待的。受生产力和经济发展水平的制约，国家采取了面向少数人群的高福利、高保障的政策，城镇职工自然被优先纳入医疗、退休、工伤等保障范围内，并在住房、子女上学甚至就业方面享受国家和单位提供的政策优惠。而农村居民却几乎无法享受政府提供的福利。城镇基础设施和公共服务都由国家出资并建设，而国家财政对农村基础设施和公共服务的投入很少。在农村,多数公共服务和道路等基础设施建设需由村集体经济或农民集资自力更生解决,或采用"统筹""提留"等行政性手段向村民收取费用。由于上述和其他方面的差别对待,城乡居民便有了不同的地位和身份。城乡二元结构不仅导致了城乡居民的社会隔离,而且事实上形成了"城市人"和"农村人"两种不同的社会身份,农村人也因此失去了与城里人平等的权利和发展的机会,实际上成为"二等公民"。

进入改革开放新时期以来,家庭联产承包责任制在农村迅速推行,极大地激发了广大农民的生产积极性。之后,商品经济的洗礼特别是20世纪90年代市场经济大潮的涌动,吸引了大批农民工进入城镇务工或经商,城乡之间的壁垒被打开了缺口,城乡之间的经济联系日趋密切,农村人口的总体生存状况得到了明显改善。但由于既有政策和制度的刚性约束依然存在,城乡差距并没有缩小,反而随着市场经济的拉动和以城市为中心的改革的深化,差距进一步扩大。1995年城乡居民收入比为2.47:1,2000年达到2.79:1,2005年扩大为3.22:1。面对长期存在制约我国经济社会进一步发展的"三农"问题,国家先后实施了一系列减轻农民负担的政策措施,如先是取消了"三统筹、五提留",此后又逐步取消了农业税,并于2006年1月1日起废止了《中华人民共和国农业税条例》,还推出对种粮农民直接补贴等措施,并积极倡导和推动社会主义新农村建设与农村社区建设。这些政策和制度的实施,使得城乡二元结构开始弱化。与此同时,一些地方开始放开小城镇户口,允许在城镇购置房屋并持有房屋产权证的农民在房屋所在城镇落户,重庆等城乡一体化综合试点城市还开始建立城乡统一的居民户籍制度。近年来,中央政府进一步提出"城乡一体化"的发展战略,得到全国上下的响应。但是,总体而言,户籍、就业、土地、社会保障、教育、医疗、公共财政等方面的城乡二元化政策和制度依然程度不同地存在,城乡二元结构尚未根本消除。

二 城乡二元结构下我国城市化的两种路径

城市化是我国经济社会发展和走向现代化的必由之路，在我国，由于城乡二元结构的存在和制约，城市化发展不能不存在路径依赖。我们认为，改革开放以来，我国城市化的路径大体可归纳为农村人口自发进城和"村改居"两条。

第一条路径为农村人口自发进城，即农村人口离开农村进入城镇从业和生活，逐步市民化。从农民个体或家庭来看，离开农村进入城镇的情况各有区别，但都是他们自我选择的结果。从宏观层面上考察，这种大规模持续的自发流动过程正是千百万农村人口在比较利益的驱动下主动进入城市、适应城市的过程。从这一意义上来说，农村人口自发进城路径是一种主动型城市化路径。但是，这一过程又是一个充满艰辛和曲折的过程，因为在城市和农村之间有着一道无形的制度和政策的隔离屏障。在既有的体制下，进入城市的农村人口，虽然生活在城市，并已在非农产业领域从业，但却难以获得城市户籍及与此挂钩的各种城市居民享有的权益。"农民工"这一独特的称谓，正反映了他们作为城市生活中的边缘群体尴尬的现实处境。由此可见，城市化不能仅靠人口由农村自发流向城市或市场经济自发渗透实现，还需要有制度的转换和建构。这正是我国城市化第一条路径需要破解的难题。近年来，已有一些城市先后出台了户籍新政策，允许进城暂住人口落户。河南省政府在 2011 年初出台的《关于促进农民进城落户的指导意见》中提出，"在全省范围内逐步取消农业、非农业二元制户籍管理制度，实行城乡统一的户口登记管理制度。探索建立居住证制度，依托居住证统筹流动人口在现住地的登记管理、社会保障和公共服务。对办理居住证的流动人口，根据国家和当地有关规定，逐步使其在就业创业、劳动保障、子女就学等方面享有和当地居民平等的权利待遇，方便其工作生活"。《意见》还提出进一步放宽进城农民落户条件："全面放开县（市）城及小城镇的户籍限制。对省辖市凡在就业地行政区域内购买、受赠、继承房屋并具有合法产权的农民,均可在实际居住地登记为居民户口;凡被国家机关、社会团体、企事业单位正式聘用(签订劳动合同),在省会城市连续工作满 2 年、其他省辖市连续工作满 1 年,并按时连续缴纳基本养老保险费的农村进城务工人员,准予在就业地落户,其配偶、未到法定婚龄子女和双方父母也可随迁落户;在省内高校和职业技术学校就读的农村籍大中专学生、新增退役的农村籍义务兵等,凡符合落户条件的,均可进城落户。"①

城乡二元结构下我国城市化的另一条路径为"村改居"。所谓"村改居",简单地讲,就是适应城市化的要求,地方政府在城市的周边地区或小城镇,成建制地实施"农转非",即将居民的农业户籍成建制地改为非农业户籍,将"村民委员会"这一农村基层群众自治组织改为城市性质的"社区居民委员会"。这一路径是国家快速推进城市化的重要体现,因而也被称作"村改居"工程。

"村改居"工作何时启动?各地"村改居"工作启动的时间有先有后,20 世纪 80 年代,一些城市的"城中村"就开始"非农化"改制,由此拉开了"村改居"的帷幕,但"村改居"工作规模化推进则是 90 年代特别是 21 世纪之初的事。20 世纪 90 年代以来,工业化在我国的继续推进和城市化的提速,客观上已对城市建设和城市发展提出了新的要求。进入 21 世纪以来,随着"大中小城市和小城镇协调发展"的城镇化方针的提出和正式确定,全国各地的城镇化步伐进一步加快,由此带动了城市建设和发展的步伐。大规模的城市建设,需要大量的农业用地转为非农业用地。我国《宪法》和土地制度规定,城市土地属于国家所有,由地方政府代表国家管理和规划使用;农村和城市郊区土地,除由法律规定属于国家所有的以外,属于集体所有。国家为了公共利益的需要,可以依照法律规定对土地实行征收或者征用并给予补偿。因此,非农业

---

① 河南省政府门户网站 www.henan.gov.cn,2011 年 1 月 17 日,来源:省政府办公厅。

用地导致土地用途的转移，需要通过政府征地才能实现，即将农村集体土地通过政府征地转变为国有土地，才能用于公共利益的市政建设，或进入二级土地市场转化为工业用地或商业用地。土地对农民来说，不仅是生产资料，也是安身立命的保障。土地被征，意味着农民将不可能再靠种地为生。失地农民及其子女如何生存和发展？这一问题现实地摆在人们面前，成为地方党政组织"执政为民"需要破解的难题。由于我国社会依然处于转型时期，城乡二元结构尚未打破，这就需要通过"村改居"的方式将失地农民纳入城市体系，实现户籍身份、就业身份等的转变，一步步迈向城市化，最终融入城市。

三 "村改居"路径的特征、内容和需要解决的问题

（一）"村改居"路径的特征

与农村人口自发进城相比较，"村改居"具有自身的特点。这些特点主要表现在如下两个方面。

第一，就地城市化。农村人口自发进城，从落脚小城镇到跨地区、跨省市的流动，总是伴随着某种"背井离乡"的"外出"谋生。从人口流动的视角考察，这种城市化可以看作是一种异地迁移的城市化路径。而"村改居"虽然意味着"农转非"，但这是一个就地城市化的过程。在这一过程中，人们失去了土地，户籍身份也由农民转变为城市居民，相当数量的居民转产转职，在非农领域谋生和发展，但依然生活在熟悉的"村改居"社区环境中，甚至依然住在原来自建的住宅中。

第二，政府扮演主导和推动者的角色。"村改居"作为我国城市化战略的重要方面，目前在很大程度上是国家行政力量推动的过程和结果，或者说，这是一种"强制性"制度变迁过程。因为在城乡二元结构尚未根本转变的条件下，"村改居"过程开始了一系列制度和政策的转换。如将原村民的农业户籍成建制地变成非农业户

籍，组织管理体制上与城市接轨即由乡—村建制的农村管理体制转变为城市建制的"街—居"体制；进一步发展还需要社会福利和城市公共服务的覆盖等等。这些只有在政府的主导和推动下才能完成。没有政府的主导和推动，从农民到市民、从农村建制到城市建制的跨越都是不可想象的。虽然 1998 年《中华人民共和国村民委员会组织法》就规定："村民委员会的设立、撤销、范围调整，由乡、民族乡、镇的人民政府提出，经村民会议讨论同意后，报县级人民政府批准。"但是村民会议讨论同意"撤村建居"在实际执行中往往只是程序上的形式，即便有村民不同意，也会由各级组织多方"做工作"而最终在村民会议上获得通过。

在研究中，我们曾设计了如下题目对"村改居"社区"两委"成员和社区工作站人员进行了问卷调查。

您认为，"村改居"过程中，最主要的推动力量是？（只选填一项）

[1] 村民；[2] 街道及上级政府；[3] 村委会；[4] 村党支部

问卷统计结果为：

		频率	百分比	有效百分比	累积百分比
有效	村民	4	6.5	6.5	6.5
	街道及上级政府	45	72.6	72.6	79.1
	村委会	9	14.5	14.5	93.6
	村党支部	4	6.5	6.5	100.0
	合　计	62	100.0	100.0	

从中看出，绝大多数受访的社区工作人员（72.6%）认为政府及其派出机构是"村改居"最主要的推动力量。

有的学者用"外生型"城市化来说明和解释"村改居"①。笔

---

① 轩明飞：《村（居）改制：城市化背景下的制度变迁》，社会科学文献出版社，2008，第 9 页。

者认为，用"外生型"城市化说明和解释"村改居"不够贴切。因为在现代化理论研究中，"外生型"是对中国等"后发展"国家现代化特征的描述，即这些国家启动现代化的因素主要来自外部而不是内部。可见，这里的"外生型"和"内生型"是就民族国家的层面进行考察而言的。而"村改居"作为中国大陆城镇化发展的一项战略举措，尽管主要是政府行政力量主导和推动的，而非村社自身发展的结果。但就"全域城市"这一层面而言，"村改居"又是"全域城市"自身建设和发展的需要。因此，不宜简单地把"村改居"说成是"外生型"城市化。

（二）"村改居"路径的主要内容

作为我国城市化战略的重要举措，"村改居"是与国家的城市化战略紧密联系在一起的，因此，必须从城市化战略的高度来把握"村改居"的任务和内容。"村改居"不只是简单地将"村民委员会"换为"居民委员会"，或将农村户籍变为城市户籍，也不只是道路、环境、活动场所等硬件设施的建设，更是在城乡二元结构尚未消除的情况下基层社会治理方式和公共服务模式的转换。其内容涵盖了组织、管理、文化、环境、公共服务、居民转产转职、城市融入等诸多方面。有的城市提出"居住社区化、从业非农化、资产股份化、保障社会化、素质市民化"的要求，大体涵盖了目前"村改居"社区建设的主要内容和任务。这里只就几个主要方面作一概述。

集体资产处置和集体经济组织产权改制是"村改居"过程中面临的最大难题。改革开放以来，我国农村实行"统分结合的双层经营体制"，这是一种将集体统一经营和家庭分散经营结合起来的经营形式。与之相适应，村民委员会也集准行政性、社会性与集体经济管理于一身。2010年修订的《村民委员会组织法》第八条规定："村民委员会应当支持和组织村民依法发展各种形式的合作经济和其他经济，承担本村生产的服务和协调工作，促进农村生产建设和经济发展。"而我国《城市居民委员会组织法》关于城市社区居民委员会的主要职责的条款中并没有类似的规定。2010年11月中共中央办公厅、国务院办公厅印发《关于加强和改进城市社区居民委员会建设工作的意见》将城市社区居民委员会的主要职责进一步明确为：依法组织居民开展自治活动；依法协助城市基层人民政府或者它的派出机关开展工作；依法依规组织开展有关监督活动。"村改居"过程中要与城市管理接轨，就需要将原村委会承担的集体经济管理职能剥离出来，并将其管理的集体资产处置完毕。许多"村改居"社区以产权制度改革为突破口，对原村集体资产进行清产核资、评估和处置，在此基础上量化股权，成立股份制集体经济组织，多数采用股份合作制。它的优点在于：较好地利用了村集体制度的遗产，经营风险小、原村集体组织成员普遍受益，在政府公共服务均等化政策尚未完全推行的情况下，能为"村改居"社区公共服务和公益事业预留资金。但股份合作制也存在一些缺陷。因此，还需要在"村改居"实践中进一步探索，创造既符合"村改居"社区广大群众根本利益又有利于激发股民和资产经营层积极性的组织形式。

此外，还需要在社会保障、公共服务等方面与城市管理服务体系全面接轨，让"村改居"居民真正享有市民的待遇。既然"村改居"后村民已转变为市民，就要按照市民对待，让他们享有与其他市民一样的医疗、养老、最低生活保障等方面的权益。同时，要加大政府公共服务覆盖"村改居"的力度，尽快实现新老市民在公共服务上的"同城同权"。当然，社会保障、公共服务的公平享有，从根本上说，还有赖于城乡一体化发展战略的实施。我们欣喜地看到，近年来，全国统筹城乡综合配套改革试验区——成都等城市，一盘棋统筹城乡发展，积极推进公共服务的城乡同享，在教育、卫生、文化、社会保障和劳动就业等公共服务领域，初步形成了城乡一体化的体制机制。这些消除城乡二元结构的举措也为"村改居"工程的推进清除了制度设置上的许多障碍。

居民从业非农化是"村改居"的重要目标，也是"村改居"过程中居民角色转换的重要内容。"村改居"不单意味着居民户籍身份从农民向市民的转变，更应是从业身份的转变，即从农业向非农产业或其他就业领域转移。农村、农业、农民三者是三位一体的。而就业方式非农化在城市化过程中对于实现农民向市民的全面转型具有重要的意义。因此，"村改居"必须与居民的转产转职相互协调、相互促进。

与就业身份转变相适应，还要积极引导"村改居"居民主动适应工业化、城市化的要求，在生活方式、价值观念、思维方式、心理结构和行为方式上完成向城市居民的转型，全面提升自身的素质，加入城市建设和发展的队伍之中，成为城市生活的新主人。

（三）"村改居"路径面临问题的检视

"村改居"工作开展以来，取得了多方面的成绩，但也存在一些问题，值得正视。

1. 城市化的非协调推进

"村改居"作为城市化过程的路径之一，应体现城市化多方面的内涵和目标。但目前"村改居"过程中，一些地方主政者和工作人员缺少对"城市化"丰富内涵的全面理解，由此导致了"村改居"过程中城市化的非协调推进。具体表现在：①在一些地方，"村改居"只是简单地换牌子（将"村民委员会"更名为"居民委员会"），换户口（由农村户籍转变为城市户籍），相当数量的"村改居"社区居民并未完成就业方式的"非农化"转变。多数原"村籍"居民的主要收入来源一是出租自有房屋的租金，二是集体经济的分红，甚至有的仍然耕种田地，这些都未完全脱离"以地为生"的生存现状。②在社会保障和公共服务方面，"村改居"后居民也没有享有城市居民的权益，实现与原城市居民同等化待遇的任务依然艰巨。③"村改居"居民也缺乏对自己的"市民"身份的认同，相当数量的居民依然把自己看作"村民"。

2. 居民主体意识的缺位

长期以来"强国家、弱社会"的积习和自上而下社会管理的惯性，导致"村改居"过程中居民主体意识的缺位，多数人只是"村改居"过程中的被动参与者，而尚未成为"村改居"过程中的能动的主体和积极建设力量。"村改居"过程对失地农民来说，更多的还是一个"被城市化"的过程，融入城市的话题对他们来说并不轻松。

3. 农民的合法权益不同程度受损

"村改居"前后，农民世代赖以安身立命的土地被征用，一些宅基地上的自有房屋建筑也被拆。地方政府虽然给予失地农民以征地补偿，对房屋建筑被拆迁的农民支付拆迁补偿费和安置费，但这些补偿普遍较低，且在公共利益用地和商业利益用地界线不清的情况下，如果将征来的土地再划为商业用地进入二级土地市场，地方政府便可从中得到丰厚的差价。在有些地方，"村改居"过程中的征地和拆迁甚至成为当地财政的重要来源，即所谓的"土地财政"。这样，失地农民不免产生一种"被剥夺感"，自然要与地方政府讨价还价。为了保障失地农民的未来生计和生活，许多地方积极开展失地农民就业培训和转产安置工作，有的城市还出台了"土地换社保"政策，尽力降低"村改居"给失地农民带来的风险和压力。

4. 居民组织化程度不够

原村民委员会作为村民自治组织实际上集准行政性、社会性与集体经济管理职能于一身，因而具有较强的整合能力。"村改居"工作启动以来，出现了居民异质性增强、需求趋向多元，社区流动性大、聚集性增强等新情况，但社区组织在结构和功能上的转换往往滞后，不能适应城市化发展对基层社会治理提出的新要求，也不能很好地满足社区新老居民多元化、多层次的需要。居民在"村改居"和整个城市化进程中的组织化程度不够，自组织能力低，缺少归宿感。"村改居"社区组织建设亟待加强。这也是本书所关注的主要问题。

第三节 我国城乡社区组织及其变迁

一 相关概念阐释

社区组织与社会组织具有密切的关系，分析社区组织，有必要首先对社区、社会组织和社区组织三个概念的涵义进行辨析。

(一) 社区

二十多年前，"社区"在中国只是一个为知识界知晓的术语。今天，随着社区建设的蓬勃发展，它已成为一个使用频率很高的大众词语。

学术界普遍承认，"社区"最早是由德国社会思想家滕尼斯提出的。1887 年，他出版了代表作 *Gemeinschaft und Gesellschaft*（英文译为 *Community and Society*，中文译为《共同体与社会》或《社区与社会》）。在该书中，他以正在经历工业化和城市化转变的德国为背景，论述了从传统乡村社会转向现代城市社会引起的社会关系的变化，并将 Gemeinschaft 和 Gesellschaft 视为人类结合的两种理想类型。在滕尼斯的心目中，Gemeinschaft 是自然而然形成的人群组合，血缘、邻里和朋友关系是社区的主要纽带。在这种共同体中，人们之间守望相助，有着亲密的、面对面的接触。加入这些共同体，并不是人们自己有目的地选择的结果，而是因为他生于斯，长于斯。而 Gesellschaft 则是由目的和价值取向不同的异质人口组成的、由分工和契约联系起来的。人们加入这个团体是按照自己的意愿选择决定的。Gemeinschaft 这一概念提出之初，并没有引起人们的广泛关注。直到第一次世界大战之后，人际关系疏远和淡漠，这一概念才开始受到重视。后来，美国学者将 Gemeinschaft 一词翻译成英文 Community。随着美国经验研究社会学的兴起，许多社会学家研究发现，各种人群共同体的活动总与一定的地理区域相关联，于是便在定义和使用"Community"概念时，赋予其更多的"地域"的内涵。

20 世纪 30 年代，在西学东渐过程中，中国学者将"Community"一词翻译为中文的"社区"，以表达共同体与地方两者的有机结合，以区别于社会，并沿用至今。

当今，社区概念在社会科学的许多研究领域被使用，其含义或概念规定也在发展变化。由于研究任务和学科视角的不同，对社区概念的理解和使用不完全一致也是自然的。基于研究的需要，本书中将社区作为一个社会生活实体或相对独立完整的社会生活单元考察。综合国内外大多数社会学家关于社区的定义并综合我国的实际，我们认为，社区是具有共同联系和某种互动关系的人们结成的地域性社会生活共同体。这一定义包含如下一些基本含义。

第一，社区是地域性的生活共同体。社区是"社"和"区"的统一。地域性是社区区别于其他社会共同体的特征。社区不论是自然形成的还是基于行政管理考虑划分的法定社区，都要有相对稳定的地域空间，有一定的地域范围，尽管这一范围有大有小。自然社区是人们在长期共同居住和生活中形成的共同体，因此，自然社区首先要有共同的地域空间，而且共同的地域空间是社区形成的前提条件。只是自然社的地域范围又是一个具有伸缩性的要素，大到一个城市，小到一个村庄、一条街区，只要形成相对完整的生活共同体，就是社会学意义上的自然社区。而行政社区虽然要有共同的地域空间，但是根据管理的需要人为设置的。我国的城市社区就属于这种情形。因为社区在我国现阶段不仅是人们社会生活的单元，也是国家对社会进行管理和控制的单元。在行政操作实践中就需要有一个统一的较为确定的社区地域范围。根据我国社区建设的实际，中共中央办公厅、国务院办公厅2000年转发的《民政部关于在全国推进城市社区建设的意见》指出："目前城市社区的范围，一般是指经过社区体制改革后作了规模调整的居民委员会辖区。"社区范围的这种定位，既考虑了人口规模、资源状况、地域范围、居民认同感等社区构成要素，又考虑到管理幅度以及居民自治等因素。当然，也有城市如上海市把社区地域范围定位于街道办事处辖区，力求在更大的地域单元由政府主导开展社区建设。至于近年来我国的农村社区建设，社区地域范围主要是在自然村和"建制村"两个层次上开展的，"建制村"实际上就是农村的法定社区，其地域边界也是明确的。

第二，社区的核心内容是人群以社会关系为纽带开展的互动。社区不仅具有地域性，更具有社会性。社区要有相对稳定的地域空间，但社区不只是人们居住的地方，它更强调生活共同体的一面。社区中的人群并不是一个个孤立的个体的集合，而是彼此结成各种各样的社会关系，在互动中共同进行社会活动。费孝通先生曾在对社区的解释中指出："社区，它的含义中一个重要的部分，就是'共同的'、'一起的'、'共享的'，就是一群人有共同的感受，有共同关心的事情，也常常有共同的命运。"① 这也正是当今我国社区建设的重要目标。

第三，社区是相对独立完整的社会生活单元。社区有相对完备的各种物质设施，有相对配套的制度、规范和管理体系，还有社区成员参与社会生活所必需的地域空间和社会关系空间。这就为人们参与主要社会活动、经营共同社会生活提供了条件。人们社会生活的许多基本需要都能在社区内得到满足。

（二）社会组织

在社会学研究中，不论是微观的研究对象如社会互动、社会角色、社会群体等，还是宏观的研究对象如社会组织、社会分层、社会流动、社会变迁、社会现代化等，往往都被冠以"社会的"（Social）限定，以体现社会学研究的特有视角，表明这些研究对象既存在于社会之中又具有"社会的"属性。这里，社会组织是作为名词来理解和使用。此外，在组织管理学等学科中，"组织"还被作为一个动词使用，即将成员聚合起来，并对其行动进行有效协调和管理。

从名词角度定义，社会组织是社会这一有机体的构成单元。学术界一向认为，"社会组织一般有两种理解：一种是广义的组织，即泛指一切人类共同活动的群体，包括家庭、家族、村社等初级群体；另一种是狭义的组织，即相对于初级群体的次级组织形式，也可称之为正式社会组织。它是指人们为了实现某种共同目标，将其行为彼此协调与联合起来所形成的社会团体"②。

---

① 费孝通：《居民自治：中国城市社区建设的新目标》，《江海学刊》2002 年第 3 期。
② 郑杭生主编《社会学概论新修》（第三版），中国人民大学出版社，2003，第192 页。

近年来，随着社会建设和社会管理改革创新在我国的兴起和发展，对社会组织这一概念，人们又有了新的理解和使用。在西方国家，人们将政府和企业之外的组织称作"非政府组织""非营利组织"或"第三部门"，我国以往习惯使用"民间组织"，以体现其民间性。早在 2004 年，就有学者撰文提出："相对于作为政治组织的政府和作为经济组织的企业而言，将政府和企业外的组织，统称为'社会组织'是适宜的。"并进一步认为"'社会组织'概念有广义与狭义之分，广义的'社会组织'泛指社会上的一切组织；狭义的'社会组织'则专指与政治经济组织相对应和区别的其他各类组织"①。2007 年，我国开始正式用"社会组织"代替"民间组织"。称谓上的这种改变，有利于对这类组织进行准确认识和定位，也进一步拓展了社会建设和社会管理的组织平台。因为，社会生活微观层面的服务、整合和协调，以及行业性、专业性、技术性的管理和服务，更需要交给社会组织来承担。改革开放以来，大量社会组织的出现充分证明了这一点。而社区组织与这里所言的社会组织有着更为密切的关系，因为，社区是居民生活的社会共同体，社区组织更多的具有社会组织的"社会"属性。

（三）社区组织

关于社区组织的含义，国内外学术界和实务界也有不同的理解。一种理解是把社区组织看作一种社会工作的方法。如在英国，社区组织是指地区组织的联系统筹，合力为社区服务的模式与过程；在美国，社区组织则等同于社区工作，视为社会工作的方法之一；在中国的香港地区，却被视为社区工作中的一个具体工作模式②。在我国和西方，人们更多的把社区组织看作一种组织类型。我国政府文件就是在组织类型的意义上使用社区组织这一概念的。

---

① 张尚仁：《"社会组织"的含义、功能与类型》，《云南民族大学学报》（哲学社会科学版）2004 年第 2 期。
② 甘炳光、梁祖彬等编《社区工作：理论与实践》，香港中文大学出版社，1994，第 7 页。

也有学者主张，社区组织兼具以上两个方面的含义。如《转型中的城市基层社区组织——北京市基层社区组织与社区发展》一书的前言中就主张从社会学与社会工作相结合的角度理解和使用"社区组织"这一概念，该书认为，"社区组织既是一种实体性存在，也是一种过程，及对社区进行组织的过程"[①]。但是该书在正文中实际上讨论的是作为实体性存在的社区组织，主要是城市基层社区中的街道办事处和居民委员会。

基于研究的需要，本书主要将社区组织作为实体性的组织类型来理解，通俗地说，就是把社区组织作为一个名词概念来理解。为了更好地把握社区组织概念的内涵和外延，我们有必要简略回顾检视一下国内学术界对作为组织类型的"社区组织"的若干定义。

吴亦明教授在《现代社区工作：一个专业社会工作的领域》一书中指出："社区组织作为一类社会组织是有其自身质的规定性的，它在内涵与外延上不同于其他类型的社会组织，它不是在社区地域内的各种不同性质的社会组织的统称。依据中外社区工作的实践和社区发展的历史趋势，社区组织可以有广义和狭义两种界定，广义的社区组织可以指在社区地域内，以从事社区公共事务或社区政治、经济、文化事业，参与社区活动为目标的各种社会组织及其机构。狭义的则是指由社区建立的以满足社区需要促进社区发展为目标的，从事社区管理与服务，吸纳社区成员参与社区活动的各种社会组织及其机构。"[②] 这一定义的特点在于，对社区组织作了广义和狭义两种界定，但对社区组织目标的理解，不论是广义的界定还是狭义的界定都偏窄，"从事社区公共事务或社区政治、经济、文化事业""从事社区管理与服务"只是社区正式组织即机构特别是体制内社区组织的目标，难以涵盖非正式社群组织的目标。其实，民间社群组织及其网络在社区中的覆盖范围更广泛，作用也不可

---

① 雷洁琼主编《转型中的城市基层社区组织——北京市基层社区组织与社区发展》，北京大学出版社，2001，第1页。

② 吴亦明：《现代社区工作：一个专业社会工作的领域》，上海人民出版社，2003，第202页。

替代。

徐永祥教授主编的《社区工作》也持大体相同的看法，认为："社区组织的特定涵义是指在社区内开展工作或活动，执行一定的社会职能，完成特定的社会目标的社会组织。广义的社区组织，可以指在来自于社区外的，以从事社区公共事务或社区政治、经济、文化事业，参与社区活动为目标的各种社会组织及机构。狭义的社区组织，则是指由社区建立的以满足社区需要和促进社区发展为目标的，从事社区管理与服务的各种社会组织和机构。"①

夏建中教授主编的《社区工作》则认为，"社区组织是指以某一社区为范围建立起来的，有目的、有计划地满足居民一定需要的各类组织"②。

上述几种定义，虽然各有差别，但又有共同点。一是都认为社区组织以社区为地域范围，即社区组织具有地域性。二是认为社区组织有区别于其他组织的目标，尽管有的强调"从事社区公共事务或社区政治、经济、文化事业""从事社区管理与服务"，有的强调"满足居民一定需要"。三是把社区组织理解为正式的组织。

综合以上考察，结合中外社区组织发展的历史，在《导论》中我们就指出，社区组织的概念有广义和狭义之分。狭义的社区组织，是指由社区及其居民组建并吸纳社区成员参与以满足居民社会性需要和维护社区公共利益为目标的各种社会组织；而广义的社区组织则是在社区地域内面向社区居民开展工作满足社区及其居民需要的各种组织的统称。对社区组织作如此的区分在理论研究和实际工作中都是必要的。在社区组织的研究中，广义和狭义的社区组织都应该得到重视。但在本书中，我们更多的将研究重心聚焦在狭义社区组织上，主要是基于如下三个方面的考虑。

第一，狭义的社区组织在属性上更贴近作为非政府、非营利的

---

① 徐永祥主编《社区工作》，高等教育出版社，2004，第21页。
② 夏建中主编《社区工作》（第一版），中国人民大学出版社，2005，第199页。

社会组织的"社会性"本义。广义社区组织的组织性质很复杂。其中，政府的派出机关或机构，其行政组织的属性自不待言。进入社区开展业务活动的专业组织及其分支机构，又有营利性企业组织和非营利的社会服务组织之分。而狭义的社区组织，尤其是体制内组织如城市社区居民委员会和村民委员会虽然在性质上具有官民二重性，甚至还是政府机构指挥下的"腿"，但在法理定位上属于群众自治组织。如果说前者是当今中国社区居民委员会和村民委员会的"实然"现状的话，那么，后者则是中国社区居民委员会和村民委员会的"应然"，居民自治无疑是我国社区建设的发展方向。至于其他体制外社区居民组织的民间性和社会性就更为鲜明和突出了。

第二，狭义的社区组织是社区实现自组织的载体，也是居民自治的组织依托。社区是社会的构成单元，需要有政府的行政管理和公共服务。但作为相对独立的社会生活共同体，社区更需要自组织，即通过自我整合、自我协调进而实现有序化，就是说，社区生活共同体的存在和运作更需要以自组织机制为基础，而由社区及其居民建立的以满足自身需要为目标的狭义的社区组织是社区实现自组织的有效载体，也符合我国社区居民自治发展的方向。

第三，社区建设在我国只有二十几年的历史，并且是在政府的主导和推动下进行的，由社区及其居民建立的组织尚处于发育的过程中，相关的研究也比较薄弱。因此，需要着力加强这方面的研究。

二　计划经济时期我国城乡社区组织的演变

新中国诞生后，出于铲除旧政权统治的社会组织基础的考虑废除了保甲制度，在此情况下，如何加强城市居民的组织管理，现实地摆在党和政府面前。各地做了许多探索，但做法不尽相同，城区以下的设置名称未统一。经过几年的实践和试点，在反复调研论证的基础上，全国人大常委会于1954年颁布了《城市街道办事处组织条例》和《城市居民委员会组织条例》。根据这两个条例,各级城市基层政权组织设立了派出机关——街道办事处,并按居民的居住地区成立了居民委员会。街道办事处是市辖区或不设区的市的人民委员会的派出机关。街道办事处的任务是:办理市、市辖区的人民委员会有关居民工作的交办事项,指导居民委员会的工作,反映居民的意见和要求。当时街道办事处一般设专职干部3~7人,其中包括做街道妇女工作的干部1人,办事处内部不设机构。而居民委员会是群众性的居民组织,其任务是处理有关居民的公共福利事项、反映居民的意见和要求、动员居民响应政府号召并遵守法律、领导群众性的治安保卫工作、调解居民间的纠纷等等。居民委员会按照居民的居住情况并参照公安户籍段的管辖区域设立,一般以100~600户居民为范围;居民委员会下设居民小组,由居民小组推选出居委会委员,并且由委员推选出主任、副主任;居民较多的居民委员会设立了社会福利(包括优抚)、治安保卫、文教卫生、调解、妇女等工作委员会,居民委员会每届任期一年,居委会的公杂费和居委会委员的生活补助费由省、直辖市政府统一拨发。自此,城市基层组织便在全国统一规范并获得了迅速发展。这一时期街道办事处和居委会作为党和政府联系居民群众的桥梁在基层社会管理中发挥了重要的作用,但又是作为管理城市辖区中无单位归宿的居民及其社会事务的组织形式而存在的,扮演的只是"单位"体制之外拾遗补缺的角色。后来,街道—居委会组织的结构和职能随着我国形势政策的变化几经调整演变,但其"剩余体制"的属性始终未变,并且随着高度集中的计划经济体制和行政管理体制的形成以及政治意识形态的强化,原本就发育不足的基层社会空间日益受到挤压。作为地域性社会生活共同体的"社区"也因缺少存在和发展的社会土壤而在现实生活中缺位,居民的居住地充其量只是功能萎缩了的"亚社区",居民委员会作为群众自治组织的性质被扭曲,实际上只是一种准社区组织。至于街道办事处,早期主要承担居民事务的管理,后来发展为对辖区内社会性、群众性工作负全面责任,履行组织领导、综合协调、监督检查等行政职能,其政府组织的色彩日渐加深,"文化大革命"时期更名为"街道革命委员会",工作内容进一步政治化。

在农村,人们祖祖辈辈聚集而居,于是形成了一个个村落,这是典型意义的传统社区,也构成了乡土中国社会一道独特的风景。家族、宗族、邻里、民间精英与具有基层政权性质的乡里组织(具体称谓各朝代不尽一致,有乡里、里甲、保甲等),在基层社会治理中一直扮演着重要角色。新中国成立以后,不仅废除了保甲制度,宗族等组织也不断受到挤压,在农村社会生活中对公共事务的介入日趋减少。与此同时,基于通过农业集体走向共产主义的信念,1950年代中期以后,在党和政府的动员下,农民先是在农业生产中组织互助组,后来又相继成立初级农业合作社和高级农业合作社,1958年在全国普遍建立了政社合一的人民公社。人民公社在所有制上以"三级所有,队为基础",即分生产队、生产大队、公社三级核算。生产队是基础,但在政治色彩浓重的行政性指令干预和"一大、二公、三纯"的意识形态支配下,生产队和农民在生产经营上和其他集体事务管理上并无真正的自主权,生产队只是农村人民公社体制下的生产单位,农民则是其中的"社员"。人民公社集工、农、商、学、兵、经济、政治、文化、组织管理于一体,实际上成为党和国家对农村实施全面管理和控制的全能型行政组织。可见,计划经济时期,我国农村也没有完整意义上的社区和社区组织。

三 新时期我国城乡社区组织的发展

1978年以后,中国进入了改革开放和社会主义现代化建设的新时期,社会结构开始发生一系列深刻变化,城乡基层社会组织及其管理体制的改革也被提上了日程。

(一)农村改革和农村基层组织建设

20世纪70年代末长期受压抑的农民开始或秘密或半公开地搞

起了包产到户，1980 年，包产到户和包干到户在全国逐步扩展开来，发展很快。1980 年 9 月，中共中央发出加强和完善农业生产责任制的 75 号文件，承认了少数地区包产到户和包干到户的合法性，肯定"双包"到户是"社会主义集体经济的生产责任制"，自此，联产承包责任制迅速推广，以统一经营、集中劳动为特征的人民公社制度因丧失了植根的土壤而逐步解体。当人民公社、生产大队、生产队这些在计划经济体制下的农村管理组织解体后，农村不免出现了组织管理上的"真空"，急需新型的基层组织来填补。同时，获得了"第二次解放"的农民，在有了生产经营自主权后，也要求在农村基层经济、社会和其他公共事务领域享有应有的权益，希望建立一种能够体现自身利益和要求的组织。1980 年，广西壮族自治区的合寨村等出现了通过无记名投票选举产生的自治组织——村民委员会，在全国率先实行村民自治，这一创举受到了各级地方政府和中央的重视与充分肯定。在大量调查的基础上，当时担任全国人大常委会主任的彭真在 1982 年 7 月 22 日全国政法工作会议的讲话中专门谈道："村民委员会过去是有过的，中间一个时期没有，近几年有些地方又建立起来了，是群众自治性组织，大家订立公约，大家共同遵守，经验是成功的，应普遍建立。"同年 8 月，中共中央 36 号文件指出，近年有些地方建立的村民委员会是"群众性自治组织"，大家订立公约，大家共同遵守，"经验是成功的"。并要求各地"有计划地进行建立村民（或乡民）委员会试点"。1982 年底，村民委员会正式载入我国宪法，《宪法》第 111 条明确规定："城市和农村居民按居民居住地区设立的居民委员会和村民委员会是基层群众自治性组织。"至此，由农民群众自己创造的村民委员会得到宪法的确认而合法化。1983 年中共中央发布《关于当前农村经济改革的若干问题的通知》，正式决定撤销人民公社建立乡政府。经过几年试点，1987 年 11 月全国人大常委会通过了《村民委员会组织法（试行）》，对村民委员会的法律地位、职责、设立的原则、组织构成、工作方式、村委会成员选举等作出了规定。按照试行法规定，村委会既是村民自我管理、自我教育、自我服务的基层群众性自治组织；又要协助乡、镇政府开展工作；而且应当支持和组织村民依法发展各种形式的合作经济和其他经济，承担本村生产的服务和协调工作，促进农村生产建设和经济发展。可见，村民委员会实际上是一种集准行政组织、社会组织与集体经济组织职能于一身的综合性群众自治组织，权责都较城市居民委员会大。依照试行法，各地农村都选举了村委会主任、副主任和委员，设置了人民调解、治安保卫、公共卫生等委员会，并分设若干村民小组，村委会向村民会议负责并报告工作。试行法对于扩大基层民主，保证农村基层组织直接行使民主权利，改善干群关系，维护农村社会稳定，起了重要作用。但是，试行法执行情况差别很大，一些农村干部没有充分重视和认真贯彻试行法，有的地方基层干部欺压群众、损害广大群众的利益。针对这些问题，第九届全国人民代表大会常务委员会第五次会议于 1998 年 11 月通过了《村民委员会组织法》，进一步对村委会选举的具体程序和办法、村民会议组成和议事事项、村务监督等作出规定。2010 年 10 月第十一届全国人民代表大会常务委员会第十七次会议通过了修订的《村民委员会组织法》，在村民委员会成员的选举和罢免程序、民主议事制度、民主管理和民主监督制度几个方面作出了新的规定。

村党支部等党组织是中国共产党在农村的基层组织。党的基层组织如何定位并发挥作用，这是村民自治实践和村委会建设中面临又必须解决好的问题。在总结实践经验的基础上，1998 年《村民委员会组织法》较试行法增加了"中国共产党在农村的基层组织，按照中国共产党章程进行工作，发挥领导核心作用；依照宪法和法律，支持和保障村民开展自治活动、直接行使民主权利"。此后全国农村普遍建立了支部委员会和村民委员会在讨论重要问题上的"两委联席会议"制度，较好地处理了党的领导和村民自治的关系。2010 年正式颁布的《村民委员会组织法》将其修改为"中国共产党在农村的基层组织，按照中国共产党章程进行工作，发挥领导核心作用，领导和支持村民委员会行使职权；依照宪法和法律，支持和保障村民开展自治活动、直接行使民主权利"。

随着农村经济的发展和市场化改革的深入，除了村民委员会具有集体经济管理的职能外，农村还成立了一些其他类型的集体经济组织，这在乡镇企业蓬勃发展时期表现得尤其突出，即发展起大量的乡镇或村办的集体企业，这些企业后来大都实行了股份制改造。更为令人欣喜的是，农村出现了大量的专业合作经济组织，这是农民在市场经济条件下基于自愿、互助、民主、公平基础上建立起来的合作经济组织，是农业产业化经营的重要组织载体。这些组织不仅是经济类组织，也是新农村建设和农村社区发展的重要支持力量，同时其经营活动范围不局限于本村和邻村，将其看作广义的农村社区组织不仅是合理的，也是必要的。

除了上述组织，按照要求，农村一直有共青团、妇联、民兵这些群团组织。近年来，随着农村经济、社会的发展，老年协会、文体类团队等民间组织开始活跃，一些城市周边的农村在开展农村社区建设中还由政府设置了社区服务站。但总体而言，农村社区的组织发育程度还比较低，特别是社会性组织的种类较少，结构也相对简单（见图2-1）。

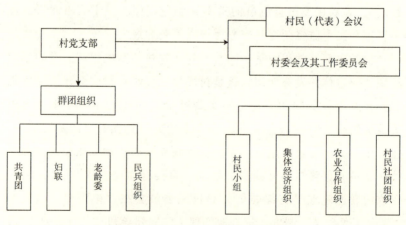

图2-1 目前农村基层组织架构

（二）城市社区及社区组织建设

与农村改革和基层组织建设相呼应，进入改革开放和现代化建设新时期以来，城市基层组织建设也提上了日程，并且随着城市的经济改革和城市社区建设的启动与深入而呈现全新的气象。新时期我国社区组织建设的成就主要体现在如下方面。

1. 完善相关法律政策，为社区组织建设提供制度保障

1978 年后，按照五届全国人大一次会议通过的新宪法，撤销了"革命委员会"，恢复了街道办事处，1980 年，国家重新颁布了1954 年通过的《城市居民委员会组织条例》，城市基层群众自治组织得以恢复。1982 年宪法首次以根本大法的形式明确了居委会的性质任务和作用。1989 年 12 月 26 日全国人大通过了《城市居民委员会组织法》，取代原《条例》，其内容也较《条例》更为具体，明确规定我国城市社区居民委员会是居民自我管理、自我教育、自我服务的基层群众性自治组织。自此，居委会不断得到发展。据民政部统计，1995 年全国已有居民委员会 11.19 万个。随着社区服务特别是社区建设工作思路的提出，街道办事处和居民委员会在社区建设和服务居民当中的作用更加被重视。在由民政部推动的全国社区建设实验区和示范区活动阶段，社区组织建设被作为社区建设的重要内容和组织保障置于重要的位置。2000 年 11 月《中共中央办公厅、国务院办公厅关于转发〈民政部关于在全国推进城市社区建设的意见〉的通知》中，专门就加强社区党组织建设和加强社区居民自治组织以及逐步建立社区工作者队伍做了部署，社区组织建设也由此进入一个新阶段。

2. 推进社区整合，拓展社区组织的活动平台

社区建设开展以前的居委会，人员少、地域管辖范围小，管理任务主要是面向无单位的纯居民，作用十分有限。在社区服务与社区建设的实践中，各级党政领导和实际工作者普遍意识到，原有的居委会难以承担社区服务与社区建设的任务。另外，社区不宜太小，只有具备一定人口、地域规模，才能有效利用各种社区资源，发挥其作为地域性生活共同体的功能。进入 21 世纪以后，全国许多城市都从建设新型社区的需要出发，按照社区的要素（地域面积、户数或人口、居民心理认同等）和功能，进行了居委会合并及社区规模调整。居委会改称"社区居委会"。由居委会到社区居委会不是只换个牌子，而是城市基层组织方式和管理方式的深刻变革。社区整合也不只是一个规模调整和扩大的过程，同时也是一个提升社区功能、催生新型社区组织体系的过程。随着社区规模的扩大和资源的合理利用，社区作为地域性生活共同体的功能开始显现，也为社区组织拓展了活动平台。

3. 健全社区组织机构，社区组织新格局基本形成

组织是为完成特定目标建立起来的载体。我国社区组织建设深深地植根于社区服务和社区建设发展的需要，同时又是党和政府主导下区街干部、社区工作者和社区居民群众等多种主体能动活动的产物。经过多年的探索和努力，一个包括社区党组织系列、社区居民自治组织系列、社区群团组织和社区民间组织、专业化社区服务组织（机构）的社区组织新格局已基本形成。

（1）加强社区党组织建设，社区党建工作的新机制基本形成

为适应新时期城市基层管理和社区建设的需要，各地积极探索社区党建工作的体制和运行机制，将街道党委改成党工委，建立了街道党建联席会议制度，加强了对属地内各单位党组织的综合协调能力。在社区，党的组织实现"一社区一支部"，一些党员多的社区还建立了党总支或党委。在社区建设中，党支部发挥着领导核心作用，对社区其他组织和社区总体工作进行政治领导，支持和保障其他社区组织依法独立行使职权。同时，教育和引导党员（包括离退休党员、在职党员、流动人口中的党员）在社区发挥先锋模范作用，特别是加强对流动党员的管理，开展党员的双向登记制度，一些社区还成立了暂住人口党员支部。经过建设，以街道党工委为核心，以社区党支部（总支）为基础，社区内各单位党组织和社区全体党员共同参与、条块结合的社区党建工作机制基本形成，围绕辖区内的社会性、群众性、公益性、地区性的工作开始形成"合力"。

（2）培育居民自治组织，社区民主建设取得了新进展

社区自治组织的培育是社区组织建设的重要内容。从创建社区建设实验区开始，一些城区就积极培育社区居民自治组织，形成了

具有内部结构的社区自治组织体系及制度安排。社区居民（代表）会议是社区群众性自治组织的最高形式，其基本职能为：履行议事、决策和监督职能，民主选举社区居委会成员和社区议事监督委员会。社区议事监督委员会由热心社区事业、在社区中享有较高威望的社区居民组成，发挥协商议事和对居委会的监督作用。社区居委会是居民自治的主要组织形式，由社区居民（代表）会议选举产生，根据社区自身情况下设人民调解、治安保卫、计划生育、环境卫生、妇女等专门委员会，近年来又设置了社区服务站，协助政府职能部门和街道办事处开展社会治安、公共卫生、计划生育、优抚救济、劳动就业、社会保障、社会救助、文化体育、流动人口服务管理等工作，使政府社会管理和公共服务延伸与覆盖到全社区。

（3）建立社区群团组织，社区居民民间社团组织发育成长

群团组织历来是党和政府联系群众的纽带。近年来，按照要求，社区普遍组建了工会、共青团、妇联、关心下一代工作委员会、计生协会、老龄委等社区群团组织。这些组织在社区的建立，拓宽了党和政府联系社区居民的渠道，在社区服务和社区建设中发挥着不可替代的积极作用，也成为社区党组织和社区居委会开展工作的得力助手。许多社区还成立了老年人协会、残疾人协会、文体协会、志愿者队伍以及其他"草根性"居民社团组织。商品房住宅小区还依照政府相关规定普遍成立了业主委员会。这些居民社团组织以共同的利益或志缘、趣缘等为纽带开展活动，已成为社区生活中不可缺少的组织形式，在社区建设和发展中也发挥着重要作用。

（4）发展专门化社区服务机构，满足社区居民多层次需求

面向居民的服务有些是需要专门的服务机构来提供的。近年来，政府积极推动发展专门化社区服务机构，除了街道举办的社区服务中心、居委会层面设置的社区服务站以及利用"社区老年福利服务星光计划"资金筹建的社区老年服务活动中心外，一些社会力量也进入社区面向老、幼、孤、残等特殊群体开展服务，如建立日托中心、老人公寓等。政府也通过"埋单"或公助民营、公建民营以及税收减免等方式给予支持。在一些发达城市，专业社会工作机

构开始进入社区从事专业化的助人服务。企业也纷纷进入社区开展专门化的有偿服务，如物业服务、家政服务等。

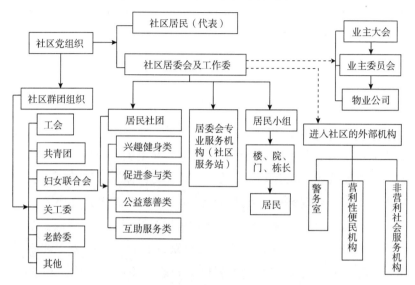

图 2 - 2   目前多数城市社区组织架构

以上我们简要梳理了城市社区组织建设的成绩，不过，我们也应清醒地认识到，由于城市社区建设的时间在我国还不长，城市社区组织建设还有许多工作要做。2010 年 11 月，中共中央办公厅、国务院办公厅印发了《关于加强和改进城市社区居民委员会建设工作的意见》，专门就加强和改进城市社区居民委员会建设工作做了部署，实际上其他社区组织也同样有一个建设的问题，社区民间组织和社会服务机构甚至还需要培育。社区组织之间的关系也需要进一步理顺。这些相关问题我们将在以下各章结合"村改居"社区组织建设来讨论。

四　城市化进程中的"村改居"社区和"村改居"社区组织

（一）"村改居"社区及其特征

在我国大陆，进入 21 世纪以来，在快速城镇化的进程中，随着"村改居"的实施,"村改居"社区大批涌现,"'村改居'社区"也成为一个为人们所熟知的词语,在基层实际工作中和各种媒体及政府文件中被使用。本书也使用了"村改居"社区这一概念,但有必要在这里作些解释和界定。

对社区可以依据不同的标准进行不同的分类。在社会学领域,对地域性社区一般划分为城市社区、农村社区以及介于二者之间的集镇社区,这是依据产业、人口、空间等特征来划分的。我们所要研究的"村改居"社区,显然不是依据上述标准而来的。从严格意义上讲,"村改居"社区不是一种与农村社区、城市社区并列的社区类型,也不是农村社区向城市社区自发演进的中介形态,而是意指在城乡二元体制依然存在的情况下,由政府主导和推动而成建制实施土地城市化和人口户籍"非农化"的这样一类社区。它是在法定社区的意义上被理解和使用的。具体说来,"村改居"社区具有如下特征。

1. "亦城亦村"的过渡性

"村改居"社区的前身为农村社区,由于城市化的发展被纳入城市规划区,通过实施"村改居",由农村基层组织建制转变为城市基层组织建制,并纳入城市管理体制,居民在户籍上也由农民转变为市民。从这一意义上说,"村改居"后的社区已属于城市社区了。

但另一方面,"村改居"社区又具有脱胎而来的农村社区的"印记"。在产业结构上,有的"村改居"社区已不再有农业;但一些"村改居"社区还有农地和农业,因而在一段时期里呈现农业和非农产业并存的局面,只是农业在产业结构中不再占主导。在社区组织结构和管理方式上,也受以往村社组织结构和管理方式的惯性影响(这一方面,我们将在后面的章节中讨论,这里不做展开)。"亦城亦村"的过渡特征还明显体现在居民特别是原村民群体的行为方式、生活方式、人际交往等方面。"村改居"初期,原村民群体多数延续以往的处世方式,社会网络多以血缘或血亲关系为纽带、地缘关系为基础。业缘关系虽有增强,但在"村转居"社区居民生活中起主导作用的还是乡里乡亲等传统关系，社区大多数居民的社会交往仍处于"半熟人社会"关系中，社会生活圈子比较小，生活环境是比较稳定和封闭的。特别体现在社区内的一些重大活动上，比如一户居民家的婚丧嫁娶事情，互动的群体主要是自己家原来存在的亲朋好友关系，活动的仪式仍然是传统的方式。① 社区内本地居民和外来人口日常往来少，外来人口之间的往来也局限于老乡或熟悉的工友之间。人们的群体界限分明，缺少在社区公共空间和生活共同体意义上的互动交往。但是，"村改居"社区又走上了城市化的不归之路。受市场经济大潮的推动和现代城市文明的感召以及新居民入住的影响，再有政府自上而下的"给力"，人们的生产经营方式、生活方式、行为方式、思想观念正在悄然转变，中青年一代的变化尤为明显，更具有开放、进取的精神风貌。其结果便出现了"村改居"社区目前"亦城亦村"但农村特质在消退、城市特质在生长的过渡性。

2. 居民构成复杂，人口流动性大

"村改居"社区的人口密度比农村社区大，居民结构也比农村社区和纯城市社区复杂得多，既有原居住人口（原村民），又有城市化扩展中新建的商品房住宅小区的新居民，还有相当数量的外来务工人员及其家属。在城市化浪潮的冲击下，原居住人口也已开始发生分化。有的失地之后同时"失业"了，成为无所事事的闲人；有的则进入企业务工；有的从事个体经营；有的甚至举家迁出，但因户籍在本村，因而又享有集体资产收益或土地出让补偿收益。由于地方政府推行"征地不征村"为主导的低经济成本开发策略，除一些村庄被整体拆除、原居民被集中或分散安置外，多数"村改居"社区虽然耕地被征用却依然延续村庄聚落的形态，甚至变为"城中村"。在这些社区，"本村"居民往往还有自家的宅基地和自有房屋，因而又有数量不等的房租收入。由

---

① 操世元、王永胜：《"村转居"社区：特点、问题与建设方向》，《西华师范大学学报》（哲学社会科学版）2010年第3期。

于房价和房租相对便宜又靠近周边的一些企业,"村改居"社区吸引了大量常住或暂住的外来人口,他们中有在写字楼中打工的"白领",但更多的是进城经商人员和企业中的"蓝领"以及游走于城市边缘的"农民工"及其家属。因此,外来人口的构成也很复杂,人口的流动性很大。在研究中,我们走访调研的"村改居"社区,非户籍人口一般都占较高比例,其中多是暂住人口。如厦门市湖里区马垅社区 2003 年实施"村改居",这是一个典型的"城中村",社区登记在册的总人口为 3.5 万,其中,原先 3 个自然村的村民有 800 多人,其余户籍属于辖区的人员(主要是辖区内企业的集体户口)有 500 多人,这两部分总计 1300 多人,其余的 3.3 万多的人口都是流动人口。厦门市集美区的叶厝社区也是一个"村改居"社区,由于城市的扩张目前已被新城区包围。该社区共有常住人口 1936 人,户籍人口 1600 多人,外来人口则有 3.3 万多。当然,城市周边也有些"村改居"社区外来人口比例不如上述"城中村"那样高,但"村改居"社区外来人口多已是一个不争的事实。我们曾对厦门市、福州市、南京市、广州市、晋江市的 14 个"村改居"社区的人口数据进行了收集,统计汇总如表 2 - 1 所示。

表 2 - 1 "村改居"社区相关数据统计

相关统计指标	社区平均面积(平方公里)	社区平均户籍人口(人)	社区平均外来人口(人)	社区居住人口(人)	社区平均人口密度:人口数/社区面积
数据	2.21	3809.5	7392.6	11202.1	5068.8

3. 城乡结合的地域特征和居住环境

"村改居"社区是城市化进程中城市扩展的直接产物。由于城市化发展的要求,需要将以往城市周边和城市新区包围的农用土地征用,并将村民成建制地改为城市居民。因此,"村改居"社区或位于城市周边的城乡接合部,或位于城区被称为"城中村"。所谓"城中村",是指在城市扩展的过程中,被扩展的城市新区、城市建筑所逐渐包围,在地域上属于城市规划范围内,但其人员及社会关系未能有机地融入城市，仍以土地及其附着物为主要生活来源，行政管理方面也仍沿袭农村管理体制的城中农村化管理区域。[①] 其实，"城中村"不是规范的概念，管理体制的情况比较复杂。有的的确仍沿袭农村管理体制，是名副其实的"城中村"。但也有相当一部分城中村已实施"村改居"，并不完全沿袭农村管理体制了，但又的确有着明显的乡村村落的"印记"，并继续保留着宅基地制度和自有住宅，相当一部分还有集体经济，因而被形象地称为"都市里的村庄"或"都市村社共同体"[②]。"村改居"社区和"城中村"都是城乡二元结构依然存在情况下的中国城市化发展的特有现象，但"村改居"社区概念覆盖范围更宽（凡城市周边和城区包围的所有纳入改制的社区都属于"村改居"社区），并且凸显了与城市基层管理接轨的意涵。基于这一理解，本书使用"村改居"社区这一概念。

"村改居"社区不仅多位于城乡接合地带，而且居住环境也具有城乡结合的特色。地方政府出于经济成本的考虑，在"村改居"过程中往往"征地不征村"，即只是先征用农业用地，绕开对村庄中村民宅基地及其房屋以及村内原集体公用建筑等的征用。由此，产生了"村改居"社区范围内土地使用的多样化。就居住房屋而言，就有城市化扩展中新建的商品房，也有因征地拆迁而建的安置房，更多的则是原村民建在宅基地上的自有房。这些自有房有原来的老房子，多数则是翻建或重建的。这些翻建楼房的楼层多数超出规定的层数，楼与楼之间的距离按原宅基地结构本来就小，翻建时二层以上又突出出来，占用了公共空间，被人们形象地比喻为"贴面楼""握手楼""接吻楼"。通风、采光、卫生、环境条件差，大量外来人口就租住在这些拥挤的街巷里，由此形成"村改居"社区独特的景观。出租房屋收取租金成为原村民的一项重要收入来源。

---

① 殷小青：《基于生命周期理论的城中村改造方式分析》，《中共乐山市委党校学报》2008 年第 4 期。

② 蓝宇蕴：《都市里的村庄：一个"新村社共同体"的实地研究》，生活·读书·新知三联书店，2005，第 11 ~ 18 页。

(二)"村改居"社区组织

"村改居"社区虽然不是一种独立的社区类型,只具有过渡的性质。但是,"村改居"社区在组织和制度层面上开启了由农村社区向城市社区的变迁,在社区组织的结构和功能上也发生了适应性的变化。目前,"村改居"社区组织基本架构大体如图2-3所示。

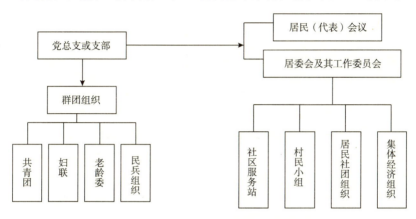

图2-3 目前"村改居"社区组织架构

尽管"村改居"社区不是一种独立的社区类型,只具有过渡的性质,但在积极推进城乡一体化建设和社会管理改革创新的背景下,正在成为城乡一体化建设和基层社会管理创新的微型实验场。在此情势下,"村改居"社区组织对新老居民的作用凸显。"村改居"社区组织日益成为满足"村改居"社区新老居民多层次需要的重要载体;也是由村落社区走向城市社区的新老居民再组织化的有效依托,因而也是社区治理的重要组织主体;同时还是村民市民化、外来人口融入城市的基础平台。

由于本书是以"'村改居'社区组织建设"为题的,"村改居"社区组织自然成为本书的研究对象。因此,关于"村改居"社区组织,本书拟在后续各章就其中的重要组织类型分章进行研究和讨论。

第三章

职能转换中的"村改居"社区居委会

随着我国现代化建设的深入和基层社会管理体制改革的推进，社区组织的地位和作用日益受到重视，社区组织也不再处于社会的边缘。城乡社区居民（村民）委员会的建设更是受到党和政府的重视，也日益为城乡社区居民（村民）所关注。作为法定基层群众自治组织，城乡社区居民（村民）委员会已成为我国体制内的群众自治组织。在城市化发展中，"村改居"社区居委会作为"村改居"社区的主体组织，与村民委员会和纯城市社区的居民委员会相比有自身的特点，"村改居"社区居委会如何建设，如何发挥主体组织的作用，这是"村改居"社区组织建设面临的新课题。

第一节 "村改居"社区居委会的历史方位

如前所述，"村改居"是我国特有的城市化路径，即在城乡二元结构依然存在的条件下，由政府推动和主导在城市的周边地区或小城镇成建制地实施"农转非"，将居民的农业户籍成建制改为非农业户籍，将"村民委员会"这一农村基层群众自治组织改为城市性质的"社区居民委员会"。"村改居"社区居民委员会正是这一转变过程中过渡性的一环，它既与村民委员会（简称村委会）和纯城市社区居民委员会（简称居委会）有着联系，又有着自身的特点和职能。为了更深入地展开相关研究，首先需要对村民委员会与城市居民委员会作一对比分析。

一 村民委员会与城市居民委员会比较分析

城市居民委员会和村民委员会在法律地位上都是基层群众性自治组织。《中华人民共和国宪法》第一百一十一条明确规定："城市和农村按居民居住地区设立的居民委员会或者村民委员会是基层群众性自治组织。"《居民委员会组织法》规定："居民委员会是居民自我管理、自我教育、自我服务的基层群众性自治组织。"《村民委员会组织法》也规定："村民委员会是村民自我管理、自我教育、自我服务的基层群众性自治组织，实行民主选举、民主决策、民主管理、民主监督。"居民委员会和村民委员会作为基层群众性自治组织，具有如下六个方面的共同特征。

（1）群众性

我国城市的居民委员会和农村的村民委员会，都不是国家政权组织，也不是其派出机构，而是一种群众性组织。居住在某一地区的居民，不分民族、种族、性别、职业、家庭出身、宗教信仰、教育程度、财产状况、居住期限，都是居民委员会组织的成员。居民委员会主任、副主任和委员，也不由政府任命，而由居民选举产生。

（2）自治性

自治是相对他治而言的，其基本含义是指自己办理自己的事情，学术化一点说，就是自主治理。自治性是居委会和村民委员会的本质特征之一。主要是指在国家法律法规和政策规定的范围内，居委会和村民委员会拥有自主权和自决权，能够依法办理与自身利益相关的公共事务，组织居民实行自我管理、自我教育、自我服务和自我监督。但居民委员会和村民委员会的自治权又是有限的，要受到两个方面的边界条件的约束。一是要在国家法律法规和政策规定的范围内开展自治，这是其法律政策边界；二是要接受中国共产党的领导和政府的指导，这是其体制边界。

（3）基层性

居民委员会和村民委员会是设立在国家最低一级行政区划之下的社会组织，在城市设在街道办事处（城市基层政权——区政府的派出机构）之下，在农村设在乡（镇）政府之下，是直接由广大居民（村民）所构成的基层组织，并且直接面对居民（村民）。

（4）地域性

居民委员会和村民委员会都是地域性的群众自治组织，每一居民委员会或村民委员会都有所辖的地域范围，都有明确的地域边界。在城市，居民委员会组织一般按照居住区如里巷、居民小区来设置，同一居委会的居民之间一般都具有邻里、街坊关系，或居住的地理位置较近。在农村，村民委员会一般是一个大的村落或几个小村落联合设置，由于农业以土地为最主要的生产资料，村民以地为生，再加上村民村落式的居住格局，祖祖辈辈生活在一个村子里，因此，村民的居住地域观念要比城市居民强得多。因此，村民委员会设立，正是根据村民居住状况、人口多少，按照便于群众自治，有利于经济发展和社会管理的原则进行的。

（5）广泛性

居民委员会和村民委员会组织具有广泛性，主要表现在两个方面：其一是存在的广泛性，居民委员会和村民委员会是我国广大城乡普遍设置的基层社会组织，遍布所有的地区，概莫能外；其二是成员的广泛性，居委会组织和村民委员会是一定区域内的全体居民构成的社会组织，而不像其他组织如工青妇组织或业主委员会等对其成员有性别、年龄、职业、房产和其他社会属性的限制。

（6）综合性

居民委员会和村民委员会又都是综合性的群众自治组织。这种综合性主要表现在：首先，与业主委员会、民间社群组织相比，居民委员会和村民委员会的自治功能较宽泛，而业主委员会、民间社群组织的自治功能较单一。如业主委员会的职责是依法履行物业管理，而"不得作出与物业管理无关的决定，不得从事与物业管理无关的活动"①。其次,城市居民委员会和村民委员会既要办理自治事务,同时负有协助人民政府或者它的派出机关做好与居民(村民)利益有关工作的责任。《居民委员会组织法》第三条关于居民委员会的任务,就有协助维护社会治安,协助人民政府或者它的派出机关做好与居民利益有关的公共卫生、计划生育、优抚救济、青少年教育等项工作的规定。2010年11月中共中央办公厅、国务院办公厅印发的《关于加强和改进城市社区居民委员会建设工作的意见》,将城市社区居民委员会的主要职责进一步概括为三大项,即"依法组织居民开展自治活动""依法协助城市基层人民政府或者它的派出机关开展工作""依法依规组织开展有关监督活动"。其中,关于"依法协助城市基层人民政府或者它的派出机关开展工作",文件基于社区建设的新要求,列出了社会治安、社区矫正、公共卫生、计划生育、优抚救济、社区教育、劳动就业、社会保障、社会救助、住房保障、文化体育、消费维权以及老年人、残疾人、未成年人、流动人口权益保障等工作。《村民委员会组织法》也规定:"村民委员会协助乡、民族乡、镇的人民政府开展工作。"可见,村委会和居委会具有"官民"二重属性,是党和政府联系群众的桥梁和纽带。

但是居民委员会和村民委员会又是我国社会长期存在城乡二元结构背景下的基层组织设计,它们分属于城乡两种分割的组织管理体系。城市居民委员会属于城市组织管理体系,即区政府—街道办事处—居委会体制;而村民委员会则属于农村组织管理体系,即县政府—乡(镇)政府—村委会。也正是由于这一基本区别,带来了如下主要区别。

(1)工作经费来源上的区别

在城乡二元结构体制下,由于差别化的城乡政策,资源不适当地向城市倾斜,这也反映在城乡自治组织工作经费来源的区别上。

---

① 国务院:《物业管理条例》,2003年6月8日公布,2007年修订,中央政府门户网站,www.gov.cn。

居民委员会和村民委员会虽然都是自治组织，但二者的工作经费来源很不一样。这反映在法律文本的规定上。《居民委员会组织法》第十七条规定："居民委员会的工作经费和来源，居民委员会成员的生活补贴费的范围、标准和来源，由不设区的市、市辖区的人民政府或者上级人民政府规定并拨付；经居民会议同意，可以从居民委员会的经济收入中给予适当补助。居民委员会的办公用房，由当地人民政府统筹解决。"《村民委员会组织法》第三十七条规定："人民政府对村民委员会协助政府开展工作应当提供必要的条件；人民政府有关部门委托村民委员会开展工作需要经费的，由委托部门承担。村民委员会办理本村公益事业所需的经费，由村民会议通过筹资筹劳解决；经费确有困难的，由地方人民政府给予适当支持。"可喜的是，近年来，随着城乡一体化建设的推进，各级政府增加了对农村的财政转移支付，加大了对农村公共物品的供给力度，公共服务开始向农村社区延伸，农村社区工作站的工作经费多数已由政府承担。

（2）工作职能和任务上的区别

居民委员会和村民委员会在法律地位上都是基层群众性自治组织。但村民委员会还具有经济管理和服务职能。土地是农村和农民最重要的资源。新中国成立后，通过合作化运动和人民公社，我国农村土地实行集体所有制，实质上是农民集体所有，延续至今，并在宪法中得到确认。改革开放以来，广大农村实行家庭联产承包经营制，在统分结合、双层经营体制下，村民委员会代表着全体村民管理土地等集体资产，并负有服务、组织、发展农村经济的重要职能和任务。2010 年最新修订的《村民委员会组织法》第八条规定："村民委员会应当支持和组织村民依法发展各种形式的合作经济和其他经济，承担本村生产的服务和协调工作，促进农村生产建设和经济发展。村民委员会依照法律规定，管理本村属于农民集体所有的土地和其他财产，引导村民合理利用自然资源，保护和改善生态环境。村民委员会应当尊重并支持集体经济组织依法独立进行经济活动的自主权，维护以家庭承包经营为基础、统分结合的双层经营体制,保障集体经济组织和村民、承包经营户、联户或者合伙的合法财产权和其他合法权益。"相比之下,城市居民委员会并不具有经济职能。但城市居民委员会在办理社区居民公共事务以及协助政府开展公共服务方面承担着较村委会更多的任务。并且,随着城市基层管理的复杂化和公共服务覆盖面的扩大,这方面的任务还可能增加,需要居委会和其他专业化组织机构承接。当然,随着农村社区建设的兴起,村委会等农村社区组织在社会管理和公共服务方面也需进一步彰显作用,大显身手。

(3)成员来源上的区别

村民委员会和居民委员会成员,包括主任、副主任和委员,虽然法律对其候选人是否必须为本社区居民没有明确规定,但以往村(居)委员会成员都来自本村或本居住地区,村委员现在依然如此。法律还规定:年满18周岁的村民或社区居民,不分民族、种族、性别、职业、家庭出身、宗教信仰、教育程度、财产状况、居住期限,都有选举权和被选举权;依照法律被剥夺政治权利的人除外。近年来,城市居委会成员来源和构成发生了变化。在社区建设中,许多城市将社区"两委"(中国共产党支部委员会、社区居民委员会)成员纳入职业化的社区工作者队伍建设和管理,面向社会招聘或招考专职社区工作者,并通过"街聘民选"的方式进入居委会。这种做法扩大了选任用人的范围,有利于居委会成员的年轻化、知识化和整体素质的提升,但也连带出现了新的问题。我们将在本章后面的部分专门就此展开讨论。

(4)与居民关系的密切程度存在差别

在我国农村,村民委员会有着多重身份,不仅是村民自我管理自身事务的法定组织,在现实中也是协助乡政府面向村民开展工作的"准行政"组织,更有代表全体村民管理土地等集体资产的任务,承担着服务、组织、发展农村经济的重要职能,因而与村民的经济利益关联度高。再加上自然形成的村落式的聚居格局,村落之间的边界清晰,村民的生产和生活基本上在本村范围内进行,以农业为主的农村生活又相对简单,工商业组织和其他社会组织渗透较少，因此，村民委员会是名副其实的农村社会生活中的主体组织，其权责较城市居民委员会要大。这也是村民委员会选举之所以为村民所普遍关注甚至投入极大热情的主要原因。《村民委员会组织法》第三章对村民委员会的选举作了详细的规定，赋予了村民直接参与选举的权利。而城市社区居民委员会，尽管也具有准行政性、社会性的"官民"二重属性，并且随着社区建设的深入和公共服务向社区延伸，其地位和作用越来越重要，越来越多地得到社区居民特别是特殊群体的认同，但与大多数居民的利益关联度还不是很高。就体制内人员来说，他们与工作单位的关系更为密切。因为，单位不仅是其工作的场域，而且依然是个人获得收入、权力、声望、福利等社会资源并建立社会关系的主要平台，同时也是执政党开展工作、政府实施管理的主要通道。此外，伴随着市场经济的纵深推进和城市社会生活的丰富与发展，各类中介服务组织、社会组织乃至草根性的民间社群组织在城市大量涌现，不仅在满足市民群众多层次、多元化需要上发挥了积极的作用，而且吸引了许多城市居民的参与。因此，城市居民与社区居委会的关系不如村民与村民委员会那样密切也在情理之中。

二 由村委会向纯城市社区居委会过渡

本书第二章曾指出，"村改居"社区并非严格意义上的与农村社区、城市社区相并列的社区类型，也不是农村社区向城市社区自发演进的中介形态。同理，在严格意义上，"村改居"社区居委会也不应与村委会、城市社区居委会相并列，也不是村委会向城市社区居委会自发演进的产物，而是我国城市化进程中政府所主导和推动的农村建制的村委会向纯城市社区居委会转变的过渡。关于"村改居"社区居委会，有必要从如下方面进一步加以把握。

（一）依照法定程序撤村建居

"村改居"是由地方政府主导和推动的过程，但又需要依照法定程序实施,并且需要村民的配合和参与才能顺利推进。村委会组织法和居委会组织法虽然没有对"村改居"的基本程序作出明确规定,但对设立、撤销村委会和居委会有规定。《居民委员会组织法》规定:"居民委员会的设立、撤销、规模调整,由不设区的市、市辖区的人民政府决定。"而村民委员会的设立、撤销、范围调整则更为复杂一些。1998 年通过 2010 年修订的《村民委员会组织法》第三条规定:"村民委员会的设立、撤销、范围调整,由乡、民族乡、镇的人民政府提出,经村民会议讨论同意,报县级人民政府批准。"这就意味着,"村改居"需要经村民会议讨论同意。法律之所以作出这样的规定,就在于"村改居"涉及整个村庄成建制的变化,是村庄里最大的事,所以,必须经村民自治的最高组织形式——村民会议讨论同意。只有通过村民会议讨论同意方为合法。因此,要进行"村改居",自然离不开从上到下的宣传和动员甚至劝导工作,唯有如此,政府的主张才能得到村民的普遍认可,村民会议的讨论才有民意基础。这一点,在我们的调研中,得到来自街道和社区两个层面的相关人员的证实。

　　XM 市 XL 街道社区服务中心副主任 LHD:村委会组织法和居委会组织法对设立、撤销村委会和居委会有规定。村委会改制为居委会,是由政府推进的,但街道还是按照法定程序进行操作,尊重群众的意愿,也要做些群众工作,大多数群众不同意的不能强行实施。在改制和整合前,要召开村民会议或村民代表会议,做耐心细致的思想工作,把政策讲清楚,让村民看到希望,吃下定心丸,主动配合做好改制工作。

　　ML 社区党支部书记 CHZ:"村改居"是城市化进程中的一个关键步骤。上面有要求,下面程序也是要照来的,我们当时是严格按照上面要求的程序进行"村改居"的,先征求村民意见,然后召开村民代表会议表决,并形成会议决议,这些程序都不能少,上报到区民政局,严格按照程序,还要有区民政局发下来的批复。(编号 11XHDM1)

在调研中，我们也了解到，确有个别村，因多数村民不同意撤村建居，政府原来的"村改居"意图在村民会议上未获通过，只能暂缓进行，仍然维持村委会建制。

（二）"村改居"社区居委会已迈入城市组织建制

村委会是农村基层群众自治组织，居委会是城市基层群众自治组织，因此，"村改居"不单是基层自治管理组织的转变，同时意味着由此迈入城市组织建制，开始纳入城市组织管理体系。这可从如下方面体现出来。

1. 按照城市社区设置组织结构和组织体制

改制后的"村改居"社区居委会，从法定意义上和管理体制上说已属于城市社区居委会了，因此，就需要在组织结构和组织体制上与城市社区居委会相衔接，并逐步过渡到成熟的城市社区居委会。按照新的工作内容，"村改居"社区居委会下设了人民调解、治安保卫、公共卫生、计划生育、群众文化等工作委员会。为应对"村改居"后繁重的社区管理和服务任务特别是政府延伸到社区的社会管理和公共服务职能，"村改居"社区居委会成员普遍由村委会时期的 5 人增加到 7 人（但有的社区因户籍人口较少，社区居委会成员配备也较少。如厦门市集美区的黄庄社区是 2009 年 1 月完成改制，本社区户籍人口有 1300 余人，外来人口 15000 余人，"两委"成员配备：党支部 3 人，居委会 3 人，人员无交叉)，并增加了若干专职社区工作人员（或社区专干）。有的"村改居"社区还建起了社区服务站或社区工作站等专门的服务机构，社区服务站或工作站是区政府职能部门和街道办事处设在社区的工作平台，承接城市化进程中外来人口的管理和服务工作，满足居民日益增长的服务需求。

2. 工作重心开始转向：由发展经济向社区管理和公共服务转变

村委会组织建立以来，一直承担着服务和协调本村生产，促进农村生产建设和经济发展，管理本村属于村民集体所有的土地和其他财产等经济职能。这与我国农村土地集体所有以及"统分结合、双层经营"的生产经营体制是一致的，当然也与农村组织特别是经济组织缺乏分化有关。而城市社区居委会却没有发展经济的责任，其主要任务是组织居民开展自治活动，并进行社区管理提供社区公共服务。"村改居"的过程，同时也是职能分解和转变的过程，在集体资产改制的同时，"村改居"社区居委会开始剥离其前身村委会遗留下来的经济职能，逐步转向社区管理和公共服务，如协调开展社区共建、纠纷调解、社区文化教育；协助政府开展失地农民的社会保障和再就业服务，外来人口的管理和服务，困难居民的低保与救助；协助政府部门及其派出机构开展计划生育、社会治安、公共卫生等工作。为了更好地开展上述工作，一些"村改居"社区居委会增设社区协管员（或社区专干），有的还仿效城市社区设置了社区服务站。

3. 开始建立与城市社区工作相衔接的制度

目前，已完成集体资产改制的"村改居"社区，已经建立起或者正在建立社区工作者集中办公制度；未完成集体资产改制的社区，正在建立并逐步完善社区工作者值班制度，保证社区居民在社区办公场所能够找到"两委"成员，及时解决遇到的问题或办理相关事务。一些城市在"村改居"社区还设置了"社区服务站"（或社区工作站），招聘专职人员承接政府延伸到社区的公共服务。一些经济社会发展程度较高的城镇，甚至实现了社区服务站（社区工作站）的全覆盖。服务站（或工作站）实行"一块牌子对外、一体化管理、一站式服务"，工作人员面向社会招聘，实行上班制，由街道统一管理和考核。近年来，基层政府陆续开始为"村改居"社区居委会划拨办公经费，提供办公用房。但是这项工作的发展在各地"村改居"社区很不平衡。

然而，"村改居"社区居委会是由村委会转换而来的，受原来的组织和管理体制运行惯性的影响，以及依然存在的城乡二元结构对"村改居"过程的制约，再加上居民特别是原村民长期养成的生活习性和乡土观念，"村改居"社区居委会不免带有"亦城亦村"组织的过渡特色，甚至保留着许多脱胎而来的村委会组织的印记。

检视各地城市化背景下的"村改居"历程，虽然其开始时间与改制的进度各有不同，但一般而言，可划分为三个阶段。

第一阶段：更名启动阶段。大体上启动于20世纪90年代，在基层政府的主导和推动下，城市周边或镇所在地的一些村委会在"农转非"的同时相继进行"村改居"。但是，这一阶段"村改居"的象征意义大于实质内容，"村改居"还停留于表层，许多"村改居"只是将"村民委员会"的牌子换成"居民委员会"，改制后的社区居委会多数依然沿袭村委会的管理模式和工作内容，人们的生产、生活方式、思想观念并没有显著的改变。

第二阶段：改制工作阶段。这一阶段是"村改居"工作的实质进展阶段，也是"村改居"社区居委会向城市社区居委会过渡的主要标志，剥离"村改居"社区居委会的经济职能并对集体资产进行处置是这一阶段的基本工作内容。

前已论及，村民委员会代表全体村民管理土地等集体资产，承担着服务、组织、发展农村经济的重要职能。而城市居民没有集体经济，城市社区居委会自然也就没有集体经济管理的职能。因此，要与城市管理接轨，就需要剥离"村改居"社区居委会的经济职能，对原村集体资产进行清产核资、评估和处置。这是"村改居"过程中面临的最大难题，也是"村改居"社区居委会向城市社区居委会过渡最为关键的一步。由于不同地区、不同城区经济社会发展水平、城市化进展等情况有异，再加上不同地区、不同城区主政者和"村改居"居民的价值诉求又不尽一致，所以出台的政策和实施办法往往各有不同。多数"村改居"社区通过量化股权将村民变为"股民"，并成立股份合作制的集体经济组织，承接起了从"村改居"社区居委会剥离出来的经济管理职能。这一阶段，有的改制工作进展得较顺利；有的则因存在的问题多、解决难度大、工作不力等，改制工作进展较慢，未取得实质性的突破。

第三阶段：纵深推进阶段。改制后，"村改居"社区居委会理论上说,已纳入通常所称的"纯城市社区居委会"。但事实上,正像"村改居"社区转型具有丰富的内容并需长期持续的努力才能完成一样①,"村改居"社区居委会不仅要与政府、其他社区组织、驻社区单位一起在合力完成上述任务和目标中前行,而且自身建设也需要进一步推进,包括进一步完善与城市社区居委会工作相适应的组织架构、组织制度和工作模式。此外,还要主动适应我国社会管理体制创新的要求,推进社区组织体系、社区管理体制创新。近年来,一些改制工作完成较早的"村改居"社区,在纵深推进社区组织建设方面进行了有益的探索,积累了经验。但就总体而言,发展还很不平衡,一些突出问题还需要在发展中进一步破解。

以厦门为例,从 20 世纪 90 年代开始,随着城镇化进程的不断加快,厦门市岛内一些村在"农转非"的基础上相继进行"村改居"。2003 年,厦门市政府下发了《关于开元区、思明区、湖里区农村实施"村改居"工作的若干意见》(厦府〔2003〕148 号),自此,"村改居"工作在岛内三个区剩下的 31 个村全面铺开,此后岛外的区也启动了"村改居"工作。至 2007 年,厦门市"村改居"的社区共 152 个(统计数据见表 3 - 1),21.4 万农村人口转为城市居民。

表 3 - 1   厦门市"村改居"情况一览

行政区 年份	思明区	湖里区	海沧区	集美区	同安区	翔安区	合计
2003	8	13	—	6	1	—	28
2004	—	—	—	—	—	3	3
2005	—	—	5	—	—	12	17
2007	—	—	—	14	29	61	104
合 计	8	13	5	20	30	76	152

数据来源:厦门市民政局 2007 年汇报材料。

---

① 厦门市等城市提出"居住社区化、从业非农化、资产股份化、保障社会化、素质市民化"的要求,大体包括了"村改居"社区建设的主要任务和目标。

厦门市的"村改居"工作主要是在市民政局、农委等部门的指导下，由各区、街道（镇）制定"村改居"的具体工作方案并组织实施。主要工作是将村民户口按其实际居住地变更登记为居民户口，组建社区居委会；采取过渡期的办法，允许"村改居"社区在一定时间内实行过渡政策，逐步实行城市的管理模式与政策（计生政策允许村民在五年以内保留生第二胎的权利），为顺利实现由农村社区转变为城市社区准备条件。同时，一些伴随"村改居"而来的问题也凸现出来，例如失地人员的养老问题、原村委会管理的集体资产处置问题。按照实施意见，"村改居"的重点工作在开元区、思明区、湖里区，而同安区、集美区、杏林区和海沧投资区的城镇，开发区、水库周边的村以及其他具备"村改居"条件的村，经所在区政府（管委会）批准，也可以进行"村改居"的工作。为了更好地推进这项工作，厦门市人民政府办公厅转发市民政局《关于推进"村改居"社区建设工作指导意见的通知》（厦府办〔2008〕142号）。按照该文件的精神，厦门市"村改居"社区规范化建设的总体目标是"居住社区化、资产股份化、就业非农化、福利社保化、服务公共化"，通过逐步建立健全与城市社区建设相适应的管理体制和工作机制，增强社区服务功能，提高人民群众物质文化生活质量，加快城市化进程。并从四个方面入手开展相关工作：继续推进村集体资产改制、加快完善社区基础设施和公共设施、抓紧落实社区居民社会保障工作、加强社区基层组织建设和社区服务工作。由于"村改居"是一项复杂的工作，尽管市政府有统一部署，但各村"农转非"特别是"资产改制"的进度各有不同。例如，岛内湖里区的马垅社区的前身是马垅村，为建立火炬开发区，1990年和1992年前后两次征地，马垅村的土地几乎被征用完。1991年6月，大约有40%的村民转为城市户口，到了1996年，全体村民都转为城市户口，但是村委会仍旧处于运行状态。2003年，根据厦门市委市政府的文件精神，马垅社区成为湖里区的第一批"村改居"社区。集体资产的股份量化工作已经于2007年完成，而集体资产剥离工作尚未完成，直到2011年5月调研时，集体资产管理还是由居委会和党支部负责。集美区侨英街道的叶厝村,1992年开始征地,1994 年进行"村改居"工作,但当时只是名义上的。2007 年被确定为集美区"村改居"的示范点,同年 6 月份实质性的改制工作启动,2008 年底集体资产改制工作完成,真正转为城市居委会建制。浒井村 2004 年启动"村改居",2009 年下半年进行股民身份认定,年底完成了改制。灌口镇黄庄村 2004 年 1 月开始启动"村改居",2009 年 1 月完成改制,正式成为城市社区,但仍呈现明显的过渡特征,承担着村委—居委双重职能。翔安区马巷镇的五星社区 2002 年实施"村改居",2004 年挂牌成立五星社区居委会,但至今仍有明显的"村改居"社区特征。2010 年厦门市人民政府办公厅转发市农业局《关于加快推进农村集体资产改制发展社区股份合作经济指导意见》的通知,但依然面临着一些有待破解的难题。

实例:"村改居"后叶厝社区的变化

叶厝社区位于集美台商投资区中心位置,是集美区"村改居"试点之一。社区干部看到了修路对发展经济的重要性,先后修建水泥路 3000 米,并实行道路保洁,极大地改善了社区的环境面貌。

"村改居"过程中,叶厝社区积极推进资产股份改制,鼓励失地农民自主创业,增加经营性、资产性收入。为进一步解决当地居民的增收及保障问题,社区居委会以居民入股的形式,兴建叶厝社区活动综合楼,每年租金收入 145 万元,居民人均收益 2700 元。

叶厝社区居委会党支部书记 ZWC:以前有一个臭水池,当时(是)一个池塘,卫生检查都(通)不过。后来(侨英)街道说要一社区一项目,我们就把这块地拿出来,用居民入股项目建设开发。居民出资入股,一人 8000 块,一年差不多有 2700 元的收益,困难户也入股,每个人一股,困难户就采取集体担保,在信用社支持下,贷款投资入股,保证一人一股。收益现在是一年出租收入 145 万元。除了出租营利外,综合楼的五楼现在开辟为社区活动中心,设有网吧、健身房等公共活动设施,免费向社区居民和外来人员开放,丰富了社区群众的业余生活。

第二节　各地"村改居"社区居委会建设和村(居)民自治实践探索

一　设置社区服务站，承接政府延伸到社区的公共服务

社区工作站或社区服务站的设置，始于城市社区。20 世纪 90 年代以来，随着我国大陆城市社区建设的兴起和持续推进，城市居民对社区公共服务的需求不断增长。一些城市在社区设置了"社区工作站"，后来有的城市改称"社区服务站"或"社区公共服务站"，招聘专职人员承接政府面向社区的公共服务。有的城市还由于社会工作专业方法的引入而称"社会工作站"①。此后，各地城市纷纷效法，普遍设立了社区服务站，承接政府部门和街道办事处交付的工作，面向社区居民提供"一门式"服务。但在社区服务站或社区工作站的设置上，又有"居站分设"和"居内（或下）设站"两种不同模式。前者以深圳市的盐田模式为典型，后者可看做在探索实践基础上的改进模式。下面，我们对此做一介绍。

深圳市盐田区成立于 1998 年，设立之初就处在"单位制社会"向"社区制社会"转型的时期。成立之初，在刚刚经过城市化改造的盐田区，村委会以征地费入股成立集体股份合作公司，同时设立居委会。这样，股份公司就承担起原来村委会的经济职能，为创收

---

① 2010 年 11 月中共中央办公厅、国务院办公厅印发《关于加强和改进城市社区居民委员会建设工作的意见》在"规范社区居民委员会专业服务机构"一条中使用了社区服务站（或称社区工作站、社会工作站）几个概念，而未作统一的要求。但在笔者看来，这几个概念还是有所区别的。社区工作站的涵盖过于宽泛，因为凡是面向社区居民的工作（包括社区两委的工作）都是社区工作。而社会工作站过于狭窄，因为社会工作机构不仅是职业化、专业化的服务机构，而且要以民办非企业单位的法人资格注册登记。而社区（综合）服务站特别是社区公共服务更为贴近目前我国大陆这一机构的实际。基于以上理由，本书在介绍目前现状时多沿用"社区工作站"，而讨论其定位和发展时则使用"社区公共服务"一词。

动脑筋；居委会则承接了村委会的行政职能，不管计生、城管，还是卫生、宣传，统统由居委会负责。实际上，尽管是分开的两个机构，但大部分居委会与股份公司实行的是两块牌子一套人马，居委会同时也是股份公司的股民之家。1999年，盐田区实行"居企分离"，理清并分离居委会与集体股份公司的权责关系、办公场地以及人员，使居委会变服务股民为服务户籍居民，启动了居委会城市化、社区化的法律程序。2002年时，按照"议行分设"的理念，盐田区建立"一会两站"社区管理模式，创新了社区组织架构的过渡模式。在这一模式下，居委会是负责决策居务的自治组织；社区工作站承担了行政职能，主要负责完成政府交办的行政性工作；社区服务站则承担了社区服务职能。其中，对社区服务站进行了民办非企业登记，主要职责是根据居民的需求开展便民利民、提高居民生活质量的低偿服务，按照政府购买服务项目的方式为群众提供社会福利、社会保障等无偿服务。政府购买服务的方式，改变了社区服务的供给方式。2005年又根据"居站分离"的理念，将居委会、社区工作站和社区服务站这三个组织的人员、办公场地、经费、职责、运作模式等一一分离。社区工作站从居委会中剥离出去，归并到街道办事处，专门承担政府交办的行政性工作；社区居委会则回归到居民自治组织的法律地位；社区服务站则由居委会举办，按照相关法律登记为民办非企业单位，开展各类社区公益服务活动，为社区居民服务。

近年来，适应城市化和公共服务延伸的需要，许多"村改居"社区也开始设置"社区服务站"，但基本实行在居委会之内（或之下）设置的模式。在研究中，我们调研所接触到的也都是这种类型。南京市雨花区西善桥街道福润社区就属于居委会之内设置的情况。福润社区是一个"村改居"社区，2009年3月批准改为社区，设置了社区公共服务站，社区公共服务站纳入社区居委会统一管理。

在设置社区服务站（社区工作站）的同时，为承接政府部门和街道办事处下沉到社区的公共服务事项，政府职能部门和街道办事处还面向社会招聘了一批社区专职干事或协管员，进入社区开展工作，主要负责劳动保障、综合治理、计划生育、流动人口、公共卫生、残疾人等方面的专项事务管理。社区专干或协管员的管理和使用各地的做法不完全一致。如在厦门市，社区专干（专职工作者）是由市民政局统一招考录用的，而协管员则是区政府职能部门（人事劳动社会保障局、计生委、卫生局、残联等）或街道招聘的。相对而言，社区专干比社区协管员的录用条件高，因而在待遇上也有差别。一般说来，社区专干往往是社区"两委"的后备军。在不设置社区服务站的社区，社区协管员或专职干事既接受招聘条线部门的管理又纳入居委会管理。在设置社区服务站的社区，这些人员纳入服务站，是服务站的专职工作人员，但有的接受居委会的指导又接受招聘条线部门的管理，有的则直接纳入居委会管理和使用。为了克服"多头管理"的现象，近几年，厦门市在协管员整合进社区工作站的基础上，开始推进人员整合工作，探索实行"六统一"的管理，即统一招聘、统一员额、统一待遇、统一使用以及统一身份、统一管理，并根据需要实行"一岗多责"和轮岗交流使用，力求形成社区综合服务站"一个牌子对外、一门式办公、一站式服务"的工作架构，以实现社区工作站工作人员有序管理、有效使用。这项工作取得了初步的效果。

在体制转轨和专业化社会组织尚未充分发育的现阶段，在社区层面设置公共服务站这样的机构，并增设社区协管员或专干，便于政府公共服务向社区的延伸和落实，也有助于克服社区居委会的行政化倾向，不失为一种各方面都可接受的相对合理的制度安排。但也存在一些不容回避的问题，本章第三节将会详细讨论。

二　探索村（居）民自治的新载体

居民（村民）委员会是居民自治（村民）的主体组织，但居民（村民）自治还有居民（村民）会议等其他形式。在我国居民

（村民）自治的实践中，各地开展了积极的探索。这里就几个典型经验作一介绍。

（一）居民议事会，将村（居）的民主权利落到实处

实例一　成都村民（社区）议事会：创立还权于民的新载体[①]

村民议事会，是指受村民会议委托，在其授权范围内行使村级自治事务决策权、监督权、议事权，讨论决定村级日常事务、监督村民委员会工作的常设议事决策机构。村民议事会对村民会议负责并报告工作，接受村民会议监督。村民小组议事会，是指受村民小组会议委托，在授权范围内行使村民小组自治事务决策权、议事权的村民小组议事决策机构。村民小组议事会对村民小组会议负责。

2008 年，作为统筹城乡综合配套改革试验区，成都市开始大力推进农村产权制度改革。但是，矛盾重重，纠纷不断，基层干部调节乏力。成都市决定鼓励一些区县自行探索村级治理的新机制。鹤鸣村的村民在党支部引导下组成了村民议事会，自主协调解决了确权过程中的各种矛盾。双流、邛崃、彭州等地农村很快诞生了"村民议事会"。为规范村民议事会运行机制，提高村级事务民主决策、民主管理和民主监督水平，在总结各地经验的基础上，成都市市委组织部、市民政局制定了《成都市村民议事会组织规则（试行)》[②]《成都市村民议事会议事导则（试行)》《成都市村民委员会工作导则（试行)》《加强和完善村党组织对村民议事会领导的试行办法》四个配套制度，对相关事宜作了详细的规定。如每个村的村民议事会成员不少于21 人，村民议事会里村组干部不能过半；10 名以上村民联名可以提出议题；村党组织不得无故拖延议题审查。经过两年多的试验，成都市的村民议事会的运作已经趋于平稳

---

① 成都村民（社区）议事会：《创立还权于民的新载体》（有删节），《中国社会报》2011 年 4 月 18 日第 1 版。

② www. chengdu. gov. cn，2011 – 05 – 11.

和规范，初步形成了"两委（村党支部、村民委员会）加一会（村民议事会）"的村级管理新模式。村民议事制度进一步完善了村级治理机制框架，变"代民做主"为"由民做主"，为村民自治和民主决策探索了新的组织载体，提供了经验。如在建立促进城乡基本公共服务均等化的配套改革中，政府财政每年为每一村（涉农社区）安排不少于20万元的专项资金，用于每村（涉农社区）的公共服务和社会管理支出，但资金由村（涉农社区）居民自主安排，具体使用由村民议事会表决。这一做法将政府提供公共服务与村民自治安排有机衔接了起来，提高了议事会的地位，也收到了"以民生带动民主，以民主保障民生"的效果。

眼见村民议事会这一创新出了成效，从2010年3月起，成都市在中心城区在推进"两委＋公共服务站（所）"的基础上，借鉴农村的经验，选择五城区及高新区的135个社区，推行社区居民自治制度试点，根据社区由院落组成的特点，成立居民小组（院落）议事会和居民议事会，这标志着成都市农村取得的经验由此开始向城市延伸和推广。

"居委会行政化倾向严重，社区院落自治开展不够广泛，居民对社区事务的参与度和关注度也不高。"提到目前居委会运行体制的问题，成都市民政局基层政权和社区建设处处长江维如是概括。

针对这一情况，按照成都市完善城市社区居民自治机制试点工作领导小组的部署，各社区成立居民议事会，受居民（代表）会议委托，在闭会期间和授权范围内，行使社区自治事务议事权、决策权，商议社区日常事务，组织召开临时会议，并接受居民（代表）会议和居民的监督。

为保证民意基础的广泛性，使决策机构真正成为居民的"代言人"，居民议事会形式灵活多样，包括居民小组议事会、院落议事会、民情代表议事会等，其成员由居民每户一票直接选举产生。

甘光全是锦江区大桥社区居委会主任。大桥社区是一个受益于成都城乡一体化的村改居小区，居民们还保持着红白喜事大摆筵席的习惯，扰民问题一度让甘光全头疼不已。

怎样才能既尊重风俗，又不扰民？居民议事会成员提出，修建一个场所,专门用于摆酒宴。点子不错,议事会成员又分头征求居民意见,有居民建议,添加一些设施,将这个场所综合利用为文体活动中心,2011年1月大桥社区居民议事会全票通过投入近百万元建设这个项目的决定。

社区成员参与公共事务,既释放了居民自我管理的意愿,也使居民养成有序参政的习惯。也只有从"观众"成长为"主角",社区居民自己的事情自己做主,大家的事情大家关心。居民用议事会的方式民主决策,促进了基层民主。

如今,城里的议事会已运行得有声有色,基层民主从抽象的术语,变成看得见摸得着的实惠。如青羊区居民议事会一个月召开一次,院落议事会根据情况需要随时召开,不同层面的问题由不同层次的议事会议决,① 如图3-1。

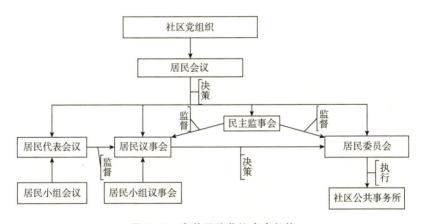

图3-1 青羊区院落议事会架构

<h2 style="text-align:center">实例二 社区有个"小议会"</h2>
<h3 style="text-align:center">——北京市东城区东四街道推行社区居民常务会工作机制②</h3>

北京市东四街道2003年以六条社区为试点,探索建立"社区

---

① 王健、徐睿、陈艺、胡燕、卢晓莉:《城市社区治理机制改革的成都实践》,载《2011年中国社会学年会"社区治理与社区建设论坛"论文集》(内部资料)。

② 陈华、秦艳:《社区有个"小议会"——北京市东城区东四街道推行社区居民常务会工作机制》,《中国社会报》2011年4月20日第1版。

居民常务会议"工作机制，形成"决策—执行—服务—监督"的居民自治、民主监督、民主评议良性运转格局，有事大家共同协商，有困难大家配合解决。开创了快乐、祥和的社区居民自治氛围。如今，这一制度在东四街道全面推展开来。矛盾如何在这里化解，和谐为什么在这里生根？近日，本报记者深入社区一探究竟。

经过多年的摸索实践，社区居民常务会的组织运行机制更加纯熟：常务会一般由 9~15 位有参政议政能力、热心参与社区建设的居民代表组成，其基本职责有六项：一是积极宣传贯彻党的路线方针和国家有关的法律、法规及规章；二是听取和评议社区居委会、社区服务站的工作总结、工作计划等；三是反映辖区单位和居民群众的愿望和需求，对社区建设和管理建言献策；四是讨论、决定涉及整个社区建设发展、资源共享、社区经费筹措等重要事项；五是对社区居委会的年度公益金支出及预算提出意见和建议；六是监督社区居务公开、财务公开落实情况。

东四街道工委书记赵凌云告诉记者，就性质而言，社区党委是"核心层"，围绕这个核心，社区居民常务会扮演着"监督者"的角色，社区居委会扮演着"执行者"的角色，社区居民代表会扮演着"决策者"的角色，社区服务站以及各类社会组织扮演着"服务与自我服务者"的角色。社区居民常务会以听证会、协调会、评议会、咨询会和视察调研等形式，与居民保持着密切联系，不仅担负着反映社情民意的桥梁和纽带作用，同时发挥着智囊团和思想库的功能，维护社会稳定，稀释社会矛盾。

在社区居民自治的实践中，如何解决好社区居民代表会议闭会期间，居民群众参与自我管理、自我服务的愿望与所选举出的基层自治管理机构出现断层和脱节的问题，如何扭转长期以来形成的居民代表会议"一年一会，三年一选"的状况，这是基层民主发展需要解决的新课题。北京市东四街道根据自身实际和居民需求探索的"社区居民常务会议"新型机制，在合理定位、理顺关系、科学组成、明辨职责，建立制度、规范运行等方面可圈可点。

（二）居民社区事务听证等民主形式

实例一　武汉：听证制度走进社区管理①

一部地方性法规《武汉市城市社区居民事务听证会制度》正在武汉进行试点。这项"制度"规定，今后凡是涉及社区内公共事务的决策程序要公开民主，在有一定比例的居民提议后，要由居委会召开听证会。

"作为一项居民民主自治制度，听证制度将保证居民对自己的身边居住环境拥有更多的发言权，让社区居民表决选择身边居住环境。"武汉市政府法制办的一位官员说。餐馆油烟和噪音扰民是武汉市中心城区社区中存在的老大难问题，市环境监察支队负责人介绍，中心城区 883 个社区中，涉及油烟污染和噪音扰民的社区有 598 个，共达 5559 处，超过 10 万户居民受影响，居民反应强烈。过去市政府部门曾多次试图解决，但都因缺乏社区居民的主动参与，长期以来难以解决。据了解，在试点工作推进过程中，武汉市政府首先在中心城区 73 条街道中，各选出一个社区率先试点，整治油烟污染和噪音扰民。居委会对社区内产生油烟的所有经营餐饮门面、摊点进行全面调查，作为听证会议题。听证会由社区成员代表、社区协商议事委员会委员、社区党组织和社区居委会成员组成，邀请在油烟污染范围内的居民参加，自愿参加的居民也可列席会议。

据来自武汉市民政局的消息，由于听证制度重新确认了社区居民在决定社区公益事务方面的主体地位，因此餐馆油烟和噪音扰民这个困扰武汉社区居民的老大难问题得到了顺利解决。武汉市政府一位主管负责人称，全市计划在成功试点的基础上，进一步完善《武汉市城市社区居民事务听证会制度》，并逐步在全市范围内推广，最终使听证制度成为调整社区公共事务，促进社区民主，保障

---

① 韩辉：《武汉实践听证制度创新社区管理》，《人民政协报》2004 年 6 月 15 日。

社区健康发展的制度。

实例二 《赖厝社区民主决策听证制度》①

福建泉州晋江市西园街道赖厝社区 2005 年被晋江市确定为市级旧村改造新村建设示范社区以来，坚持以人为本，执政为民，对全社区全面规划，分批建设，取得阶段性成果，制定了《赖厝社区民主决策听证制度》。其中主要有：……（4）凡涉及村民利益的事项，包括村经济发展规划、年度计划、旧村改造、新村建设、基础设施及配套、村公共公益事业投标、招商引资、征地拆迁补偿款、低保惠农、救灾救济、为民办实事及群众反映的其他事项等均由民主听证会通过。（5）本社区十分之一以上有选取权的村民或五分之一以上居民代表联名要求就某项村务进行听证的，社区"两委"认为符合听证条件的，应当在受理申请之日起 5 日内作出听证的决定，并于作出决定之日起 20 日内组织听证。……（11）得到到会听证代表百分之七十五的同意票后，方案方可通过。听证代表多数不同意的项目方案或者对方案存在较大分歧、难以确定时，社区"两委"应当协调当事方作出调整，必要时再次组织听证。（13）听证会主要程序：一是问策。为每家每户提供"民意便条"，便条上明确事项、问题、主要观点及建议，党员群众可根据自己的想法，按照便条的内容填写建议事项，每月结合电费缴纳一并提交党支部，同时领取新便条。二是商策。党支部指定专人负责收集居民的各种提议，分类整理汇总后提交社区支委会讨论。支委会每月讨论一次党员群众提出的建议事项，根据该事项的可行性、实效性，拟定决策议题草案。三是议策。在听证会前召开党员大会，将近期建议征集情况向党员大会通报，并将支委会确定的议题草案提交党员大会讨论，听取党员意见；会后将建议和议题公开，并对党员大会及公告后群众反映的建议及时进行补充修正。四是决策。议题确定后，党支部主持召开全体党员、居民代表、群众代表参加的

---

① http://cunwu.cuncun8.com/article/articleEdit.php? id =226263, 2010 - 10 - 24.

民主听证会，提议人对议题进行阐述并接受代表质询后，随即进行票决，得到 3/4 以上的同意票后决策事项方可通过。

通过以上材料介绍可以看到，社区听证会制度是民主监督、民主议事的重要手段之一，起步于 20 世纪 90 年代初，城市社区率先用于社区和管理建设之中，已经做了充分有效的尝试。它的逐步推广也引领了"村改居"社区规范化、制度化社区听证制度的良性发展。

三 "村改居"社区居委会建设存在的问题

（一）一些地方忽视条件，人为推进"村改居"

作为我国城市化发展战略的举措，"村改居"突出表现了强制性制度变迁中政府能动的主导作用和推动作用，但是，像任何社会历史进程一样，"村改居"的实施也需要一定的客观条件。最主要的条件即是，村民的土地基本上被征用完，产业不再以农业为主，村庄基本上纳入城市规划区。客观条件具备后，经过科学的考察论证，"村改居"工作才能进行。

但是，近年来，一些地区和城市在推进城镇化过程中，却出现了忽视甚至不顾客观现实条件和村民意愿而片面追求城镇化的倾向。有的村庄，产业基本上还以农业为主，村民的土地只有少量被征用，但地方政府出于"土地城市化"的需求，甚至为了提高当地的"城镇化率"而人为地"撤村建居"，并不顾差别"一刀裁"。在政府的强力推动和各级干部多方"动员"下，一些本不具备"村改居"条件的村庄也走上了"被城市化"之路。从表面统计数字上看，城市户籍人口的比例的确提高了，但城市化的其他内容并没有实质性的进展。

（二）"村改居"工作难度大、发展不平衡

"村改居"工作涉及原村级集体资产处置和原村民利益的再分配、失地农民的就业与社会保障等一系列问题，是一项涉及多方面政策协调并需要多个部门协作的复杂工程，工作难度大。其中清产

核资和原村集体资产如何处置的问题，不仅涉及村民之间的利益，而且涉及村民与过渡性集体经济组织、政府等方面的关系，这是"村改居"过程中难度最大的工作，实施过程远比预想的要复杂。一些"村改居"社区在清产核资过程中暴露出许多问题，如产权不清、政府征用农村土地未补偿的问题，土地等集体资产处置问题，宅基地上的房屋产权问题，村民资格如何确认，股份如何划分，乱占集体土地形成的违章建筑如何对待，等等，许多问题往往又纠结在一起，难以化解，以致影响了"村改居"的进程，一些"村改居"社区甚至进退两难。XM 市政府原来定出的"村改居"过渡期为 5 年，但 5 年后，多数"村改居"社区的改制任务远未完成，依然处于非城非村的状态。2003 年，FZH 市选择了 55 个村进行了改制，一直到 2006 年，才改了 38 个。而这 38 个也多数采用撤销村委会、保留经济合作社以管理集体资产和未被征用的土地的模式。实际上，这种模式仍然是过渡性的，许多关系没有理顺，以致一位从事基层政权和社区建设多年并一直关注其进展的退休老处长 ZXG 这样直率地对我们说：

> "市政府主张村改居经济组织搞股份制，我们觉得难做。我认为，城中村改制和村改居集体经济改制在中国，大气候还没有形成。"（11FZMZS）

（三）村委会向居委会职能转换不到位

首先，在农村管理体制下，村委会既是基层群众自治组织，又是集体经济管理组织，还是协助乡政府开展工作的准行政组织，经济、社会与准行政职能合一，但城市社区居民没有土地等集体资产，作为社区主体组织的居委会自然没有对集体经济管理的职能。因此，"村改居"过程中就面临集体资产处置和集体经济管理职能剥离的问题，它们涉及原村民的实际利益和收益分配。在"村改居"的初期，许多社区居委会不得不承担起原村集体资产的经营管理职责，并继续依靠集体经济的财力、物力和人力支持为"村改居"社区特别是原"村籍"居民提供公共物品。城市化的发展要求"村改居"社区居委会实现工作职能与城市基层社会管理和服务接轨，在协助基层政府及其派出机关——街道办事处面向居民开展工作的同时，组织居民开展自我管理并向社区居民提供服务。但受集体资产改制进展缓慢、体制掣肘、政策落实不到位等因素所困，再加上长期以来形成的农村管理方式的惯性影响，许多"村改居"社区居委会向城市社区管理和服务职能转向不到位。一些"村改居"社区居委会依然集准行政性、社会性与集体经济管理于一身，居委会与经营管理原村民集体资产的经济合作社（或公司）人员重合，有些甚至是党组织、居委会、合作社主要成员三交叉。这种重叠现象难以保障"村改居"后居委会管理服务职能转变的到位。因为，经济合作社或集体资产经营公司是经济组织，其成员为原村民群体，而社区党组织、社区居委会是社区组织，居委会还是以社会性为底色的居民自治组织。如果经济合作社的经济事务与社区居委会的社区管理和服务事务纠缠不清，就会在相当程度上妨碍各自的建设和目标的实现。

其次，城市化发展要求"村改居"社区居委会走向开放，凡居住在本社区的常住人口，都是社区居民，都应是社区居委会管理服务的对象。但目前，居委会管理和服务的对象仅限于户籍在本社区的人口。居住超过 6 个月以上的外来人口虽然登记为本城市常住人口，但在"户籍"身份上依然不是本市居民，当然也不是本社区的居民，自然无法享有作为社区居民所应有的权利，如社区居委会的选举权和被选举权。即便是新迁入商品房小区的居民，虽然户籍在本社区，在正式身份上是新建社区的居民，但不享受原村民集体资产的收益和相关福利，又因居住格局上的区隔、缺少共同的集体记忆、生活方式的不同等，与原村民群体之间的界限明显。再加上"村改居"社区居委会是从原村委会脱胎而来的，居委会成员多为原村民，新迁入的居民较少参与居委会的工作和组织的活动。这表明，"村改居"社区居委会的开放性和代表性还不够，新的社区生活共同体的真正形成尚需时日。

再次，"村改居"公共服务尚未与城市完全接轨，社区公共管理经费不足且来源不明确，使社区居委会承接社区公共服务面临尴尬。"村改居"以后，社区公共设施的建设和维护需纳入城市市政管理，公共服务的支出也应由上级拨付。但在实际工作中，往往未将"村改居"社区公共设施建设和公共服务经费等列入政府财政支出。这就导致政府把财政责任推给"村改居"社区，既增加了"村改居"社区的经济负担，也难以实现"村改居"过程所要求的不同类型组织之间的职能分离。

另外，一些"村改居"社区居委会乃至"两委"对如何加强"村改居"社区建设缺少清晰的思路，依然按照村委会时期的工作方式来管理"村改居"后的社区，再加上政府部门和街道办事处的指导和支持没有及时跟进，致使"村改居"社区居委会的工作还不能很好地适应城市化发展的要求。这在我们进行的问卷调查的统计中也得到了证实。①

您认为，"村改居"后社区组织与原来的村级组织相比，是否有大的区别？

[1] 区别很大；　　　　　　　[2] 区别较大；

[3] 区别较小；　　　　　　　[4] 没有区别；

社区居民问卷统计结果：

		频率	百分比	有效百分比	累积百分比
有效	区别很大	36	24.0	24.0	
	区别较大	50	33.3	33.3	57.3
	区别较小	31	20.7	20.7	78.0
	没有区别	33	22.0	22.0	100.0
	合　　计	150	100.0	100.0	

① 我们先后在厦门市，福州市，南京市的马垅、叶厝、曾营、后埔、五通、双坂、福润 7 个"村改居"社区对居民进行了问卷调查，每个社区等距抽样抽取户数，入户再随机抽取访问对象，由调查人员代为填答，共回收有效问卷 150 份。

居民认为区别很大的占 24.0%，区别较大的占 33.3%，区别较小的占 20.7%，没有区别的占 22.0%。

社区工作人员问卷统计结果：

		频率	百分比	有效百分比	累积百分比
有效	区别很大	11	17.7	17.7	17.7
	区别较大	25	40.3	40.3	58.1
	区别较小	18	29.0	29.0	87.1
	没有区别	8	12.9	12.9	100.0
	合　计	62	100.0	100.0	

"村改居"社区工作人员认为区别很大的占 17.7%，区别较大的占 40.3%，区别较小的占 29.0%，没有区别的占 12.9%。

比较以上两张统计表可看出，尽管"村改居"社区居民和社区专职工作人员因所处的位置、工作经历、现实感受等不同而在具体评价上有差别，但认为"村改居"后社区组织与原来的村级组织相比区别较小和没有区别的依然占有相当的比重。

相关链接　厦门"村改居"：换"面子"还要换"里子"①

厦门市岛外各区的村改居建设发展并不均衡。在基础最为薄弱的一些地方，村改居工作往往流于形式，居民评价为"换汤不换药"。

作为我市最新成立的一个行政区，翔安区在 2003 年建区时没有社区，城市化率不足 5%，整个村改居工作于 2004 年启动，目前全区共有社区 81 个，占 78%，翔安区大嶝、马巷、新店三个镇、街已全部完成村改居工作。不过，由于市政基础设施建设滞后，社区居民的生活环境仍存在一些问题。

---

① 搜狐焦点网厦门站 xm.focus.cn，2008 年 10 月 20 日 08：10 厦视在线，收入本书时有删节。

今年我市"两会"期间，民进厦门市委提出关于《厦门岛外"村改居"过程中存在的问题及解决对策》。民进厦门市委开展的调查显示，由于资金投入不足，岛外不少村改居社区的过渡期转型步伐缓慢。岛外一些村虽然改成了居委会，但医疗卫生、公共交通、文化娱乐以及购物场所等公共设施明显供给不足，社区环境脏乱，居民并没有得到社区式的服务。

民进厦门市委组宣处处长乐智强说：很重要的一点就是要加大投入，因为像村改居的社区，包括社区用房、基础设施的建设、公共设施的建设以及环卫的管理，都是需要资金投入的，所以村改居要搞好，资金的投入非常重要。村改为社区，那社区就是城市的一部分。那么配套的基础设施，比如水、电、路，特别是一些排污的，居民的生活环境要改善，要以城市的标准来建设，这样才是一个村改居。

在岛外一些"村改居"社区，组织架构和工作模式尚未完全按照城市社区建制设立。"村改居"只是换了块牌子，社区委员会和居民对如何加强村改居社区建设，思路还不是很清晰。社区的一些公共支出，如社区卫生保洁、治安、计生、社区工作者工资仍由村集体负担。而在一些社区，基础设施建设由居民集资解决，不少道路至今仍是黄土朝天。

翔安区政协常委、民进翔安支部主任陈胜珍说：主要是由于资金的投入不足，所以比如办公用房建设，还有相当的社区沿用原来村委会的办公用房，不符合社区的标准；第二个，社区的基础设施尚未纳入市政的管理范围。由于资金投入不足，社区干部的待遇没有办法得到落实，老百姓普遍认为是换汤不换药，居民只是由农民变成居民，他们的生活方式以及收入等并没有发生根本的改变，居委会的工作班子还是老班子，他们的工作方式还是跟原来村委会一样。

（四）"村改居"社区居委会行政化色彩浓重，自治功能不足

我国的居委会和村委会从产生之日起，就具有组织群众自治和协助基层政府开展工作的双重任务，这在村委会组织法和居委会组织法的相关规定中反映得十分明显。有的学者就曾指出："中国农村的村民委员会并不是完全意义上的群众自治组织，它具有一定的基层地方行政功能，即政府的目标和任务要通过村民委员会这一基层组织来实现。"[1] 其实，居民委员会也是如此。多年来，我们一直也把居（村）民委员会形象地比作党和政府联系群众的纽带。应该说，这种制度设计有利于加强党和政府与群众的联系，克服国家与社会的二元对立，但由此带来的问题是，居（村）民委员会缺少了应有的自主性，自治组织的地位难以落实，甚至成为基层政权组织的变相延伸，因而被戏称为政府的"腿"。近年来，随着城市化的迅速推进，城市社会管理的任务和公共服务日趋繁重和复杂，面对压力，城市管理的重心下移，社会管理和公共服务的任务相当一部分下移到基层，街道办事处和社区居委会便成了社会管理和公共服务任务的主要承接者，而街道办事处又往往以"准政府"的姿态出现，更多的是在布置工作，扮演"二传手"的角色。再加上社会服务机构发育严重不足，于是社区居委会成为"漏斗"的底端，变成承接各种下派任务的"筐"，不仅要承担许多常规性任务，而且要完成政府部门和街道办事处下派的大量临时性工作，还要接受各种检查评比和考核。于是便出现了这样的现象：一方面，强调居民自治，强调居委会作为群众自治组织的法定地位；但另一方面，居委会的行政化倾向似乎有增无减。事实证明：法律的规定和居民的选举（即便是直选或海选），还不足以保障居委会真正成为居民的自治组织。

在"村改居"社区，居委会行政化色彩也十分严重。具体体现在：① "村改居"社区居委会被纳入城市管理体制后出现行政科层

---

① 徐勇：《现代国家、乡土社会与制度建构》，中国物资出版社，2009，第160页。

化倾向。居委会成员的人数、任职条件、待遇由街道确定；来自政府部门和街道办事处的各种检查、评比和考核，使居委会动作变形，甚至唯上面的要求马首是瞻；转制之前居委会办公经费等还主要靠原集体经济负担，转制后改由街道拨付，但办公经费普遍偏少，且缺少使用自主权，有缺口就需专门打报告向街道申请，希望街道再批一些，为了争取支持还要向街道主管部门"领导"求情，这也增加了居委会对政府和街道的依赖。②居委会组织群众自治和协助基层政府开展工作主次倒置。原来的村委会尽管也要协助乡政府开展工作，但毕竟以自主处理村内经济、社会事务为主，而"村改居"后，社区居委会的工作重心转向社区管理和公共服务，协助政府及其街道办事处的工作增加了许多，如社区的计划生育、综合治理、环境卫生工作、社区文化教育、精神文明创建、失地农民的社会保障和再就业服务、"双拥"工作、困难居民的低保与救助、外来人口服务和管理、协助政府开展征地和拆迁工作及拆迁居民的安置，等等。尤其需要指出的是，在压力型管理体制下，原本是协助基层政府部门和街道办事处开展的"协管工作"在时日的累积中习惯成为居委会的"任务"，加班加点也要完成，而自治事务则成了可多可少、可做可不做的事。如相当数量的"村改居"社区居委会都面临着协助政府征地、拆迁等任务，这项工作涉及多方的利益关系，基层政府也无法超脱，工作难度很大，居委会扎根居民，配合政府做群众的"工作"变成不可推卸的责任，甚至成为一些"村改居"社区特定时期居委会工作的"重中之重"。③居委会作为群众性自治组织，从法理上说，其权力来源于居民及居民会议的授权，在授权范围内办理社区居民自治的事项；但"村改居"后，这一自治组织在相当程度上是在协助政府开展社区管理和公共服务工作，"协管工作"甚至成为其"第一要务"。这就难免让居委会角色错位。居委会犹如政府在社区的代理人，接受基层政府委托或下放的权力开展工作；而基层政权和街道办事处成了居委会的授权方或"庇护者"。这样一来，基层政府及其街道办事处与居委会的关系名义上是"指导与被指导"，实际上成了变相的"领导与被领导"。在调研的访谈和问卷调查中，78.2%的社区居民都表达了大体接近的看法。

社区居民问卷调查统计：

目前社区居委会的性质

		频率	百分比	有效百分比	累积百分比
有效	政府的办事机构	38	25.3	25.9	25.9
	半官方半民间性质的组织	25	16.7	17.0	42.9
	名义上是自治组织，实际上依附于政府部门或街道办事处	52	34.7	35.4	78.2
	居民群众性自治组织	32	21.3	21.8	100.0
	合　计	147	98.0	100.0	
缺失		3	2.0		
合　计		150	100.0		

"村改居"社区居委会成员对社区居委会的行政化倾向感受更深。我们在调研中，许多受访对象强烈地反映了这方面的问题。

> 我们这些工作人员其实就是政府的"腿"。现在，街道所有的工作，几乎都与社区相关，现在都将任务下派到社区，社区事事都要有个交代。台账很多，许多统计本来是交叉重复的，可政府部门都以各自的标准做软件系统，比如，和谐社区建设和党建，这两项就有很多重复。能不能统一搞一套软件来让我们统计。社区工作人员本来就偏少，哪能应付过来?!（编号11FJXL）

第三节　相关问题与思考

一　居民自治及其相关概念的厘清

在研究社区居委会时，不能不涉及居民自治的问题。这就又不能不涉及对社区居民自治与社区自治、社区治理几个概念的理解。

居民自治与社区自治、社区治理是一组关系密切但含义不尽一致的概念。近年来国内出版和发表的社区研究论著，在使用这几个概念时，有的做了界定和区分，有的则混用。我们认为，辨析并厘清这几个概念，不仅对社区居委会的定位而且对社区管理体制的改革创新都是十分必要的。

多年来，我国官方正式文件一直使用"居民自治"或"社区居民自治"。所谓社区居民自治，通俗地说，就是社区居民依法自己决定和处理与自身利益相关的事务。社区居民自治的表现形式集中体现在"四个民主""四个自我"上面，所谓"四个民主"是指民主选举、民主决策、民主管理、民主监督。这是社区居民自治的基本内容，也是居民自治的主体组织——社区居委会的组织制度。而"四个自我"则是社区居民自治的衡量标准。所谓"四个自我"是指自我管理、自我教育、自我服务、自我监督。社区居民自治属于我国基层群众自治的一个方面（除了居民自治外，我国基层群众自治还有村民自治）。当然，社区居民自治具有多层性、多样性。就层次构成而言，既可以表现为居委会层次的自治，例如通过居民会议讨论决定社区公共事务；又可以表现为居民小组或楼院居民自治，例如以居民小组或居委会辖区内的楼院为操作单元，通过民主协商来合作处理本居民小组或本楼院居民的公共事务；还可以表现为楼门居民自治，也就是以居委会辖区内的楼门为操作单元开展居民自治活动，通过民主协商来合作处理本楼门的公共事务。就自治形式而言，既包括通过民主选举居委会成员实施有组织的自治，又包括通过制定居民公约或自治章程协调居民的社区公共行为，还包括召开居民会议、实施居务公开等推进民主决策、民主管理和民主监督，具有丰富性和多样性。

基层群众自治已成为中国特色社会主义政治制度的重要组成部分。社区是地域性人群生活共同体，对关涉居民公共事务和公益事业管理最有效而简便的形式就应该是居民"自治"。早在1987年，时任全国人大常委会主任的彭真在《通过群众自治实现基层直接民主》的发言中就曾指出:"没有群众自治,没有基层直接民主,村民、居民的公共事物和公益事业不由他们直接当家作主办理,我们的社会主义民主就还缺乏一个侧面,还缺乏全面的巩固的群众基础。""十亿人民如何行使民主权利,当家作主,一个方面是通过各级人大行使国家权力。另一个重要方面是在基层实行群众自治,群众自己的事情由群众自己依法去办。这是国家政治体制的一项重大改革。""有了村民委员会,农民群众按照民主集中制的原则,实行直接民主,要办什么,不办什么,先办什么,后办什么,都由群众自己依法决定,这是最广泛的民主实践。他们把一个村的事情管好了,逐渐就会管一个乡的事情;把一个乡的事情管好了,逐渐就会管一个县的事情,逐步锻炼、提高议政能力。八亿农民实行自治,自我管理,自我教育,自我服务,真正当家作主,是一件很了不起的事情,历史上从没有过。几千年的封建社会,什么时候有过群众自治?没有。所以说,办好村民委员会,还有居民委员会,是国家政治体制的一项重大改革,对于扫除封建残余的影响,改变旧的传统习惯,实现人民当家作主,具有重大的、深远的意义。"① 党的十七大报告还第一次将基层群众自治制度列入中国特色社会主义政治制度的基本内容,并强调要将基层群众自治作为发展社会主义民主政治的基础性工程重点推进。在我国社区建设中,民政部之所以把社区的范围界定为调整后的居委会管辖的范围,从操作的角度考察,就是为了实现政策与法律的对接。《中华人民共和国宪法》和《中华人民共和国城市居民委员会组织法》(以下简称《宪法》和《居民委员会组织法》)都将居民委员会规定为基层群众性自治组织。需要指出的是,社区居委会是社区居民自治的主体组织,但社区居民(代表)大会、社区议事监督委员会、居民小组等也是社区居民自治的组织形式,其中居民会议还是居民自治的最高组织形式。因此,不能将居民自治归结为居委会的自治。

近年来出版和发表的一些论著中,也有学者使用"社区自治"。

---

① 《彭真文选》,人民出版社,1991,第607~608页。

其实，这两个概念还是有区别的。① 从主体上考察，居民自治的主体是本社区的全体居民，而不包括驻社区的机关、团体、部队、企业、事业单位等组织。《居民委员会组织法》规定："居民委员会是居民自我管理、自我教育、自我服务的基层群众性自治组织。"第十九条又规定"机关、团体、部队、企业事业组织，不参加所在地的居民委员会，但是应当支持所在地的居民委员会的工作。所在地的居民委员会讨论同这些单位有关的问题，需要他们参加会议时，他们应当派代表参加，并且遵守居民委员会的有关决定和居民公约"。社区自治的主体包括居民和居民组织，但又不限于居民和居民组织。有的学者就主张"社区自治的主体是各种利益相关者"。① ② 从地域上考察，社区居民自治和社区自治的范围限于本社区内，这往往容易让人们将二者混同，但社区居民自治只是一定地域范围内的基层群众性自治，不是地方自治。而"社区自治"在西方话语体系下主要指地方自治，国内也有学者持这一看法。② ③ 从自治组织考察，社区居民自治的组织主要是居委会和其他居民组织形式，如居民会议、居民小组等。而社区自治的组织载体要宽泛得多，如社区成员代表会议、社区（管理）委员会、业主委员会，在西方有邻里委员会、社区董事会、社区议会、"社区政府"等。④ 社区居民自治和社区自治的内容为社区内的公共事务和公益事业，但社区居民自治的内容是与居民生活息息相关的公共事务和公益事业。

在我国，随着社会管理体制的改革创新和政治生活民主化的推进，我国的居民自治将来也许发展为地方性的大社区自治。但在现有法律、体制、政策框架下，基层社区所实行的是居民自治，它是基层群众自治的一种，而不是地方性的社区自治。二者不应混同。如果像有的学者所理解的，社区自治属于基层群众自治，就是社区居民通过一定的组织形式依法享有的自主组织和管理社区公共事务

---

① 陈伟东：《社区自治：自组织网络与制度设置》，中国社会科学出版社，2004，第160页。
② 丁超：《城市社区管理体制改革构想》，《中国方域》2001年第6期。

和公益事业的权利及其实践过程①，那就没有必要在社区居民自治的概念之外再使用"社区自治"这样的概念了。

如果立足于当今中国社区建设的现实和发展趋势，并参照国际社会中多主体参与社区公共事务治理的经验，我们还进一步认为，社区治理也是一个具有很强解释力的概念。

"治理"（Governance）是近年来学术界讨论较多的一个概念，人们给出了许多界定。一般地说，治理至少具有四个特征：治理不是一整套规则，也不是一种活动而是一个过程；治理过程的基础不是控制，而是协调；治理既涉及公共部门，又包括私人部门，治理不是一种正式的制度，而是持续的互动。② 其基本含义是指各种利益相关主体在合作的基础上，共同管理公共事务的过程。就社区治理而言，我们认为，至少包括如下要点。

首先，社区治理强调多重主体的参与。其次，各主体之间平等合作和协商，即多重主体之间良性互动。再次，社区治理与管理既有同，又有异，治理包含管理又超越管理，它是管理、自治、服务、建设的有机统一。在我国，社区居民无疑是社区治理的主体，居民和居民组织对其公共事务的自我管理（自治）无疑是社区治理的题中应有之义。因为，居民及其组织自己管理自己的事务，自己办理自己的公益事业，这是最简便易行而又为居民认可的做法。当然，在社区中活动的还有其他组织，如社区党组织和群团组织、业主委员会、各种社区民间组织、社区志愿者队伍以及进驻社区从事非营利性服务的社会组织（如社会工作服务机构）和营利性服务机构（如物业公司）等，它们都参与社区的管理、服务和建设。此外，驻社区的企事业单位、党政机关等，也是社区的成员，也需参与社区的共建共享。可以说，上述各方都理应成为社区治理的主体。城市区级党委、政府及其派出机构——街道党工委和街道办事处，虽然不是社区成员，但是社区建设和发展的政策制定者与"掌

---

① 董小燕：《公共领域与城市社区自治》，社会科学文献出版社，2010，第58页。
② 俞可平：《治理与善治》，社会科学文献出版社，2000，第4~5页。

舵人"，其中街道办事处与社区居委会的关系更为密切，负有对社区居委会指导、支持和帮助的责任。而在西方，政府与社区组织的关系则是合作伙伴关系。这也是社区治理问题上中国与西方国家的区别。但"社区治理"的理念顺应了社会主义市场经济和现代公民社会发育的要求，表征着我国城市基层社会整合机制创新的新趋向。党的十八大报告也在总结近年来我国社区建设经验的基础上，使用了"城乡社区治理"的概念。[①]

二 社区居委会的职能定位

"议行合一"的本义是指在国家机关及其他组织中，决议和执行两项职能统一进行的制度或体制。新中国成立后，以民主集中制原则为指导，在计划经济的基础上，我国普遍实行"议行合一"体制，在城市，作为基层群众性组织的居委会，其工作也集决策和执行两种职能于一身。

社区建设启动以来，在构建社区组织新体系的实践中，社区居委会的职能如何定位，是一个无法绕开的问题。作为群众自治组织，居委会的职能定位是议事层，是执行层，还是"议行合一"？在我国的居委会建设中，对此有不同的实践探索和解答。主要存在两种理解和实践模式。

第一种是把社区居委会看做执行层，而将居民（代表）会议或者再加上社区议事监督委员会作为议事决策机构。这种理解起源于社区组织体系构建的沈阳模式。20世纪90年代末，沈阳市在探索构建社区组织体系时，仿照国家层面上执政党、人大、政协、政府的组织结构，在社区层面上设置了社区党组织、社区成员代表大会（亦称社区居民代表大会）、社区管理委员会（后改称居委会）、社区协商议事委员会"四位一体"的组织体系，其中，社区党组织是

---

① 胡锦涛：《坚定不移沿着中国特色社会主义道路前进　为全面建成小康社会而奋斗》，人民出版社，2012，第27页。

各类组织的领导核心，社区成员代表大会是决策机构，社区协商议事委员会是议事机构，社区居委会是居民（代表）大会的办事机构（执行层）。沈阳市的这一做法因得到民政部的认同和支持而在全国产生了较大的影响，被称为沈阳模式。社区组织的此种设计实施成本较小，与既有的基层行政体制能够较好地对接。但也有值得反思之处。把社区居委会仅仅视作"执行层"，那它作为"自我管理、自我教育、自我服务、自我监督"的群众自治组织的主体地位便难以体现。社区组织总体上属于非政府非市场的"第三部门"即社会领域，与国家政治生活领域的组织毕竟不同，不应该作简单的类比。《居民委员会组织法》第十条规定："居民委员会向居民会议负责并报告工作。"但同时规定："居民会议由居民委员会召集和主持。"2010 年 11 月中共中央办公厅、国务院办公厅印发的《关于加强和改进城市社区居民委员会建设工作的意见》将城市社区居民委员会的主要职责概括为三大项，第一项就是"依法组织居民开展自治活动"。因此，我们认为将居委会定位为执行层是缺乏法律依据的。实际上这种将居民自治组织只理解为执行层的看法，在农村村级组织关系的理解上也有①，暴露出的共同问题是，偏离了村（居）民组织法对村（居）民自治和村（居）民委员会的法律规定。

第二种理解则认为，社区居委会作为群众自治组织应履行议事职能，执行职能应交给专门的机构——社区服务站（或社区工作站）来完成。但在社区服务站或社区工作站的设置上，又有"居站分设"和"居内（或下）设站"两种不同模式。前者主要基于政社分开的理由，后者则主要基于议行职能划分的理由，但又有各自尚未解决的问题。其实，作为基层群众自治组织，社区居委会自身的结构不可能也不应该过于复杂。当然，在专业化社会服务组织发

---

① 唐良智：《创新基层党建工作 夯实党执政的组织基础——襄阳市农村基层组织建设"三三制"的实践与探索》，《求是》2011 年第 8 期。该文提出"三会治事"的民主运行机制，即村重大事务实行党组织会议议事、村民（代表）大会定事、村民委员会理事。

育还很不充分而居委会还须协助政府开展社会管理和公共服务的情况下，在社区层面上设置社区服务站（或社区工作站）有其现实需要，但将居委会设计成纯粹的"议事层"，这是不适当的。

因此，在我们看来，社区居委会就是社区居民会议选举的委员组成的常设机构，不宜简单地将社区居委会定位为"议事层"或"执行层"。

三 "村改居"社区居委会所应发挥的独特作用

"村改居"社区居委会在"村改居"进而在城市化过程中应发挥哪些作用？这个问题直接关涉"村改居"社区居委会建设应有的目标取向，也是深入思考如何建设"村改居"社区居委会的前提。笔者以为，"村改居"社区居委会所应发挥的作用主要体现在以下几个方面。

（一）"村改居"社区居委会应成为"村改居"社区人口再组织化和居民自治的重要组织平台

村民委员会和居民委员会都是基层群众性自治组织，但在我国又分别属于城乡两种组织体制和管理体系。村民委员会属于农村建制，而居民委员会属于城市建制。由于我国城乡二元结构目前依然存在，因此，村民的组织和管理与城市居民的组织管理有着明显的区别。村委会管理是以自然村落为基本单元、以村籍人口为主要对象的农村管理服务体制。撤村后，村民虽然在户籍身份上变为城市居民，但因缺少新的联系纽带而出现疏离化的倾向，迫切需要新的组织载体对其进行服务和管理。同时，外来经商务工人员及其家属作为城市新的人口①，也需要纳入城市居民的组织体系之中。这个过程从一定意义上说，又是一个再组织化的过程。在这一过程中，

---

① 我国人口统计规定，经商务工人员及其家属在城镇居住超过 6 个月者，即统计为城市常住人口。

政府的作用是不可缺少的，但社区组织更为基础。其中，由村委会转化而来的"村改居"社区居委会，不仅要协助城市基层政府部门和街道办事处进行社会管理，还肩负着将疏离化的居民吸引过来、动员组织起来，形成自组织网络，开展居民自治的任务。居民自治和社区自组织是两个关系密切但含义不尽相同的概念，二者互为前提，相互促进。居民自治就是居民自行处理与自己相关的公共事务，而社区自组织就是指，不需要外部力量的强制性干预，社区通过自身就可以自我整合、自我协调、自我维系，进而实现社区公共生活的有序化。社区公共生活秩序的维护离不开法律的规制，也离不开政府的行政管理，但涉及居民利益的社区公共事务应由居民自主解决。"村改居"社区居委会是社区居民的法定自治组织，是社区居民自治的组织者、推动者、实践者，应该也能够成为居民自治和社区自组织的重要组织平台。如"村改居"原村集体资产如何处置，是以经济合作社的新形式延续，是量化到原村民个人后分掉，还是进行股份合作制改造；社区应举办哪些公益事业；居民小组如何划分等等；必须由居委会组织居民在充分讨论的基础上依照一定的程序自主决定。社区共建和社区资源的整合，同样离不开社区居委会的协调。

（二）城市化进程中社区公共服务的生产者和供应者

社区公共服务就是以社区公众为对象的公共服务。与市场化的私人物品不同，公共产品和公共服务的特性决定了它们有提供者和生产者的区分，并且公共产品和公共服务由于非竞争性和非排他性程度的不同以及二者的不同组合，需要发挥多重主体、多种机制的作用。在"村改居"社区公共服务中，社区居委会扮演着重要的角色。在行政主导的体制下，政府及其派出机构无疑是社区公共服务的主要提供者。社区居委会协助政府开展社区公共服务，它或者无条件接受下派的工作，成为政府及其派出机构的"腿"，或者以"费随事转"的方式接受政府部门及其派出机构的服务项目，形成委托—代理关系。在这两种情况下，社区居委会实际上扮演的是社区公共服务生产者的角色。但社区居委会在有些情况下也以居民与政府的桥梁和纽带的身份，收集反映居民的意见，协助政府或公共部门进行社区公共服务项目的规划和安排，而把具体的服务交由专门的社区性服务机构。这里社区居委会不仅是社区公共服务消费者（居民）的法定代表，而且也是供应的参与者，而社区性服务组织则扮演着社区公共服务生产者的角色。社区养老、社区矫正等专业化服务就是如此。而在为本社区成员提供准公共服务时，社区居委会则往往既是供应者又是生产者。如处理社区公共事务，组织居民开展邻里互助和志愿者服务，调解居民纠纷。随着社区自组织能力的增强和社区性服务组织的发育，社区居委会作为供应者的角色将会进一步显现。

（三）原住村民和进城农民工融入城市并转变为新市民的重要组织平台

原村委会管理和服务的对象只限于本村村民，而"村改居"后，城市化发展要求社区和社区居委会走向开放，城市中的社区不只是一个人群居住区，还要逐步成为城市人口的地域性社会生活单元和活动区域。与此相关联，"村改居"社区居委会的管理服务对象不限于原"村籍"居民，还包括入住新建商品房、经济适用房、解困房、安置房的居民，以及人数众多的外来农民工及其家属。换句话说，凡居住在本社区范围内的常住人口，都应该是社区的居民、城市的新市民了。但由于城乡分割等因素，"村改居"后他们并未完全融入城市。原住村民虽然户籍身份转变了，已成为城市居民，但他们并没有真正融入城市，相当数量的人还没有认同市民的身份。至于外来农民工及其家属，虽然工作和生活在城市，农民工二代甚至是生在城市、长在城市，但户籍的门槛始终横亘在他们面前。近年来，随着城市化的推进，这一数量庞大的群体的命运开始悄然发生积极的变化。在人口普查统计上，凡在城镇居住半年以上者已被作为城市常住人口，一些城市还放宽了外来农民工进城落户的限制。但要根本落实进城农民工及其家属的市民待遇还需要城市化和城乡一体化发展一系列政策相配套。在这一问题尚未得到根本解决之前，把他们作为社区居民列入社区管理和公共服务的范围则是可行的、积极的。"村改居"社区居委会应积极回应原村民和进城农民工群体的需要，成为他们融入城市并转变为新市民的重要组织平台。

第四节　加强"村改居"社区居委会建设的若干建议

一　健全"村改居"社区居委会组织体系

目前大多数"村改居"社区居委会组织体系架构如图 3 - 2 所示。

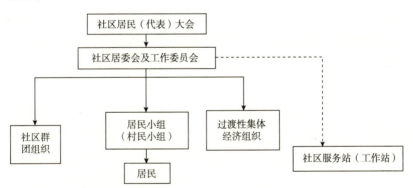

图 3 - 2　"村改居"社区居委会组织架构

（一）加强居委会及其下属委员会的建设

《村民委员会组织法》第七条明确规定："村民委员会根据需要设人民调解、治安保卫、公共卫生与计划生育等委员会。村民委员会成员可以兼任下属委员会的成员。人口少的村的村民委员会可以不设下属委员会，由村民委员会成员分工负责人民调解、治安保卫、公共卫生与计划生育等工作。"《居民委员会组织法》第十三条规定："居民委员会根据需要设人民调解、治安保卫、公共卫生等委员会。居民委员会成员可以兼任下属的委员会的成员。居民较少的居民委员会可以不设下属的委员会，由居民委员会的成员分工负责有关工作。"20 世纪 90 年代以来，随着城市社区建设的推进，社区居委会及其下属委员会的建设也备受重视。

2010 年 11 月中共中央办公厅、国务院办公厅下发的《关于加强和改进城市社区居民委员会建设工作的意见》将城市社区居民委员会的主要职责概括为如下三个方面：①依法组织居民开展自治活动。社区居民委员会是社区居民自治的组织者、推动者和实践者，要宣传宪法、法律、法规和国家的政策，教育居民遵守社会公德和居民公约、依法履行应尽义务，开展多种形式的社会主义精神文明建设活动；召集社区居民会议，处理本社区居民的公共事务；开展便民利民的社区服务活动，兴办有关服务事业，推动社区互助服务和志愿服务活动；组织居民积极参与社会治安综合治理、开展群防群治，调解民间纠纷，及时化解社区居民间的矛盾，促进家庭和睦、邻里和谐；管理本社区居民委员会的财产，推行居务公开；及时向人民政府或者它的派出机关反映社区居民的意见、要求和提出建议。②依法协助城市基层人民政府或者它的派出机关开展工作。社区居民委员会是党和政府联系社区居民的桥梁和纽带，要协助城市基层人民政府或者它的派出机关做好与居民利益有关的社会治安、社区矫正、公共卫生、计划生育、优抚救济、社区教育、劳动就业、社会保障、社会救助、住房保障、文化体育、消费维权以及老年人、残疾人、未成年人、流动人口权益保障等工作，推动政府社会管理和公共服务覆盖到全社区。③依法依规组织开展有关监督活动。社区居民委员会是社区居民利益的重要维护者，要组织居民有序参与涉及切身利益的公共政策听证活动，组织居民参与对城市基层人民政府或者它的派出机关及其工作人员的工作、驻社区单位参与社区建设的情况进行民主评议，对供水、供电、供气、环境卫生、园林绿化等市政服务单位在社区的服务情况进行监督。指导和监督社区内社会组织、业主委员会、业主大会、物业服务企业开展工作，维护社区居民的合法权益。近年来，为了使居委会有效开展社区管理和服务工作，实现政府行政管理与基层群众自治的有效衔接和良性互动，各地做了许多努力，如加强社区居委会能力建设，设置专门服务机构，健全居委会下属委员会的设置，等等。关于社区居委会下属委员会的设置，《意见》指出："调整充实社区居民委员会下属的委员会设置，建立有效承接社区管理和服务的人民调解、治安保卫、公共卫生、计划生育、群众文化等各类下属的委员会，切实增强社区居民委员会组织居民开展自治活动和协助城市基层人民政府或者它的派出机关加强社会管理、提供公共服务的能力。"应该说，设置社区居民委员会下属委员会并加以调整充实，这是社区建设和发展的趋势，但目前多数城市社区还没有设置居委会下属委员会，在我们调研的许多"村改居"社区中也没有设置。那么，在现阶段的社区居委会建设中，要不要马上设置下属委员会？我们认为，应从居民需要和社区管理服务需要两个方面综合考量，不宜简单裁定。由于社区居委会面向居民开展的管理和服务与政府延伸到社区的社会管理和服务往往相互衔接，并且都以增进社区居民的福祉为目的，再加上基层社会管理和服务的压力大，在实际社区工作中，基层政府及其街道办事处更习惯于通过设置社区工作站或增设专职的社区工作干事（或协管员）来与居委会成员一道推进这些工作，如计划生育、社会保障、综合治理、流动人口管理等。这种做法，对于完成政府延伸到社区的社会管理和服务工作更容易见成效。但诸如居民调解、群众文化建设、公共卫生治理、治安保卫等主要属于居民自治范围的社区公共事务则需要居委会及其下属委员会组织开展，这是居民自治制度的要求。目前，居委会下属委员会的设置、调整充实还没有得到应有的重视，这也影响了居委会作为社区群众自治组织功能的发挥，因为居委会组织开展居民自治要通过一定的自组织网络才能实现，居委会成员不可能也不应该包办各项自治事务。当然，像居委会、村委会这样的基层群众自治组织，在社区居民的自组织能力还不足、公民社会尚未发育充分的情况下，居委会内部组织架构不一定要设计得过于细密。要积极培育居委会下属委员会，但不要拔苗助长。人为设置的与居民需要脱节的"居民组织"，是缺少生存土壤的，甚至会成为一种摆设。面对城市化发展的要求，特别是置身于全国上下积极推进社会建设、加强和创新社会管理的背景下，"村改居"社区居委会在组织居民开展自治活动和协助基层人民政府加强社会管理、提供公共服务方面肩负着更大的责任。至于"村改居"社区居委会委员及其下属委员会究竟如何设置，更应该充分考虑"村改居"社区自身的实际，坚持以居民的需要和"村改居"社区自我管理服务的需要为导向，并且不同发展阶段的"村改居"社区也应有所不同，不宜"一刀切"。

(二) 健全制度化组织的基层单元——居民小组

居民小组是社区居民制度化组织的最基层单元，在"村改居"社区组织建设中，居民小组建设更是不可忽视。

相对于社区居委会，居民小组具有如下特点：①居民小组人数少（调研的 14 个"村改居"社区，每个社区平均有居民小组 14.9 个，居民小组平均户籍居民人数为 255.3 人），且相邻而居。"村改居"社区人数常住居民少则数千，多则数万。这些居民通常划分为多个居民小组，因而居民小组的人数要明显少于社区人数。居民小组主要基于居住状况、人口多少等原则划分。同一小组的居民一般居住的较近。"村改居"社区的居民小组尤为明显。②多数"村改居"社区的居民小组，其前身就是村委会时期的村民小组，更早以前是人民公社时期的生产队。居民小组成员多数同住一村，大家彼此知根知底，有的还沾亲带故。"村改居"过程中，多数村民小组直接转为居民小组，也有的进行了拆分和重组，增加了一些新居民。但整体来说，"村改居"社区的居民小组依然是一个"熟人社会"共同体。③相对于居委会，居民小组具有更多的社会性。如果说现阶段的居委会事实上具有"官民"二重属性的话，那么，居民小组更多的具有民间的或社会的属性。国家行政管理的触角并未直接延伸到居民小组。居民小组长虽然在居委会与居民之间起着"上传下达"的作用,也承担着一定的协助政府面向居民开展工作的任务,但较居委会成员的"协管"任务少得多。小组长们尽管也带了一个"长"字,但并不是专职的受薪人员。他们置身于居民之中,只象征性地领点补贴,服务居民的"工作"对他们来说更多的是一种业余的奉献。④由于上述原因,居民小组的活动更便于组织,成员之间也更便于通过面对面的协商对话取得共识,因而自组织功能更为突出。近年来,一些城市社区积极开展楼院门栋范围的居民自治,"村改居"社区也在居民小组层面上开展了多种形式的合作,就是明证。

但也有学者提出:提高村民小组的国家性是一个更易操作且能够更快产生效果的策略。从基层治理的角度看,影响治理成效的主要因素正是村民小组的国家性。社区性仅仅是作为一种潜在的合作意愿与能力,而将其整合起来的力量则来自国家性①。这实际上是主张村民小组建设的行政化策略。在我们看来,国家和政府将公共服务延伸到城乡社会的基层,这一过程离不开国家和政府强有力的推动,但这不能作为提高村民小组国家性的理由。我国正在开展的社会建设和社会管理创新,其重要目标之一就是增强社会的自组织功能。这当然离不开加强和发挥村(居)民小组作为制度性基层单元的作用。但再造村(居)民小组不应采用"提高村民小组的国家性"的策略。手段或策略是服务于目的的,否则必然侵蚀村(居)民自治这一社区建设的重要目标,导致"强国家、弱社会"的局面。因为,提高村民小组的国家性是强化其作为国家治理单元的作用,而不是作为基层社会自治单元的作用。社会的治理需要多重主体、多种机制的互动和互补,但越是基层单元,越需要发挥自组织功能。居委会建设不能行政化,村民小组或居民小组建设更不能行政化。

---

① 林辉煌:《村民小组的社会性和国家性》,《社会科学报》2011 年 8 月 18 日第 2 版。

"村改居"社区居民小组建设需要从如下几个方面入手：①本着就近、便于自治等原则，将所有新老居民划分为若干居民小组，尤其要将新居民纳入进来。对新居民中散居的外来常住人口，要本着就近方便的原则，将其编入本地人口所在的居民小组。新建的商品房、安置房、解困房等住宅小区根据人数多少可单独组建若干新的居民小组，也可编入已有的居民小组。新居民进入居民小组，更能获得居民身份的认同，找到归宿感，也更有利于尽快融入社区。②选齐配强居民小组长，发挥居民积极分子在居民小组的作用。③发挥熟人或半熟人共同体信任程度较高、便于合作的潜在优势，探索开展门栋楼院、居民小组、住宅小区等微观层次上的居民自治，推动形成社区居民委员会、居民小组、楼院门栋上下贯通、左右联动的格局。

（三）规范社区居委会专门服务机构

目前，社区（综合）服务站与居委会的关系有"居站分设""居站合一""居内设站""居站成员交叉"等不同模式。其中"居站分设"又有两种具体做法，一是从"政社分开"的理念出发，将原来居委会承担的行政性事务交由政府部门或街道办事处招聘的社区服务站专职人员独立承担，社区居委会只履行自治职能。二者相互平行、各自独立、互不隶属，有的社区居委会成员还实现了兼职化。二是工作站独立设置，但站长由社区居委会主任或党组织书记兼任，以便居委会和服务站相互配合，居委会对服务站的工作给予指导。应该说，"居站分设"的主要目的是恢复社区居委会作为自治组织的性质，也为居委会减负。但也由此带来了另一方面的问题。在社区居委会和社区服务站分设的情况下，居委会管理社区自治事务，服务站协助政府开展面向居民的工作，容易出现"两张皮"现象。

有鉴于此，一些城市发展出"居站合一""居内设站""居站成员交叉"等模式。"居内设站"是指在居委会之下设置社区服务站（或工作站）作为工作机构，协助居委会完成服务性任务和政府部门交付的事务性工作。2010 年 12 月，中共中央办公厅、国务院办公厅印发了《关于加强和改进城市社区居民委员会建设工作的意见》，《意见》就规范社区居民委员会专业服务机构指出："为更好地完成社区管理和服务任务，辖区人口较多、社区管理和服务任务较重的社区居民委员会，根据工作需要可建立社区服务站（或称社区工作站、社会工作站）等专业服务机构。按照专干不单干、分工不分家的原则，社区专业服务机构在社区党组织和社区居民委员会统一领导和管理下开展工作，以形成工作合力。社区居民委员会有足够能力承担应尽职责的社区，可以不另设专业服务机构。"① 这表明，经过多年的实践探索，中央文件最终选择了将社区服务站作为居委会的内设服务机构的方案。应该说，这种设置比较符合现阶段我国社区的实际。但是，我们也应该看到，面对日益增长的社区公共服务特别是多样化、专业化的社会性服务需求，仅靠社区服务站这一居委会内的工作机构是不够的，还要积极培育体制外的非营利社会服务组织。这方面的探讨，将在本书第五章展开。

（四）强化居民（代表）会议、居民监督会等组织在居民自治中的作用

居民（代表）会议、议事监督委员会虽然不属于居委会，但都同属于社区居民自治组织系列，并且与居委会有着密切的关系。在讨论居委会组织建设时，不能不涉及社区居民（代表）会议、议事协商会等组织形式。

居民会议是指由全体社区居民参加的会议，它是居民自治的最高组织形式，也是社区的最高决策机构，履行对社区重大事务的议事、决策监督的职能。1989 年通过的《居民委员会组织法》第九条专门就居民会议作出规定："居民会议由十八周岁以上的居民组成。居民会议可以由全体十八周岁以上居民或者每户派代表参加，

---

① 中共中央办公厅、国务院办公厅：《关于加强和改进城市社区居民委员会建设工作的意见》，人民出版社，2010，第 9 页。

也可以由每个居民小组选举代表二至三人参加。居民会议必须有全体十八周岁以上的居民、户的代表或者居民小组选举的代表的过半数出席，才能举行。会议的决定，由出席人的过半数通过。"第十条又专门对居委会与居民会议的关系作出了规定："居民委员会向居民会议负责并报告工作。居民会议由居民委员会召集和主持。有五分之一以上的十八周岁以上的居民、五分之一以上的户或者三分之一以上的居民小组提议，应当召集居民会议。涉及全体居民利益的重要问题，居民委员会必须提请居民会议讨论决定。居民会议有权撤换和补选居民委员会成员。"应该说，这些规定比较原则化，但依然是适用的。

同时，我们也应该看到，居民会议在居民自治中的作用还发挥得不够。相当数量的基层社区，很难按规定一年召开1～2次居民会议，有的甚至几年都不开一次。出现这种情况，有其客观原因。厦门市JM区的ZY社区是较早完成村集体资产股份改制的"村改居"社区。社区居委会主任Z在谈到居民会议难以召开的原因时说：

> "现在的社区都很大，居民会议根本没有办法开。现在召集大家来开会，要有补贴，否则达不到要求的人数。还有就是会场的问题。我们ZY社区原来就有村民800户，2008年从CZ社区划转来3000多人，现在有5800多常住居民，加上新建楼盘，年底预计有3000户。就是每户出一位代表开会，也没有地方开。再有，几千人在一起也没有办法议事。"（编号：11XJZZ）

讨论居民会议的建设问题，有必要以村民会议作参照作一研究。1987年《村民委员会组织法（试行）》第十条就有关于村民会议的规定。1998年全国人大常委会通过的《村民委员会组织法》第十七条规定：村民会议由本村十八周岁以上的村民组成。召开村民会议，应当有本村十八周岁以上村民的过半数参加，或者有本村三分之二以上的户的代表参加，所作决定应当经到会人员的过半数通过。必要的时候，可以邀请驻在本村的企业、事业单位和群众组织派代表列席村民会议。第十八条规定：村民委员会向村民会议负责并报告工作。村民会议每年审议村民委员会的工作报告，并评议村民委员会成员的工作。第二十一条规定：人数较多或者居住分散的村，可以推选产生村民代表，由村民委员会召集村民代表开会，讨论决定村民会议授权的事项。村民代表由村民按每五户至十五户推选一人，或者由各村民小组推选若干人。2010年第十一届全国人大常委会对《村民委员会组织法》又作了修订。修订后的村民委员会组织法，鉴于基层普遍反映村民会议难以召开的问题，扩大了村民代表会议的职权。组织法规定：人数较多或者居住分散的村，可以设立村民代表会议，讨论决定村民会议授权的事项。村民代表会议由村民委员会成员和村民代表组成，村民代表应当占村民代表会议组成人员的五分之四以上，妇女村民代表应当占村民代表会议组成人员的三分之一以上。从上述文字中不难看出，村民代表会议制度的诞生，既力图扩大村民参与村民自治的范围和权力，以避免村民自治退化为"村委会自治"，又要使得这种形式能够持续下去，变为实实在在的扩大基层民主的载体。

尽管1989年通过的《居民委员会组织法》没有关于居民代表会议的相关规定，但城市社区建设实践表明，设立"社区居民代表会议"（有的城市沿用沈阳市的提法称之为"社区成员代表大会"，成员既有居民代表，也应该有驻社区的单位代表，但实际上单位只参与社区同驻共建，而不参与居委会工作），以讨论决定居民会议授权的事项，对人口规模普遍都有几千人甚至数万人的城市社区来说是一种更为现实的制度设计。

> Z社区党总支书记C说："居民参与社区事务要根据不同的实际来定参与规模。像居委会换届选举，有三种方式。有全体居民参选的，有户代表的，还有居民代表选举的。我们是采用居民直接选举，全体居民都参选，每人一票。大家投完票就可以走人了，不需要特别大的场地。而股份改制方案，更多的是涉及以家庭为单位的利益，而且情况很复杂。我们先提出方案，让居民充分讨论，提意见，不断修改完善，最后由户代表投票表决。真正能够议事的居民组织是居民代表会议。居民代

表会议的代表名额按各居民小组人数的比例分配，再由小组选出，共有七八十位。大家来对社区中一些重大事情进行讨论和表决。城市社区有个议事监督委员会。过去我们也有，现在没有这块牌子了。我们这样的'村改居'社区，社区内的企业少，人大代表也只有1~2个，所以没有像纯城市社区那样成立同驻共建理事会和议事监督委员会。我们这里是社区事务监督小组，起监督的作用。成员是居民选举的，以普通居民代表（包括居民小组长）为主，我和另一位副书记也通过选举进入，按照要求书记担任监督委员会主任。"（编号：11XJZC）

成都市近年来探索建立村民（社区）议事会，目的在于创立还权于民的新载体。在社区居委会作为居民自治组织功能变形的情况下，这种探索有其积极意义。其中有一些规定，如每个村的村民议事会成员不少于21人，村民议事会里村组干部不能过半；10名以上村民联名可以提出议题；村党组织不得无故拖延议题审查。北京市东城区东四街道也探索设立了社区居民常务会。此外，社区建设启动以来，许多城市社区在民政部的倡议下成立了社区议事监督委员会。这些组织称谓虽然不尽一致，但都规定受居民（代表）会议委托，在闭会期间和授权范围内，行使部分社区自治事务议事权、决策权，并接受居民（代表）会议和居民的监督。设置这类组织的初衷就是避免社区内的重大事务由社区"两委"说了算。但笔者以为，在居委会和居民（代表）会议之外再建立一个议事监督组织并非解决问题的根本出路。在居委会"行政化"倾向明显，而社区居民人数多召开居民会议又的确困难的现实情况下，选举村（居）民代表来行使居民会议授予的议事权和决策权，这有利于增强村（居）民在自治中的地位。但居民代表会议与居民议事会、居民常务会不应该是分设的组织类型，应该是同一个组织，只是目前的称谓不同。笔者还认为，社区的组织框架不宜过于繁密，不宜将国家层面上的执政党、政府、人大、政协的组织架构套用在社区组织上。社区中最重要的组织是党组织、居委会、居民（代表）会议，常设组织只需要党组织、居委会两块牌子，而不需要再加挂其他牌子。因此，居委会的民主建设，一方面要通过基层社会管理体制的改革创新，使社区居委会真正成为社区居民自治的组织者、推动者和实践者；另一方面要切实将"居民委员会向居民会议负责并报告工作"、接受居民（代表）会议监督的法律规定落实到位。同时居委会会议要向居民开放，允许居民旁听，严格实行事务、财务公开。笔者还主张，议事权和监督权也要分开，在"两委"主要成员进入社区居民常务会或居民议事会的情况下更要分开。社区议事监督委员会既议事又监督，将两种职能集于一身，监督不可能到位。另外就是成员的组成问题，村民议事会由村民组成，但城市社区议事监督委员会除了有单位代表参加外，还有人大代表、社会贤达等（他们也是社区居民）。在我们看来，更应该有普通居民的代表。还有，参与议事当然需要有一定的议事能力，但社区居民议事不能走精英化的路线，农村社区和"村改居"社区尤其如此。还有就是所谓的社区"干部"比例的问题，我们认为，不论叫什么，居民代表会议也好，居民议事会或居民常务会议也好，其中"两委"成员和小组长的人数占成员总人数的比例不能过半，其他应为普通居民，这可更好地体现居民的意愿，并从组织制度上为居民自治提供保障。

二 大力加强"村改居"社区居委会队伍建设

"村改居"后，社区居委会成为城市建制的基层群众性自治组织。社区居委会也开始走上职业化之路，队伍的建设显得尤为重要。在研究中，我们曾对厦门市、福州市、南京市、晋江市的14个"村改居"社区的居委会成员的情况进行了收集，汇总分析如下。

社区居委会成员平均人数	平均年龄	在社区任职平均年限	在社区党组织交叉人数	居委会主任、副主任兼任集体资产经营公司主要负责人（反映改制是否到位）
5.43	46.71	11.30	2.36	35.7

年龄结构：25～35 岁的占 12%，36～45 岁的占 46.67%，46 岁及以上的占 41.33%。其中，36 岁以上的多数为原村干部转任的。

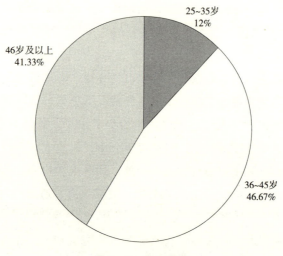

图 3-3　年龄结构

学历层次分布：初中占 21.33%，高中占 37.33%，大专及以上的占 41.34%。在学历分布上，"村改居"启动时间较长的社区居委会成员的学历层次高一些。

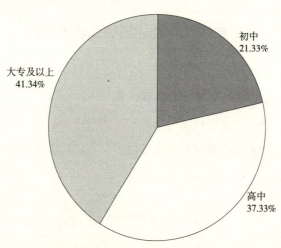

图 3-4　学历结构

性别比例：男性占 62.16%，女性占 37.84%。这与城市社区形成鲜明的对比。

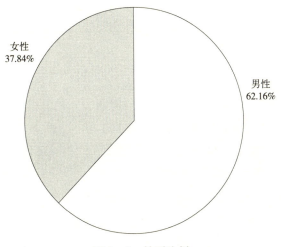

图 3 - 5 性别比例

另外，社区居委会的重要职务如主任、副主任大都由男性承担；女性多数负责计划生育、妇女工作等。

上述数据虽然不具有严格意义上的代表性，但却可从中大体了解"村改居"社区居委会队伍的现状。数据表明：目前"村改居"社区居委会成员年龄结构偏大，多为留任的村干部，且初高中学历占近六成。这与城市社区有着明显的差距。

为此，需要采用"内留外选，选聘结合"的方式进一步提升队伍素质、优化队伍结构。所谓"内留"，就是通过选举程序使原村干部中的多数继续留任。"内留"不仅符合"村改居"社区脱胎于村社共同体的实际，也有利于"村改居"的平稳推进。所谓"外选"，就是面向社会选拔一批年富力强、文化程度高的人员进入社区"两委"，或充任社区服务站专职人员（社区协管员）。所谓"选聘结合"，就是面向社会招聘的社区专职人员必须通过居民和党员选举才能进入社区居委会和支部委员会。应该说，"内留外选，选聘结合"的方式在"村改居"社区干部队伍建设中是行之有效的。但也存在一些不容回避的问题，有必要结合城市社区的情况进行一些反思。

近年来，许多城市在社区建设中将社区"两委"成员纳入职业化的社区工作者队伍建设和管理。许多城市设置了准入条件（如年龄在××周岁之下，××以上学历）面向社会招聘或招考专职社区工作者，然后通过"街聘民选"的方式使其进入居委会。这种做法扩大了选任用人的范围，有利于使居委会成员年轻化，提高文化水平和整体素质，但也连带出现了新的问题。一是忽视了社区工作者与社区居委会成员资格和来源上的差别。社区工作者是职业化的社区工作人员，社区居委会成员是居民选举的"群众领袖"，不一定要职业化。"街聘民选"虽然在形式上解决了招聘或招考的专职社区工作者进入社区居委会的合法性问题，但设置年龄和学历条件，甚至要求从街道聘用的社区工作者中选举居委会委员和主任，实际上为居委会成员候选人设置了门槛，这与"年满十八周岁的本居住地区居民，不分民族、种族、性别、职业、家庭出身、宗教信仰、教育程度、财产状况、居住期限，都有选举权和被选举权"的规定相矛盾。二是法律目前对居委会成员候选人是否必须为本社区居民没有明确规定，"街聘民选"意味着只要征得本社区多数选民的同意，通过居民选举将不住在本社区的社区工作者选为社区居委会成员是合法的。但是，从长远来看，强调居住在本居委会辖区为本社区居委会成员候选人的条件之一，应该是居民自治未来发展的一个趋势[1]。因为，本社区居民作为社区居委会成员候选人对社区事务更感同身受，也更了解社区的历史和现在，当然也更关注社区的未来，他们更有资格代表社区居民。当然，设定条件（如年龄、学历等）面向社会招聘社区服务站专职人员或社区协管员，这是可以的。因为他们是社区专职工作者，而不是居委会成员。但社区居委会成员是由居民选举的，而居委会组织法并没有这样的限制。所以，二者的要求是有区别的。

基于"村改居"社区的实际，在"村改居"居委会队伍建设

---

① 唐忠新：《现代城市社区建设概论》，上海交通大学出版社，2008，第155页。

中，不仅可以"内留外选，选聘结合"，而且可以专兼职结合。已完成集体资产改制并实行 8 小时工作制的"村改居"社区的"两委"成员，享受城市社区工作者待遇。但"村改居"社区又有其特殊性和差异性，不宜"一刀切"。一些"村改居""两委"成员是由原农村的村委会、村党支部"两委"成员转变而来的。他们原来都是农村的精英，多数又是致富的能人。在"村改居"之前，"两委"成员都不是专职的，除了担任村干部享受一些补贴外，还有其他经营性收入，后者往往还占大头。他们之所以愿意担任"两委"成员，除了村民的信任，也由于"村干部"在农村是社会地位的象征。而目前城市社区中的两委"成员"虽然实现了职业化，但收入和职业声望不够高。如果强制性地要求"村改居"社区中"两委"成员放弃自己的经营活动实行 8 小时坐班制，这是不现实的。在调研中，某个"村改居"社区的 C 主任就直截了当地说：

> "我自己有企业，做居委会主任是居民选举的。居委会书记和主任一个月的工资是 1050 元，委员只有 900 元，真是太少了，不要说养家，就是自己都养不起。"（W 社区主任，编号：09XXWC）

目前比较可行的做法是：在"村改居"初期，社区"两委"成员可不要求一律职业化，在社区工作站招聘专职工作人员，完成政府交办的社区公共服务事项，为社区居民提供准公共服务和专业性的社会工作服务，今后条件具备时还可以设社工岗位。

"村改居"社区居委会还要实现新老成员结合。目前，在"村改居"社区，居委会成员多是当地居民（原村民），新入住的居民进入社区居委会的很少，外来务工人员更是凤毛麟角。在今后建设中，要积极推进新居民进入居委会，从组织成员构成上保证居委会的代表性。

三 "村改居"社区居委会的工作拓展和创新

(一) 拓展"村改居"社区居委会管理服务对象

"村改居"后，社区居委会要把工作重点进一步转移到社区管理和服务上来，并且需要拓展管理服务对象。在城市化浪潮的裹挟下，"村改居"社区居民的构成正迅速发生变化。原"村籍"居民虽然是"村改居"社区的"老住户"，但在数量上已不占多数。土地被征用后，一幢幢的商品房拔地而起。近年来，政府也投资兴建了一些经济适用房（解困房）和廉租房，随着这些新住宅的开发和入住，"村改居"社区迎来了一批新居民。更为引人注目的是，为城市经济和社会的快速发展所吸引，以及市场经济的驱动，我国人口呈现由农村向城镇继而向城市集中的梯次推进的趋势，大量外来人口（尤其是农民工及其家属）进入城市后租住在"村改居"社区当地居民的出租房屋中。这些外来人口有的常年在城市工作和生活，有的则是短期工作和居住的所谓"暂住人口"。于是在多数"村改居"社区，便存在着三大居民群体。由于"村改居"社区居委会多是在原村委会的基础上组建的，原村民在"村改居"过程中成建制地实现了户籍身份的转变，由村民转变为市民，"村改居"后居委会委员也多为留任的原村民委员会成员。再加上一些"村改居"社区由于集体资产改制不到位，居委会与经济合作社职能交叉。社区居委会依然习惯于对原村民的管理和服务，而对社区中数量众多的新居民人群的需求关注不够。这种情况不利于"村改居"社区的建设和发展。在加快推进城市化允许居民流动的今天，对居民的社会管理和服务不仅要突破村委会时期遗留下来的"村籍"限制，还要淡化户籍的作用。在我国，户籍一向被视为"本居住地区居民"的制度性凭证。其实，外地经商务工人员及其家属登记为社区常住人口的，就应被作为社区居民来对待。另外，在城市，"人户分离"也并非个别现象。市民的居民身份更多的是在居住区体现出来的，他们的日常生活也更多的是与居住的社区发生联系。因此，"村改居"后的社区居委会必须主动适应城市化发展的要求，自觉确立"大居民"观念，即将居住在本社区的全体新老居民（包括外来人口）都纳入其工作和服务范围。尤其需要指出的是，新居民不只是入住本社区新建商品房、解困房、廉租房的人口，大量外来常住人口也同样是社区的新居民。他们为城市的建设和发展作出了贡献，社区居委会要主动接纳他们，敞开双臂欢迎和拥抱他们，让他们与户籍居民一起分享经济发展、社会进步、城市文明的成果，尽早实现外来人口与户籍居民同管理、同服务（如计划生育、卫生、综治、文化服务等社区公共服务），逐步推进三大人群的社区融合。

（二）吸引新老居民参与社区活动和公共生活

新老居民，不论是新入住小区的住户，还是外来常住人口，他们都是"村改居"社区居委会管理服务的新对象，但不能由此就把他们仅仅看做社区管理服务的被动接受者。他们居住在社区，在社区生活，就少不了与邻里、物业服务机构、居民组织、社区工作人员、政府管理执法人员打交道，就会产生利益的、社会的、精神文化的联系，也就会形成作为社区居民的参与愿望和诉求。居委会和其他社区组织开展活动时切不可忽视新居民这一人群。特别是在娱乐、交往等精神文化方面，新居民特别是外来居民需求更强烈些，他们在这方面的参与动机实际上更强烈。因此，社区举办联欢会、晚会、运动会等活动时尤其要重视新居民的参与。在多种多样的社区文化活动中，这些新居民不仅仅是观众，一些有专长的新居民还可以当"演员"、唱主角，日久天长有的还会成长为群众性自娱自乐活动的骨干。2011年央视春节联欢晚会上9个来自深圳的小伙子组成"民工街舞团"的精彩表演，足以说明：进城"打工仔"不仅要在城市谋生，也希冀在参与城市精神文化活动中丰富自己、展示自己。社区组织应为他们搭建这样的平台。

(三) 全面落实新老居民的民主权利

"社区居委会作为成长于社区、发展于社区、活动于社区的专司社区公共事务的社会领域中的居民自治组织,其作用一方面是维护和增进居民的社会福利、社会保障以及住房、就业、医疗、教育、文化休闲等方面的社会权益;另一方面是维护和增进居民参与社区建设、社区管理等方面的民主权利。"[①] 居民是社区生活的主人。这种主人翁身份,更应体现在居民所享有的民主权利的行使上。居民的民主权利主要有:在社区居委会、居民小组长选举中享有选举权和被选举权,参与社区公共事务的决策和管理的权利,对政府机构、社区居委会等组织监督的权利。就总体而言,我国社区建设中,居民自治尚未得到很好的落实,这与居民民主权利落实不够是互为因果的。为此,首先要拓展"村改居"居委会成员选举选民的范围。《村民委员会组织法》和《居民委员会组织法》实施以来,村民委员会选举的选民限于本村居民,居民委员会选举的选民限于"本居住地区居民",实际上是户籍在本社区的居民。2010 年10 月 28 日,第十一届全国人大常委会第十七次会议修订通过的《村民委员会组织法》,关于选民资格的第十三条增加了第三款,"户籍不在本村,在本村居住一年以上,本人申请参加选举,并且经村民会议或者村民代表会议同意参加选举的公民"。这一款涉及户籍不在本村但在本村居住一年以上人口的选举权问题。尽管"经村民会议或者村民代表会议同意"这样的限制有其局限性,但村委会选举毕竟已开始向非本地户籍居民有限度地开放了。这是积极意义的立法进步。事实上,在"村改居"社区,户籍不在本社区但在本社区居住一年以上的所谓外来常住人口的比例更高,他们和社区有着确定的利益联系,就应该有权行使居民的民主权利。但由于"村改居"社区在建制上已属于城市社区,而城市居委会组织法自

[①] 中国社会报社课题组:《社区发展中的政府作用及选择》,《中国社会报》2011年 8 月 4 日第 3 版。

1989 年以来一直再没有修订，因此非本居住地户籍的居民还被排除在选民之外。这与城市化的要求和现代人口自由流动的趋势是不相适应的，需要进行相关法律条款的修订，从法律层面上确认外来常住人口的选举权和被选举权。2011 年底民政部出台了《关于促进农民工融入城市社区的意见》。《意见》要求："进一步完善社区民主选举制度，探索农民工参与社区选举的新途径，在本社区有合法固定住所、居住满一年以上、符合《中华人民共和国城市居民委员会组织法》选民资格条件的农民工，由本人提出申请，经社区选举委员会同意，可以参加本社区居民委员会的选举。鼓励符合条件的农民工经过民主程序担任居民委员会成员、居民小组长、居民委员会下属委员会成员、楼栋长和居民代表。"① 其次，要借鉴村委会和城市社区创造的民主形式，探索"村改居"社区新老居民参与居民自治的民主形式。依法组织居民开展自治活动是社区居委会的三大主要任务之一。选举权和被选举权虽然是新居民的重要权利，但社区居委会的选举毕竟三年才有一次。因此，除了对不称职的居委会成员启动罢免程序外，更有实际意义的是，建立和完善民主决策、民主管理、民主监督的制度，使居民的民主权利落到实处。

近年来，在基层民主政治实践中，各地的城市社区和农村探索创造了许多行之有效、富有推广价值的民主形式和经验。如民主评议会、议事协调会、民主听证会的"三会"制度，村（居）务公开制度，居民论坛制度，一些社区还积极探索网上论坛、民情恳谈、社区对话等形式。"村改居"社区居委会作为村委会和纯城市社区居委会二者之间的过渡形态，要很好地借鉴这些形式，探索新老居民参与民主决策、民主管理、民主监督的新经验，以充分保障"村改居"过程中社区居民的知情权、表意权、参与权、选举权、决策权、管理权、监督权。

---

① 民政部：《关于促进农民工融入城市社区的意见》（民发〔2011〕210 号），民政部门户网站，2012 年 1 月 4 日。

在研究中，我们曾设计了如下题目对"村改居"社区居民进行问卷调查。

您是否向社区居委会或居民（代表）会议提出过关于社区事务的建议？

[1] 是　　　　　　[2] 否

问卷统计结果为：

		频率	百分比	有效百分比	累积百分比
有效	是	70	46.7	46.7	46.7
	否	80	53.3	53.3	100.0
	合　计	150	100.0	100.0	

您是否参与过本社区（或小区或居民小组）涉及居民利益的公共事务的协商讨论？

[1] 是　　　　　　[2] 否

问卷统计结果为：

		频率	百分比	有效百分比	累积百分比
有效	是	69	46.0	46.3	46.3
	否	80	53.3	53.7	100.0
	合　计	149	99.3	100.0	
缺失		1	0.7		
合　计		150	100.0		

从中可以看出，"村改居"社区居民向居委会或居民（代表）会议提出过关于社区事务建议的和参与过本社区（或小区或居民小组）涉及居民利益的公共事务协商讨论的均不到一半。这表明"村改居"社区居民对公共事务的参与还很不够。

"村改居"社区人群结构复杂，居民的利益诉求多元，城市化进程中需要解决的问题多，矛盾突出，这固然给社区建设者和管理者带来许多挑战，但居民对社区的建设和发展关注度高，因为大家都在"村改居"社区这条"船"上。这些都是基层民主政治建设的"富矿"或"试验田",因为现代民主政治本身就是多元利益主体博弈和合作的过程。

(四) 规范"村改居"社区民主议事和决策程序

社区居民委员会是社区范围内的群众性自治组织,居民自治需要通过相应的组织形式,但不能把居民自治仅仅理解为就是社区居委会自治。这就需要有相应的组织机构作依托,并有规范的议事决策程序来保证。这就是居民或居民代表提议、居委会与党支部联席会议审议、居民(代表)决议。

1. 居民或居民代表提议

规范"村改居"社区居委会的议事程序首先需要解决的是所议之事的来源问题。居民不仅常年居住和生活在社区,熟悉社区,因而对社区应议之"事"更有发言权;而且与社区存在着利益关联性,对社区应议之"事"更为关注。在"村改居"社区建设和发展过程中,存在哪些需要解决的问题,又如何解决,居委会应该也必须相信群众、依靠群众,鼓励居民和居民代表以主人翁的精神找问题、提出议题和议案。议事程序从居民开始,才能保证所议之事是关涉"村改居"社区建设发展和居民群众切身利益的"正事""实事"。

2. 居委会与党总支(或支部)"两委"联席会议审议

社区"两委"联席会议即社区党总支(或支部)委员会与社区居民委员会联席会,一个是执政党在基层社区的代表,一个是地域性群众自治组织,二者都拥有一定的议事决策权。而通过制度化的方式形成"两委"联席会议制度,将党的领导与居民自治有机结合起来,增强了议事权威性。社区日常管理遇到的一些问题,或居民和居民代表提出的建议,"两委"联席会议讨论决定就可以了,不必事事都要提交居民(代表)会议来讨论。而对于居民和居民代表提出涉及"村改居"社区建设和发展的重要事项,或社区管理和建设中出现的重大问题,则需要先由"两委"联席会议审议、讨论，并提出若干建议方案，再由居民（代表）会议讨论表决。

3. 居民（代表）会议决议

居委会组织法规定："涉及全体居民利益的重要问题，居民委员会必须提请居民会议讨论决定。"如"村改居"后原村集体资产处置问题，经济合作社社员或股份合作社股民资格认定问题，股权量化问题，集体经济收益分配问题，举办公共事务和公益事业的项目，生活困难居民的认定和救助问题等等，涉及每户、每人的利益，必须让居民充分讨论，在沟通讨论中逐步增进共识，甚至各方作一些让步和妥协，并最后在居委会的主持下由居民会议或户代表会议经民主程序来决策。

（五）健全"村改居"社区居民委员会日常工作制度

"村改居"后，社区居委会要把工作重点进一步转移到社区管理和服务上来，按照居民活动空间最大化、服务设施效益最优化的要求，改进社区居民委员会服务场所管理，方便居民群众使用。建立健全社区居民委员会与驻区单位协商议事制度，推行分片包块、上门走访、服务承诺、结对帮扶等做法，密切社区居民委员会工作人员与社区居民的关系。实行错时上下班、全日值班、节假日轮休等工作制度，方便群众办事。建立健全社区党组织与社区居民委员会联席会议制度，规范社区居民委员会财产、档案、公章管理，确保社区居民委员会工作有效开展。

第四章

适应性转变中"村改居"社区党组织建设

"村改居"转型的突出特征表现为农村基层组织形态向城市基层组织形态转变,这种转变不仅仅意味着村民委员会向城市居民委员会的转变,同时也是这一组织体系的核心——党组织的领导方式、工作机制的适应性转变过程。如何及时调整"村改居"社区党组织的设置?如何构建与城市化发展相适应的区域化党建工作格局?如何发挥"村改居"社区党组织的战斗堡垒作用和党员先锋模范作用?这些都是"村改居"社区党建需要回答的现实问题。本章拟就此开展一些研究。需要说明的是,讨论"村改居"社区党组织建设,不能只局限于目前法定社区——居委会辖区这一层面来讨论,还要从街道层面和居民小区层面加以考察。这不仅符合新时期我国社区党建工作的实际,也有助于我们全方位理解和推进社区党组织的建设。

第一节 城市社区党组织建设的提出及其发展

如前面几章所述,在我国,"村改居"社区是在法定社区的意义上被理解和使用的。"村改居"社区的前身为农村社区,但由于城市化的发展被纳入城市规划区,由农村基层组织建制转变为城市基层组织建制,并纳入城市管理体制,居民在户籍上也由农民转变为市民。从这一意义上而言，"村改居"后的社区已属于城市社区。因此，研究"村改居"社区党组织建设，首先需要对城市社区党组织建设兴起的背景、城市社区党组织建设的发展及其组织体系架构作必要的考察。

一 城市社区党组织建设兴起的背景

（一）经济体制改革导致城市社会结构的变化，对城市基层党组织的政治整合提出了新的要求，社区党建正是在这一背景下兴起的

在传统的计划经济体制下，"单位"不仅是城市居民就业从而获得经济收入、福利保障和社会身份的场所，也是党和政府进行社会管理的基本单元。而街道办事处和居委会的职能有限，扮演的只是"单位"体制拾遗补缺的角色。进入改革开放新时期后，随着以市场为取向的经济体制改革的深入，具有浓厚计划经济特征的"单位制"开始弱化，"单位"的社会管理服务功能不断削弱，特别是，我国社会开始由计划体制向社会主义市场经济体制转变。这一变革促使国有企事业单位的职能发生变化，企事业单位各自的组织目标和职能定位越来越明晰，逐渐告别"大而全、小而全"的"单位办社会"的模式，并将其原先承担的社会性事务剥离出来。与此同时，政府也不再扮演包办一切经济社会事务的"全能型政府"的角色，开始寻求符合经济社会发展要求的新定位。企事业单位剥离和政府转移出来的社会性职能该由谁来承接？这个问题现实地摆在人们面前。另一方面，随着工业化、城市化的推进，大量农村剩余劳动力涌入城市，经济体制和社会管理体制改革的深化也促使社会流动人口增加，再加上退休、下岗和无业人员，以及个体经济、私营经济、三资经济中的从业人员，这一切都使得城市基层社会的人口管理和服务工作日益繁杂。而城市经济和社会结构的变化，又带来了大量市场解决不了、政府又解决不好的问题，这些问

题本质上都关系到居民的切身利益，迫切需要加以解决。社区服务和社区建设也正是在这一背景下提出的。面对经济体制改革、城市化带来的基层社会管理任务的加重，政府也开始主动将管理重心下移，政府的管理方式也发生了一些适应性的转变，由原来"条块分割"管理向"条块结合，以块为主"的管理转变，以街道办事处和居委会为组织依托的属地化、社会化管理体制（实际上是社区体制）在城市基层社会管理服务中的地位日益凸显，并越来越占有重要的地位。

经济体制改革导致城市社会结构和管理格局上的这种变化，即国家与社会关系的调整，对执政党的政治整合提出了新的要求。因为，中国共产党是我国的执政党，也是基层社会政治整合的核心力量。但以往在计划经济体制下，党的基层组织主要依托于"单位"。在"条强块弱"并且"条块分割"的情况下，不仅党的组织资源和优势主要集中在机关、企事业单位，街—居层面党组织资源不足，作用也十分有限；而且单位党组织和街—居党组织分别在各自所属范围担任领导责任，独自开展群众工作，由此形成了楚河汉界的隔离，难以形成联动机制。显然，这种组织设置和工作方式是不适应城市社会结构和管理格局变化要求的。此外，经济体制改革催生了个体经济、私营经济、三资经济的发展，"在多种所有制共同发展的情况下，原来完全依照行政建制设置的基层党组织的方式已经明显地不适应新的形势"。① 社区党建就是适应这一要求而提出的。

（二）党的领导落实到基层社会和巩固党的执政基础的要求

中国共产党一向注重基层党组织建设，在新民主主义革命时期的一个宝贵经验就是把"支部建在连上"。此后这一制度一直坚持，成为我党我军的优良传统。历史已经证明，"支部建在连

---

① 臧杰斌：《城市街道社区党建读本》，中国社会出版社，2003，第12页。

上"确保了党对人民军队实行绝对的领导，是中国革命取得胜利的重要保证。

新中国成立后，中国共产党成为执政党，为了将党的领导落实到基层，一直重视基层党组织建设。在组织体系上，城乡基层政权都由同级党委领导。在城市的企事业单位也都设置了党的组织，单位的各项工作都在党的领导和组织下进行。而街道办事处和居委会层面党组织的规模小，其作用限于对所属数量较少的党员的管理和教育等党务工作上，不负有全面的领导责任。在农村，人民公社时期，在公社设立公社党委，在生产大队层面设置党支部。当然，这一时期，存在着"党政不分""政企不分""政社不分"的弊端，基层党组织包办了许多政务、经济管理和社会事务。人民公社解体后，农民群众自己创造的"村民委员会"作为"群众性自治组织"于1982年得到宪法的确认，1987年11月通过的《村民委员会组织法（试行）》虽然没有关于农村党组织的条款，但各地在村级组织建设中设置了党支部。1998年正式颁布的《村民委员会组织法》增加了"中国共产党在农村的基层组织，按照中国共产党章程进行工作，发挥领导核心作用；依照宪法和法律，支持和保障村民开展自治活动、直接行使民主权利"的规定。自此，农村基层党组织的职能和定位被法律确定。在城市，随着城市基层管理体制改革的深入，街道、社区已成为我国城市管理的基层单元，社区又是居住在同一区域里的居民的社会生活共同体。不论是常住人口，还是暂住和流动人口，都聚居于社区。此外，新经济组织、新社会组织也活跃于社区，但它们与地方政府没有直接的行政隶属关系。要巩固党的执政基础，做好新形势下的群众工作，就必须拓展党的基层工作的覆盖范围，将党的工作由单位向街道和社区延伸。早在2000年，江泽民同志就指出："随着改革的深化，原来由党政机关和企事业单位承担的社会服务、社会管理和社会保障功能逐渐分离出来，很多事情要靠街道、居委会来做。一些非公有制企业、社会团体和民办机构在街道社区落户，离退休人员、待业人员、外地务工人员大量进入社区，社区成了各类矛盾反映比较敏感的汇聚地。搞好社区党的建设,实质就是打牢党在城市工作的组织基础和群众基础。"[①] 可见,加强社区党的建设,关系到巩固党的执政基础。"基础不牢, 地动山摇。"要巩固党的执政基础,就必须高度重视社区党的建设, 提升党在社区的领导力和影响力,做到哪里有群众,哪里就有党的 工作,哪里有党员,哪里就有党组织。

(三) 发挥基层党组织作用的需要

党的基层组织是中国共产党实现组织动员的最重要载体,是党 员活动的最重要阵地,也是执政党执政的最重要的基础。党的十七 届四中全会再一次强调:"党的基层组织是党的全部工作和战斗力 的基础,是落实党的路线方针政策和各项工作任务的战斗堡垒。" 而"社区党组织是党在社区全部工作和战斗力的基础,是社区各类 组织和各项工作的领导核心"。[②] 正如有的研究者所指出的,"社区 党组织不是一般的社区组织,不能等同于社区自治组织,也不能等 同于社区志愿者服务组织及社区社会组织,而是执政党的基层组 织。承担着加强党的执政能力,巩固党的执政地位的重任,有着自 己独特的政治功能"。[③] 这些功能主要表现为政治整合、宣传教育、 社会动员等。社区党组织的这种功能和作用是其他社区组织包括居民 委员会所不具有的。并且,社区建设和基层社会管理体制改革越是深 入推进,越需要发挥街道社区党组织的领航功能,发挥街道社区党组 织"推动发展,服务群众,凝聚人心,促进和谐"的政治核心作用。

二 城市社区党组织建设的过程及其组织体系架构

(一) 城市社区党组织建设的过程

为适应新时期城市基层管理和社区建设的需要,2000 年,中

---

① 江泽民:《论"三个代表"》,中央文献出版社,2001,第 14 页。
② 中共中央办公厅、国务院办公厅:《关于加强和改进城市社区居民委员会建设工 作的意见》,http://news.xinhuanet.com/politics/2010 - 11/09/c_ 12755572. htm。
③ 杜德印主编《社区党建工作创新研究》,中国社会出版社,2009,第 52 页。

共中央办公厅、国务院办公厅发布了《关于转发〈民政部关于在全国推进城市社区建设的意见〉的通知》。民政部在全国推进城市社区建设的意见中专门就加强社区党组织建设提出："要按照《中国共产党章程》的有关规定，结合社区党员的分布情况，及时建立健全社区党的组织，开展党的工作。社区党组织是社区组织的领导核心，在街道党组织的领导下开展工作。其主要职责是：宣传贯彻党的路线、方针、政策和国家的法律法规，团结、组织党支部成员和居民群众完成本社区所担负的各项任务；支持和保证社区居民委员会依法自治，履行职责；加强党组织的自身建设，做好思想政治工作，发挥党员在社区建设的先锋模范作用。"2004年，中共中央组织部在1996年印发的《关于加强街道党的建设工作的意见》的基础上，又颁发了《中共中央组织部关于进一步加强和改进街道社区党的建设工作的意见》，以指导和推进城市社区建设和社区党建工作。

各地城市积极探索适应新时期需要的社区党建工作的体制和运行机制，将街道党委改成党工委，对辖区范围内地区性、群众性、公益性、社会性的工作全面负责。建立了街道党建联席会议制度，加强了对属地内各单位党组织的综合协调能力。在社区，党的组织实现"一社区一支部"，一些党员多的社区还建立了党总支或党委。在社区建设中，党支部发挥着领导核心作用，对社区其他组织和社区总体工作实施政治领导，支持和保障其他社区组织依法独立行使职权。同时，教育和引导党员（包括离退休党员、在职党员、流动党员）在社区发挥先锋模范作用，特别是加强了对流动党员的管理，开展党员的双向登记，一些社区还成立了暂住人口党员支部。经过建设，以街道党工委为核心，以社区党支部（总支）为基础，社区内各单位党组织和社区全体党员共同参与、条块结合的社区党建工作机制初步形成，与之相适应，社区党组织的体系架构也初步形成。

（二）城市社区党组织体系架构

广义的社区党组织体系分为街道党组织、法定社区党组织、居民小区(小组)党组织几个不同的层次。

街道党组织是中国共产党在街道设立的组织。从管辖范围和层级关系看,街道辖区涵盖和统辖法定社区即居委会辖区,因此,从这一意义上说,街道党组织体系包括街道党委(近年来,一些城市改设为街道党工委,作为区委在街道层面设立的工作委员会)、社区党支部(或总支或党委)、街道办事处机关党支部、街道办事处直属企事业单位党组织。但如果不从组织体系而从层次上讲,街道党组织主要指街道党委(或党工委)、街道办事处机关党支部,而不包括居委会层面党的支部(或总支)委员会和直属企事业单位党组织。

法定社区党组织是指中国共产党在居委会辖区设立的组织,也即狭义的社区党组织。社区建设开展以来,法定社区党组织建设受到高度重视,初步形成体系,包括社区整合后建立的社区党支部(一些社区设置为总支、党委)、居民小组或居民小区党组织(党小组或党支部)、社区范围内"两新"组织(新经济组织、新社会组织)中建立的党组织和联合成立的楼宇党组织等。其中,社区党支部(总支、党委)又处于领导核心地位,是党在社区全部工作和战斗力的基础,是社区各类组织和各项工作的领导核心。

居民小区(小组)党组织是中国共产党在居民小区或居民小组设立的党组织,以往多为党小组,随着社区党员(包括企业退休党员、流动党员等)的增多,目前有的居民小区(小组)成立了党支部。

"两新"组织中的党组织则是中国共产党在新经济组织和新社会组织中建立的党组织,在党员人数少的情况下,"两新"组织的楼宇还可联合成立楼宇党组织,以实现哪里有党员,哪里就有党组织。在"两新"组织中建立党组织,是中国共产党在新时期基层党组织建设工作上的创举,不仅使新经济组织和新社会组织中的党员有正常的组织活动,而且有利于发挥党组织的影响力,通过党组织的群众工作影响和带动其他非党员群众。

在"村改居"社区建设中,街道党工委、社区党总支、居民区党小组的作用是不完全一致的。街道党工委作为城区党委的派出机构,是街道各种组织和各项工作的领导核心,主要围绕地区性、社会性、群众性、公益性的工作发挥领导核心作用。

目前，我国城市社区党的组织体系架构大体如图 4-1 所示。

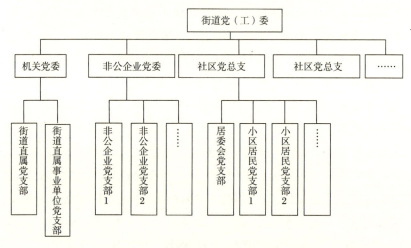

图 4-1　我国城市社区党组织体系架构

第二节　城市化背景下的"村改居"社区党组织

研究"村改居"社区党组织，不仅要将其置于社区建设的背景下考察，还要置于我国城市化的背景下思考。

一　农村基层党支部与城市社区党组织比较分析

农村基层党支部与城市社区党组织的领导方式、工作机制既有同又有异。

（一）农村党支部与城市社区党组织作为基层党组织的共同点

街道、乡、镇党的基层委员会和村、社区党组织都是中国共产党的基层组织。《中国共产党章程》第五章《党的基层组织》第三十一条规定："党的基层组织是党在社会基层组织中的战斗堡垒，是党的全部工作和战斗力的基础。它的基本任务是：（一）宣传和执行党的路线、方针、政策，宣传和执行党中央、上级组织和本组织的决议，充分发挥党员的先锋模范作用，团结、组织党内外的干部和群众，努力完成本单位所担负的任务。（二）组织党员认真学习马克思列宁主义、毛泽东思想、邓小平理论和'三个代表'重要思想，学习科学发展观，学习党的路线、方针、政策和决议，学习党的基本知识，学习科学、文化、法律和业务知识。（三）对党员进行教育、管理、监督和服务，提高党员素质，增强党性，严格党的组织生活，开展批评和自我批评，维护和执行党的纪律，监督党员切实履行义务，保障党员的权利不受侵犯。加强和改进流动党员管理。（四）密切联系群众，经常了解群众对党员、党的工作的批评和意见，维护群众的正当权利和利益，做好群众的思想政治工作。（五）充分发挥党员和群众的积极性创造性，发现、培养和推荐他们中间的优秀人才，鼓励和支持他们在改革开放和社会主义现代化建设中贡献自己的聪明才智。（六）对要求入党的积极分子进行教育和培养，做好经常性的发展党员工作，重视在生产、工作第一线和青年中发展党员。（七）监督党员干部和其他任何工作人员严格遵守国法政纪，严格遵守国家的财政经济法规和人事制度，不得侵占国家、集体和群众的利益。（八）教育党员和群众自觉抵制不良倾向，坚决同各种违法犯罪行为作斗争。"上述规定是包括街道、乡、镇党的基层委员会和村、社区党组织在内的所有党的基层组织的共同任务，也是所有党的基层组织的共性。

同时，《党章》第三十二条还规定："街道、乡、镇党的基层委员会和村、社区党组织，领导本地区的工作，支持和保证行政组织、经济组织和群众自治组织充分行使职权。"这是对街道、乡、镇党的基层委员会和村、社区党组织领导地位的规定。但是需要指出的是，在不同性质的基层单位，党的基层组织的地位和作用是不同的。《党章》对此也有明确规定。国有企业和集体企业中党的基层组织，发挥政治核心作用，围绕企业生产经营开展工作，保证监督党和国家的方针、政策在本企业贯彻执行；参与企业重大问题的决策；领导思想政治工作、精神文明建设和工会、共青团等群众组织。非公有制经济组织中党的基层组织，贯彻党的方针政策，引导和监督企业遵守国家的法律法规，领导工会、共青团等群众组织，团结凝聚职工群众，维护各方的合法权益，促进企业健康发展。实行行政领导人负责制的事业单位中党的基层组织，发挥政治核心作用。实行党委领导下的行政领导人负责制的事业单位中党的基层组织，对重大问题进行讨论和作出决定，同时保证行政领导人充分行使自己的职权。国家机关中党的基层组织，协助行政负责人完成任务，改进工作，对包括行政负责人在内的每个党员进行监督，不领导本单位的业务工作。①

（二）农村党组织与城市社区党组织的职责分析

由于城乡二元结构的存在，加之农村和城市生产与生活具有各自的特点，即便是作为党的基层组织，农村党组织与城市社区党组织的主要职责也不尽相同。

在我国，农村党组织有乡、村两级组织，而村级党组织是农村党组织最基层的组织，一般设为村党支部。村党支部是本村各种组织和各项工作的领导核心。《中国共产党农村基层组织工作条例》规定，村党支部的主要职责是：①贯彻执政党的路线、方针、政策和上级党组织及本村党员大会的决议。②讨论决定本村经济建设和社会发展中的重要问题。需由村民委员会、村民会议或集体经济组织决定的事情，由村民委员会、村民会议和集体经济组织依照法律和有关规定作出决定。③领导和推进村级民主选举、民主决策、民主管理、民主监督，支持和保障村民委员会依法开展自治活动。领导村民委员会、村集体经济组织和共青团、妇代会、民兵等群众组织，支持和保证这些组织依照国家法律法规及各自章程

---

① 《中国共产党章程》（第1版），人民出版社，2012，第46~48页。

充分行使职权。④搞好支部委员会的自身建设，对党员进行教育、管理和监督。负责对要求入党的积极分子进行教育和培养，做好发展党员工作。⑤负责村、组干部和村办企业管理人员的教育管理和监督。⑥搞好本村的社会主义精神文明建设和社会治安、计划生育工作。①

关于城市社区党组织的主要职责，目前，中央文件尚未统一作出规定，但各地城市出台的文件对此有大体相同的规定。下面，我们按照时间顺序列举几种有代表性的政策文本。

2001年北京市朝阳区委朝阳区人民政府《关于城市社区党组织工作的若干规定（试行）》中将社区党组织的主要职责和主要任务规定为：①宣传党的路线、方针、政策，加强党组织自身的思想、组织、作风建设，贯彻执行上级党组织及本社区党员大会或党员代表大会的决议。②加强城市基层民主政治建设，领导社区自治组织，支持他们依法履行职责，独立自主地开展工作，保证他们通过民主议事和居民自治搞好社区建设，促进社区两个文明建设协调发展。③做好群众的思想政治工作，密切党和群众的联系，帮助解决群众的实际困难，及时疏导和化解人民内部矛盾，维护社会稳定。④加强精神文明建设，组织领导党员、群众开展精神文明创建活动，建设文明社区。⑤以社区党建协调指导委员分会为载体，加强与社区内社会单位党组织的联系，组织、协调开展区域性党建工作。切实加强对社区内群团组织的领导。⑥根据社区建设的需要，建立在职党员、流动党员联络站，组织党员开展社区公益活动，并承担起对党员的监督责任。社区党组织有向在职党员所在党组织反映情况的权利，在职党员所在单位党组织需要了解党员有关情况时，社区党组织应给予支持和配合。⑦协助街道党工委做好对社区工作者的管理、教育、培养、考核和监督工作。②

2002年宁波市海曙区在出台的《社区党组织工作细则（试

---

① 《中国共产党农村基层组织工作条例》：http://www.34law.com/lawfg/law/6/1189/law_253809892446.shtml。

② http://www.chyzg.gov.cn/bjc/ff808081f2d7dbd500f2dbcc3083002d.html。

行)》中，将社区党组织的主要职责规定为：①宣传贯彻党的路线、方针、政策和国家的法律法规，执行上级党组织的决定决议。②研究决定本社区在建设、管理和服务中的重大问题，团结、组织社区党员和群众完成本社区所担负的各项任务。③加强党组织的自身建设，牵头协调社区各级党组织，搞好社区党建，调动社区单位参与社区工作的积极性，加强社区新经济组织、新社团组织的党建工作和各类党员的教育、管理和监督。做好发展党员工作。深化党员"一人一岗"活动，充分发挥党组织和党员在社区各项工作中的战斗堡垒作用和先锋模范作用。④领导社区成员代表大会、社区议事会和社区居委会等群众自治组织和团体，支持和保证它们依照法律和各自章程履行职责。加强对社区工作者的教育、培养和监督。⑤密切联系群众，反映党员和群众的意见和要求，坚持以人为本，搞好社区各项服务，保证社区稳定。⑥领导社区思想政治工作和精神文明建设，引导社区群众遵纪守法，提高素质，创建文明社区。①

2004 年长沙市在《城市社区党组织工作暂行规定》中将社区党组织的主要职责规定为：①宣传和贯彻执行党的路线、方针、政策，团结、组织党内外的干部、群众完成社区各项任务。②讨论决定本社区建设、管理、服务中的重大问题。为居民委员会、居民会议开展工作、作出决定提供组织保障。③领导社区居委会和共青团、妇联等群团组织，支持和保证其依照国家法律法规和各自章程开展工作。④领导社区民主政治建设，保证居民群众依法直接行使民主权利。⑤领导社区精神文明建设和社会治安综合治理工作，大力建设文明社区。⑥服务群众，凝聚群众，维护群众的正当权益。⑦组织、协调驻区单位基层党组织和党员参加社区建设。⑧加强党组织自身建设，搞好党员的教育、管理和服务，做好发展党员工作。⑨做好社区工作者的教育、管理和培养工作。⑩按照有关规定，帮助辖区内非公有制经济组织、

---

① http：//www. baiyun. gov. cn/dangjian/news_ show. asp？ NewsID = 1853.

社会团体和社会中介组织、民办非企业单位建立党组织，开展党的工作。①

2006 年重庆市出台了《街道社区党组织工作规定》（渝委发〔2006〕25 号），文件对街道党工委和社区党委（党总支、党支部）的主要职责分别作出了规定。②

街道党工委的主要职责是：①积极宣传和贯彻执行党的路线方针政策以及上级党组织的决议，组织带领党员干部和群众努力完成所担负的各项任务。②讨论决定本街道城市管理、经济社会发展和社区建设中的重大问题。③领导街道行政组织，支持和保证其依法充分行使职权；领导街道工会、共青团、妇联等群众组织，支持和保证其依照各自的章程开展工作；领导或指导社区党组织及辖区内"两新"组织中的党组织开展党的工作。④领导本街道的思想政治工作、基层民主政治建设和精神文明建设。动员各方力量，整合各类资源，推进社区建设，服务社区群众。加强社会治安综合治理，协调利益关系，维护社会稳定。⑤加强街道党组织自身建设，建立健全社区居民自治组织、群团组织、服务组织、财产组织和社区其他组织，领导以社区党组织为核心的社区组织体系建设。⑥按照干部管理权限，负责干部的教育、培养、选拔、管理和监督工作。协助上级有关职能部门做好其派出机构及其负责人的管理、监督工作。

社区党委（党总支、党支部）的主要职责是：①贯彻执行党的路线方针政策，认真落实党中央、上级党组织和本组织的决议、决定，团结组织干部和群众，共同完成社区各项任务。②讨论决定本社区建设、管理中的重要问题。③领导社区居民自治组织，支持和保障其依法充分行使职权，完善公开办事制度，推进社区居民自治；领导社区群团组织，支持和保证其依照各自的章程开展工作；指导、监督社区服务组织，做好服务群众工作；协

---

① http：//www. dyfw. gov. cn/zstd/ArticleShow. asp？ ArticleID = 388.

② http：//vip. chinalawinfo. com/Newlaw2002/Slc/slc. asp？ db = lar&gid = 16886607.

调好社区各类组织之间的关系，切实维护各方合法权益。④联系群众、服务群众，宣传群众、教育群众，反映群众的意见和要求，化解社会矛盾，维护社会稳定。⑤组织党员和群众参加社区建设。⑥加强社区党组织自身建设，做好党员的教育管理和发展党员工作。

2011年11月，中共中央办公厅、国务院办公厅在下发的《关于加强和改进城市社区居民委员会建设工作的意见》中，对城市社区党组织的领导地位作了明确规定："社区党组织是党在社区全部工作和战斗力的基础，是社区各类组织和各项工作的领导核心。"①

分析以上所列材料，可以看出，村级党组织与城市社区党组织在主要职责上既有共同点，又有不同点。作为基层党组织，它们都要宣传党的路线、方针、政策，加强自身的思想、组织、作风建设，贯彻执行上级党组织及本村（社区）党员大会或党员代表大会的决议；都要推进基层民主政治建设，领导村（居）民自治组织，支持其依法履行职责，开展自治活动；都承担着党员的教育、管理和服务工作，承担着文明村（社区）建设的领导责任。二者的区别在于：第一，村级党组织的一项重要职责是领导和推进村级经济和社会发展，而城市社区党组织主要是领导和推进社区建设，特别是在社区内的社会性、群众性、公益性工作中发挥核心作用，没有领导社区经济发展的职责。第二，与社区居委会承担着更多的社区公共事务和协助政府开展管理服务的职责相联系，城市社区党组织在领导开展社会管理和社区服务方面也承担着更多的职责。第三，村级党组织主要是对本村党员教育、管理；而城市社区党组织还承担着组织协调驻社区单位的党组织和党员、新经济组织新社会组织中的党组织和党员参加社区建设，协调开展区域性党建工作的职责。

---

① 中共中央办公厅、国务院办公厅：《关于加强和改进城市社区居民委员会建设工作的意见》，http://news.xinhuanet.com/politics/2010 - 11/09/c_ 12755572. htm。

二 "村改居"社区党组织的历史方位

(一)"村改居"社区党组织的特殊性

"村改居"不仅要求撤销农村建制的村委会组建城市建制的社区居委会,即"撤村建居",同时需要设置与城市管理和城市居民生活相衔接的社区党组织,实现社区党组织与社区建制同步设置。但"村改居"又是一个过程,"村改居"社区党的组织建设和工作模式也不可能一下子完全与城市社区接轨。置身于城市化进程中的"村改居"社区"亦城亦村",又"非城非村",但城市特质不断增加,因此,"村改居"社区党组织的建设既有与村级党组织和城市社区党组织相通的共性,又有自身的特殊性。

在严格意义上,"村改居"社区党组织不是与村级党组织和城市社区党组织并列的组织类型。笔者在第二章曾指出,"村改居"是在城乡二元结构依然存在的条件下,由政府推动和主导在城市的周边地区或小城镇成建制地实施"农转非"的过程。"村改居"社区正是这一转变过程中过渡性的一环,即由农村组织及其管理体制向城市社区组织及其管理体制转变。与之相联系,"村改居"社区党组织也具有自身的特殊性。它已不属于党的农村基层组织,但又不是完全意义上的城市社区党组织,而是城市化背景下从农村基层党组织向纯城市社区党组织转变的党的基层组织,这是我们认识和把握"村改居"社区党组织的前提。

在"村改居"过程中,建制村(行政村)为法定的"村改居"社区所取代,由此带来一系列的转变和需要解决的问题。"撤村建居"后有了社区,需要建立与城市对接的基层组织管理体制和公共服务体系,新老居民自然对社区服务和管理、社区环境和设施、文化教育、医疗卫生等有了新的需求;原"村籍"居民在市民化的同时,也面临着征地拆迁、转产或转职再就业、社会保障、城市融入等一系列新问题,也需要思想观念、生产生活方式的转变。在社区党建和党员的教育管理方面，也出现了以往农村党建工作模式难以适应"村改居"的新情况。作为"村改居"各类组织和各项工作的领导核心的社区党组织必须主动顺应"村改居"社区的新情况、新变化，在继承以往农村基层党建工作优良传统的同时，针对"村改居"社区自身的特点和城市社区党建工作的要求，完善组织设置、创新工作机制。

"村改居"社区党组织（支部、总支、党委）也是"村改居"社区内各种组织和各项工作的领导核心。其主要职责是：①宣传、贯彻党的路线方针政策和国家的法律法规，执行上级党组织和本"村改居"社区党员（代表）大会的决议；团结、组织党员和群众完成"村改居"社区的各项任务，特别是社会性、群众性、公益性工作。②讨论决定本社区建设和发展中的重要问题和重大事项，需由居民委员会、居民会议或集体经济组织决定的问题和事项，由居民委员会、居民会议或集体经济组织依照法律和有关规定作出决定。③领导和推进"村改居"社区民主选举、民主决策、民主管理、民主监督，支持和保障居民依法开展自治活动。领导居民委员会、集体经济组织和共青团、妇联等群众组织，支持和保证这些组织依照国家法律法规及各自章程充分行使职权。④加强党组织自身建设，落实党内各项制度，做好社区内党员的教育、管理、服务和发展工作，发挥党组织的战斗堡垒作用和各类党员的先锋模范作用。⑤做好"村改居"社区干部和集体经济组织管理人员的教育管理、培养推荐和考核监督工作。⑥密切联系群众，反映群众的意见和要求，化解矛盾，做好群众工作。⑦加强精神文明建设，教育社区居民遵纪守法，保证和促进"村改居"社区管理服务规范化和社会稳定。⑧组织协调社区单位基层党组织和党员、新经济组织新社会组织的党组织和党员参加"村改居"社区建设。

（二）"村改居"社区党组织建设面临的问题

1. 职能定位问题

在不同领域和不同层级，党组织所面临的任务是不同的。在基层社会特别是城市基层社会，需要处理和解决的主要是与居民生活密切相关的社会性、群众性、公益性、地区性的事务。街道办事处和社区居委会正是为解决这些事务而产生和存在的。街道、社区党组织，自然也不能游离于这些事务之外，而必须面对这些事务，发挥领导作用。但目前一些城市赋予街道办事处协税护税、发展街道经济的职能。在经济利益的驱动和经济发展指标的压力下，不仅街道办事处将主要精力放在抓经济上，街道党组织也往往以抓经济为第一要务，而没有紧扣社会性、群众性、公益性、地区性的事务开展工作。近年来，在加强社会建设、创新社会管理的背景下，街道办事处和街道党工委的工作重心开始由主要抓经济向社会性、群众性、公益性、地区性的工作转变。这是积极的变化。如上海浦东新区潍坊街道 20 世纪 80 年代搞街办企业，90 年代搞招商引资，从 2007 年开始，街道不再搞招商引资，将工作重心转向社区建设。但一些城市的街道仍停留在以往的工作模式上，这与加强社会建设和基层社会管理改革创新的要求是不相适应的。在"村改居"过程中，由乡、镇党政组织改为街道办事处和党工委，绕不开职能定位这一问题。因为，乡镇政府有经济建设和管理的任务，而街道办事处是政府的派出机关，负责社会性、群众性、公益性、地区性工作。乡、镇党政组织改为街道办事处和党工委，不只是称谓的变化，还需要在职能定位上有所转变，否则难以回应城市化发展和"村改居"社区居民的新要求。

一些"村改居"社区党组织也未能主动回应城市化发展的要求从而调整工作重心。笔者在第三章曾指出："村改居"的过程中，也是党组织职能分解和转变的过程。在集体资产改制的同时，不仅需要"村改居"社区居委会剥离其前身村委会遗留下来的经济职能，逐步转向社区管理和公共服务，党组织也要适时调整工作重心。但是，受多种因素制约，目前一些"村改居"社区居委会职能转变进展较慢，与之相联系，社区党组织也往往沿用村级党组织时期的工作模式，领导"村改居"社区建设站位还不够高，缺乏城市化背景下对基层社会管理和"村改居"社区建设可持续发展的前瞻性谋划。社区党组织架构已搭起，但社区党建工作制度尚待完善，社会化管理体制下区域化社区党建的格局和机制也尚在形成之中，围绕"村改居"社区的社会性、群众性、公益性事务开展工作并发挥领导作用还不够有力。

2. 领导方式问题

在不同领域和不同层级，党组织所面临的任务是不同的，党的领导方式也应有所不同。如上所述，街道和社区层面所需解决的大量事务属于社会性、群众性、公益性、地区性的事务。这些事务都属于广义的社区公共事务。而社区公共事务的治理需要多主体参与。"村改居"社区因情况复杂，需要解决的问题多，更需要多主体参与治理。街道党工委、街道办事处、政府下派职能部门、驻街道—社区的企事业单位、社区党组织、社区居委会、业主委员会、物业服务机构、社区民间组织、进入社区的新经济组织和新社会组织、新老社区居民等，都是参与社区治理的主体。由于不同的治理主体权力的来源不同，组织的性质和功能也不同。因此，街道层面上的党工委和居民区层面上的社区党支部（或总支）的领导方式不同于国家政权层级上党的领导方式，而且街道党工委与社区党支部（或总支）的领导方式也存在着差别。在各级国家政权，党委对经济、政治、文化、社会建设实施全面领导，行使决策权。而在街道层面，街道党（工）委对街道办事处有直接领导权，对区政府部门派出的职能机构如公安派出所、工商所等有双重领导职能，并且负有组织、协调、指导辖区内机关、企事业单位党组织和党员参与社区建设的职能。社区是居民生活的共同体。在多元主体参与社区公共事务治理的格局中，社区党组织是社区各类组织和各项工作的领导核心，但与社区内的机关、企事业单位、新经济组织、新社会组织等主体之间不存在行政隶属关系。即使是社区党支部与社区居委会的关系也不同于党政组织之间的关系，而是党的基层组织与居民自治组织之间的关系。至于居民区楼院党支部主要是组织党员活动，发挥党员的先锋模范作用，而不是直接行使领导权。目前，一些社区党组织存在着职能泛化的倾向，包办居（村）委会自治事务和集体经济组织管理事务，这与居（村）民自治的社区建设原则相左，也是与"村改居"社区职能分化的发展要求相左的。

3. 能力不足问题

社区建设启动以来，街道、社区党组织的领导地位得到了确立。许多大、中城市，针对街道辖区人口多、企事业单位多、"两新"组织发展迅速、社区建设和社会管理任务重的实际，设置了街道党工委会作为区委的派出机关，对辖区范围内地区性、群众性、公益性、社会性的工作全面负责，增强了其总揽全局的能力。社区党组织在社区各类组织和各项工作中的领导核心地位也被相关法律和政策所确认。为了加强社区建设，街道层面建立了社区党建协调会制度，社区层面建立了社区党建联席会制度，区域化社区党建工作有了组织载体和工作平台。区域化社区党建依靠执政党的组织优势在没有行政隶属关系的各级各类组织之间搭建了"大党建"的平台，弥补了单位党建覆盖面窄的不足，进一步巩固了中国共产党的执政基础，也使社区单位、社区组织参与社区建设有了制度化的工作平台。但我们也必须清醒地看到，在单位体制和条块管理依然存在的情况下，街道特别是社区掌握的资源少，社区党组织的政治动员能力、综合协调能力、渗透力和影响力都不够强。在"村改居"社区，机关、企事业单位少，以往农村党支部也没有协调开展区域化党建的职责。受此影响，"村改居"后组建的社区党组织也缺少这方面的经验，制度和机制建设也不够。由此，"村改居"社区党组织对社区内机关、企事业单位党组织和"两新"组织中党组织参与社区党建的协调能力不足，对社区单位的在职党员和"两新"组织中的党员的影响力弱，在"村改居"社区推动发展、化解矛盾、协调利益、凝聚人心、促进和谐的工作上还不够"给力"。

4. 党员教育、管理的问题

"村改居"社区新老居民身份复杂，就业状况多元，流动人口多，居民流动性高。与之相联系，"村改居"社区中党员的来源和构成也比较复杂，有转为居民的原村民党员，有新入住商品房、解困房小区的居民党员，有退休后在"村改居"社区居住的党员，有高校毕业后将组织关系转回社区的大学毕业生党员，有参军退伍后回到社区的党员，也有在机关、企事业单位或"两新"组织从业的在职党员，还有相当数量的外来流动党员。流动党员既不能正常参加正式组织关系所在党组织的活动，相当数量的流动党员又未将组织关系转入目前居住的社区或务工所在的企业党组织，成为党员教育管理中的"盲点"。即便是原村籍党员，由于"村改居"过程中转职转产也会带来工作地点或者居住地的变动。因此，"村改居"社区中党员的教育、管理远比农村和城市社区难度大，因而不同程度地存在着党员难集中、情况难掌握、活动难保证、作用难发挥的问题。此外，由于受以往村党支部只是教育、管理本村党员的惯性影响，"村改居"后组建的社区党组织还缺少组织协调驻社区单位和"两新"组织中党员参加"村改居"社区建设的经验和机制，还不善于开展流动党员、退休党员的教育、管理、服务工作，对流动党员的教育、管理、服务尤其不够。因而，在"村改居"社区，有党员无组织、有组织无教育无活动的问题还没有得到根本解决。

> 访谈资料：
>
> 党员的管理和教育以组织关系为准，户口不在这里，也可以把党组织关系迁过来，或转来临时组织关系。组织关系迁到我们社区的，我们就管。外来流动人口中，党员其实也不少，但如果不讲，社区党组织也没办法。有的在自己打工的单位（企业）里参加党组织活动，参加我们社区党组织活动的没有几个，就五六个。（编号：11FMNF）
>
> 一些考出去的大学生，毕业后，没有找到正式的就业单位，就将他们的组织关系转回社区，但他们多数不在社区里工作，有的也不住在社区，只是把组织关系挂在社区，要他们过组织生活就比较麻烦啊。你想，有的人是在打工，你说下午来开个会过下组织生活，人家怎么可能会来，请个假要扣好多钱的，而且老板也不一定同意来，是不是？如老板不是党员，更

不会理解这事。所以我们现在组织生活时间都尽量排在休息日，这样还好一点。（编号：12XJXD）

第三节 "村改居"社区党组织建设的主要内容

为了更好地聚焦"问题域"并与本书"村改居社区组织建设研究"的主旨相一致，本节拟讨论的"村改居"社区党组织建设，就层次上而言，限于法定社区即居委会辖区的党组织建设，就内容而言，主要讨论与社区党组织建设相关的内容，即组织体系建设、队伍建设、能力建设。

一 探索和完善符合"村改居"社区实际的社区党组织体系

（一）调整"村改居"社区党组织设置

2010年6月21日下午，中共中央政治局就加强党的基层组织建设问题进行了第二十一次集体学习。胡锦涛同志就加强党的基层组织建设提出四点要求。其中第一点就是，要进一步健全党的基层组织体系，全面推进各领域党的基层组织建设，形成科学严密的组织架构。在"村改居"社区党组织建设中，建立和完善符合"村改居"社区实际的社区党组织体系同样很重要。要适应城市化发展的要求，改变农村村级管理模式，"撤村建居"的同时，同步设置与城市管理和城市居民生活相衔接的社区党组织。根据"村改居"社区党组织建设和党员管理的需要，调整"村改居"社区党组织的设置，对符合条件的社区党支部要及时调整为总支或党委建制。"村改居"社区层面的党组织不仅要建立正式的组织建制，而且要有开展工作的保障，实现"三有一化"，即有人管事（有人员）、有钱办事（有经费）、有处议事（有办公场所），构建区域化党建工作格局。

（二）在居民小组、住宅小区、改制后的集体经济组织中组建党组织

将党的基层组织延伸到"村改居"后设置的居民小组，在新建的住宅小区组建居民党小组，是"村改居"社区党组织建设中的基础工程。党员人数较多的居民小组（住宅小区）可设党支部，在支部之下再设楼院党小组。"村改居"初期，针对居民多为"农转非"人员且尚处于转型中的实际，党小组或党支部的设置应根据党员分布，本着就近、便于活动兼顾人群特征的原则，在原村民小组改为居民小组的基础上组建。在新建的商品房、安置房、解困房等住宅小区，也要在组建新的居民小组的同时增设新的居民党小组（或支部）。党组织向居民小组（住宅小区）和楼院的这种延伸，可以更好地与居民自治的组织体系相衔接，相互强化。"村改居"过程中的原农村村级集体经济组织也要根据资产改制的进展情况，在条件成熟后建立党小组（或支部）。随着产业非农化、居民市民化、新老居民融合的推进，社区党组织要逐步实现与城市基层管理体制和城市社区党组织体系对接，"消除原行政村和经济合作社的影响，逐步实现按照党员的年龄、行业、居住楼群划分下属党支部或党小组"。[①] 可设置纯居民党员（包括退休职工、无业失业党员）组成的社区党小组（或支部），而改制后的社区股份合作社等新集体经济组织的从业人员和其他社区从业人员则应按职业或就业组织来组建党的基层组织。

他山之石：石家庄市桥东区"双轨制"破解"村转社区"党建难题

桥东区区委针对"村转社区"服务管理和发展经济的双

---

① 郑春牧：《"村改居"社区党的基层组织建设的探索与实践》，http://www.12371. gov. cn/djllcxysjzqlt/sxjs1/2011/05/24/15561490979. html。

重任务，在社区和股份公司分别成立党组织，统一归镇（街道）党（工）委管理，明确规定公司在职职工党员进入公司党总支，社区党员、退休党员、流动党员等进入社区党总支。社区党组织是社区各种组织和各项工作的领导核心，主要职责是抓好社区党建工作，领导居委会开展工作，管好用好供水、供电、教育、卫生、文化等公共设施，整合各种资源，为居民群众服务。股份公司党组织的主要职责是抓好企业党建工作，参与经济决策、凝聚股民力量、推动企业发展，确保集体资产保值增值。两个党组织互为依托、相互支持，并建立了书记联席会议制度，社区重大事项决策、重要经费开支，由社区党组织书记和公司党组织书记共同商议决定。"双轨制"党建新模式的运行，使社区党组织和公司党组织目标明确、责任清晰，党员教育管理逐步规范化，党员发挥作用有了新的平台。各"村转社区"都建立了社区服务中心、文化中心、求助中心，实施了"实事承诺制""居民事务代理制"。各股份公司凝聚力量加快经济发展。公司在取得经济效益的同时，股民也得到了实惠。而今，群众少了怨气，多了喜气，呈现文明祥和的气象。①

（三）在社区流动党员中组建党组织

自20世纪90年代以来，由于工业化、城市化、市场经济的推动，我国人口的流动性持续走高，其中党员的人数也越来越多。部分党员离开正式组织关系所在地外出务工或经商，而在较长时间内无法正常参加正式组织关系所在地党组织的生活，于是出现了所谓的流动党员。由于从业方式多样且流动频繁，对流动党员的教育管理也成为新时期基层党组织建设的一大难题。城市社区和"村改居"社区作为流动党员主要的居住地和生活场域，在流动党员管理

---

① 李旭阳：《"双轨制"："村转社区"党建新模式》，《党建》2010 年第 9 期。

和教育中发挥着独特的作用。"村改居"社区党组织不仅要承担起流动党员的管理教育和服务工作，有条件的社区还要在社区流动党员中组建党小组（或支部）。

（四）在"两新"组织和商用楼宇（市场）组建党组织

近年来，新经济组织和新社会组织在我国得到了快速发展，新经济组织中的个体、私营等非公有经济组织，新社会组织中的民办非企业单位也纷纷在"村改居"社区建立，吸引了部分本地户籍党员或外地户籍党员进入就业。这些"两新"组织一般规模小、分布散，又是体制外组织。但党的建设和群众工作都要求在这一领域拓展党的组织设置，这也成为社区党组织建设的重要内容。这就要求社区党组织在这一领域探寻新的组织形式，如根据党员人数采取单独组建、联合组建、挂靠组建等形式。新建的商用楼宇和市场也要根据党员的人数组建党组织的基层组织，以扩大党组织覆盖面。

"村改居"社区党组织体系建设的目标是要形成党（工）委建在街道，党总支建在社区，党支部建在小区，党小组建在楼院的组织体系。努力做到有群众的地方就有党的工作，有党员的地方就有健全的党组织，有党组织的地方就有正常的组织生活和坚强的战斗力。

二 大力推进"村改居"社区党员队伍建设

（一）"村改居"社区党组织领导班子和党员队伍现状

在研究中，我们曾对 14 个"村改居"社区的党组织进行了实地调查（相关数据见下表）①，其中党委建制的 2 个，总支建制 3 个，支部建制 9 个。相关数据如图 4-2 至图 4-4 所示。

---

① 2011～2012 年我们曾对厦门市、福州市、南京市、广州市、晋江市的 14 个"村改居"社区进行了调研，数据资料来自调研时收集的资料。

社区党组织班子 平均人数	平均年龄	平均党龄	在社区任职 平均年限	在居委会交叉人数
5.57	47	15.58	12.07	2.36

年龄结构 20~35岁的占11.54%，36~45岁的占35.90%，46岁及以上的占52.56%。36岁以上的人员多数为原村委会干部留任的。

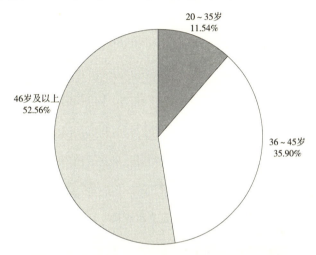

图4-2 "村改居"社区党组织领导班子年龄结构

学历层次分布 初中占20.51%，高中占34.62%，大专及以

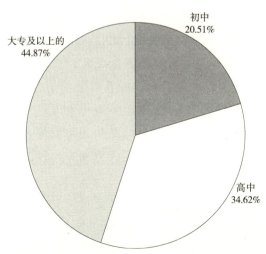

图4-3 "村改居"社区党组织领导班子学历结构

上的占 44.87%。这表明学历层次偏低。

性别比例 男性占 72.73%，女性占 27.27%。这与城市社区也有差别。

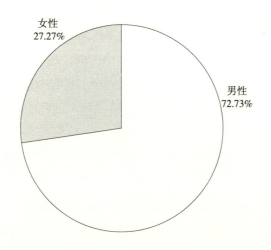

图 4-4 "村改居"社区党组织领导班子性别比例

从以上抽样数据分析中可以看出，目前"村改居"社区党组织班子多为留任的村干部，平均年龄较"村改居"社区居委会的稍大一些，达到 47 岁。如果考虑党组织中又有挂职下派干部和大学生村官的话（挂职下派干部和大学生村官很少在"村改居"社区居委会任职），平均年龄还会比社区居委会的更大一些，特别是 46 岁以上者所占比例较居委会高出 11% 多。党组织班子整体学历层次近年来有了提高，大专及以上学历已占 44.87%，这是进步，当然与城市社区相比还是有差距的。上述数据表明，"村改居"社区党组织班子成员的结构还需要进一步优化，整体素质也需进一步提高。为此，必须大力推进"村改居"社区党组织干部队伍建设。

社区所管理的党员通常称为社区党员，上述 14 个"村改居"社区中社区党员队伍的情况如下表所示。

组织关系在社区的党员	20～35岁的党员	36～45岁的党员	45岁以上的党员	大专以上学历的党员	大学毕业后将组织关系转回社区的大学生党员	退休后将组织关系转回的党员
总人数（112） 男（73）女（29）	33	23	56	31	16	19

从数据资料统计表中可以看出，"村改居"社区党员中35岁以下的年轻党员中，大学毕业将组织关系转回来的大学生党员占有相当的比重，但他们中的多数实际上并不在社区工作，有的甚至也不居住在本社区，因而难以在本"村改居"社区发挥党员作用。其余"村改居"社区党组织所管理的党员的年龄普遍偏大，这不能不影响社区党组织先进性和战斗力的发挥。因此，需要在"村改居"社区年轻居民中积极培养发展新党员，以补充新鲜血液。

（二）提升社区党组织班子的整体素质

"村改居"社区党组织肩负着领导社区各种组织和各项工作的重任，有一个好班子很重要。这就要求社区党组织班子的成员必须素质高、作风正、能力强。社区党组织书记、副书记更应体现先进性，有广泛的群众基础。为此，需要拓宽选人用人渠道。一是留任，即原村党组织的优秀干部在"村改居"社区党组织组建中通过选举继续留任。这些干部了解情况，有群众基础和工作经验，他们的留任有利于"村改居"社区各项工作的平稳推进。二是面向社会选拔。通过面向社会招考等方式，选拔一批年富力强、文化程度高的专职社区工作者，包括专职社区党务工作者，通过选举可成为社区党组织委员，还可担任书记或副书记。三是从社区其他居民党员、退休党员、外来务工党员中选用。随着退休人员大量进入社区，"村改居"社区中的退休党员也增多，其中有些老同志身体健康、热心社区工作，又有较强的组织协调能力和丰富的党群工作经验。要注意推选这些退休党员担任"村改居"社区党组织或居民区党组织负责人，发挥他们的作用。在"村改居"社区，普通居民党员和外来务工党员中也不乏优秀人才，吸收其中有能力、党性强又愿意为社区居民和党员服务的同志进入社区党组织班子，更能体现和发挥基层党组织的先进性和代表性。要更新观念，为他们能够进入社区党组织发挥作用创造条件。四是选派区街干部和优秀大学毕业生"村官"到"村改居"社区挂职，担任社区党组织领导职务，这有助于改善"村改居"党组织班子的结构。总之，要适应城市化进程的要求，拓宽选人用人渠道，克服"少数人选人，从少数人中选人"的不足，全面提升"村改居"党组织班子成员的素质。

相关讨论：2011年，我们在赴南京市进行调研时了解到，南京市JY区在社区建设中，为了加强对社区建设的领导和支持，社区党组织书记由下派区、街干部担任，社区书记成为区管干部，高配为副处级。

高配社区党组织书记的这种做法，自然能强化社区党组织的行政权威，但这一做法也有值得反思的地方。有的基层分管领导就认为：

> "社区书记高配带来的好处是暂时的，社区居委会是群众性自治组织，是没有行政级别的，把副处级公务员派下去担任社区党组织的书记，也就把社区书记岗位行政化。行政化力量过多地介入，短期内看上去见成效，但从长远发展看，不利于社区自治力量的培育和成长。社区的人员结构不宜太复杂。"（编号：11NJMJ）

这里涉及目标与手段的关系，也涉及近期目标与长期目标的关系，还涉及党政管理与居民自治的关系。手段要服务于目标的实现，近期目标还要与长期目标相衔接，党政管理与居民自治又要形成良性互动。所以，在制度设计上要通盘谋划。加强社会管理必须与创新社会管理体制相结合，而不能靠强化行政权力甚至泛化行政权力来实现。

近年来，与村（居）自治实践相呼应，一些城乡基层党组织在换届中探索"双推一选"，即由党员和群众公开推荐党组织班子候选人，再由全体党员（代表）大会直接差额选举产生党组织班子成员。这种选举方式扩大了党内民主，受到各级党和政府的重视。一些学者也对此进行了专门的调查研究①。在"村改居"社区，要按照"两办"文件"以扩大党内基层民主带动社区居民民主"的要求，实行社区党组织班子成员由党员和群众公开推荐与上级党组织推荐相结合，逐步扩大社区党组织领导班子直接选举范围。

由于"村改居"社区规模和党员人数差异较大，社区党组织（支部）班子人数少的只有3人，总支一般为5人或7人，而党委建制的一般为7人或9人。社区党组织班子职数要本着精简、高效的原则，根据社区规模和党员人数确定。同时，社区党组织书记与社区居委会主任可实行"一肩挑"，党组织委员与社区居委会委员也应适当交叉任职。这样不仅可以避免部分岗位的"空转"，而且有利于形成党组织与群众自治组织工作上的合力。此外，包括社区党组织成员在内的社区党务工作者以专职为主，但又要专兼职结合，不能因社区工作者的职业化要求，而搞"一刀切"。社区工作者的职业化是必要的。因为，随着社会的进步和发展，居民对社区服务的需求不断增加，政府的部分公共服务和管理的职能也需要向社区下沉，这就需要一批专职的社区工作者在社区层面上开展这些服务和管理工作，以更好地提升服务和管理的质量。街道层面的社区服务中心、社区层面的社区服务站以及近年来有些城市设置的社会工作机构等正是适应这一要求而设置的。而社区居委会和社区党组织是群众自治组织和基层党组织，其工作又主要是群众性、社会性、公益性的工作。社区党组织和居委会成员不宜完全专职化，"村改居"社区更是如此。否则，社区中居民党员、退休党员、外来务工党员中的优秀人才进入党组织班子的渠道便被堵塞。即便是"村改居"后留任的干部，也不宜"一刀切"要求他们都转为职业化的社区工作者，成为领工资的上班族。这在经济状况相对较好的"村改居"社区也是不现实的，这也不利于基层群众工作的有效开

---

① 潘冠瑾：《社区党组织"公推直选"的实践与思考——以杭州市的实践为例》，《中共浙江省委党校学报》2011年第1期。

展。此外，在年龄、知识、性别结构上，也要逐步优化，以形成班子集体团队的互补优势。

三　大力推进“村改居”社区党组织能力建设

在新形势下，能力建设对党组织具有重要意义。而社区党组织能力建设是目前社区党建的薄弱环节。随着社区党建中硬件设施、办公设备的完善，以及社区党的建设各项制度的完善，社区党组织能力建设问题日益突出出来。

社区党组织能力建设主要有如下几个方面。

（一）政治动员能力

社区党组织作为党的基层组织，首先是一个政治组织，因此，要宣传贯彻党的路线、方针、政策，保障社区建设和精神文明建设的健康发展。这些任务看上去是“软任务”，却是衡量基层党组织是否具有“真功夫”的所在。社区党组织要成为党在社区全部工作和战斗力的基础，首先要具有政治动员能力。在“村改居”社区，社区党组织要动员党员发挥先锋模范作用，协调和动员驻社区的各类单位和组织开展社区共驻共建，动员新老居民多渠道、多形式参与“村改居”社区建设，共同建设文明祥和的社会生活共同体。尤其要发扬党的群众工作的传统，并在社区建设中加以创新，将“村改居”社区中的居民群众吸引过来、团结起来，形成合力。

（二）综合协调能力

在当今我国大陆，参与社区建设的主体是多元的。不仅有来自街道党工委、街道办事处、政府下派职能部门的外部力量，在法定社区这一层面上又有社区党组织、社区居委会、业主委员会、物业服务机构、社区民间组织、社区居民等，还有驻社区的企事业单位、落户社区的新经济组织和新社会组织。这些都是社区建设的参与者，同样也都是参与社区治理的主体。在行政权力开始淡出社区的情况下，面对多元主体共存共治的格局，社区党组织需要也必须在社区建设和基层社会整合中发挥总揽全局、协调各方的作用，增强综合协调能力。处于城市化进程中的"村改居"社区，虽然社区组织不像城市社区那样种类多，社区单位相对也少，但人们的利益关系更复杂，而且城乡两种组织管理体制在交替中缠绕纠结，一些社区治理主体又处在发育之中。因此，"村改居"社区党组织更要增强综合协调能力，做好综合协调工作。一是在接受街道党组织领导的同时，与区、街层面的职能机构及其派驻社区的工作人员加强沟通联系，协调开展工作。二是要协调政府部门、社区居委会和其他社区组织、营利和非营利专业服务机构，形成相对完善的社区服务体系。三是对社区内各级各类党组织就社区党建进行综合协调，形成区域化社区党建工作体系，以此整合资源，推动社区共驻共建。四是协调不同人群、不同社会成员的利益关系，促进社区和谐。

（三）影响能力和渗透能力

利用中国共产党作为执政党所拥有的优势，"村改居"社区党组织要通过自己的工作和活动把社区各类组织联系起来，把社区各类人群、新老居民团结起来。通过领导和加强社区居委会、业主委员会的建设，通过领导和加强社区共青团组织、工会、妇联、老年协会等群团组织建设，扩大党组织的影响力、渗透力，提高组织群众、宣传群众、教育群众、服务群众的本领。发挥"村改居"社区党组织的战斗堡垒作用，发挥党员干部的骨干作用，发挥党员的先锋模范作用，凝聚人心，提高社区党组织在社区各类组织和广大居民群众中的影响力。

第四节　加强和创新"村改居"社区党组织工作的若干思考

社区党组织工作需要加强，也需要创新，二者相辅相成。"村改居"社区党组织的工作也是如此。面对改革开放的新形势，面对城市化特别是"村改居"社区建设的新任务，"村改居"社区党组织的工作也需要与时俱进，社区党建的创新，是增强其吸引力、战斗力、凝聚力的要求，是开拓党的基层工作新局面的关键，也是党保持先进性的生动体现。

一 在"村改居"社区建设中发挥领导核心作用的思考

在"村改居"社区建设中，社区党组织要以"推动发展、服务群众、凝聚人心、促进和谐"为目标，创新党组织发挥作用的途径，尤其是要在以下主要工作领域发挥领导核心作用。

（一）围绕"村改居"社区内的社会性、群众性、公益性工作发挥领导核心作用

在城市化发展中，与村委会向城市社区居委会的职能转变相适应，"村改居"社区党组织也要与城市社区党组织的工作任务相衔接，不再直接领导经济建设，而将工作重心转向围绕"村改居"社区内的社会性、群众性、公益性的工作发挥领导核心作用上来。要主动研究"村改居"社区内的社会性、群众性、公益性工作中的重大事项，解决"村改居"过程中面临的问题和矛盾，回应新老居民的服务需要，尤其需要在如下两个方面取得重点突破。

1. 领导完成"村改居"社区集体资产改制

与城市管理接轨进行"村改居"，一项关键性的工作就是要将原村委会承担的集体经济管理职能剥离出来，并将其管理的集体资产进行处置。而如何处置原村集体资产不仅涉及"村改居"社区几乎所有原村民的利益，而且涉及原村民、村集体、政府之间的历史遗留问题。清产核资后是将原集体资产分掉，还是交经济合作社来管理，还是改制为股份合作社经营，各地有不同的做法。这项工作涉及面宽、处理难度大，而且政策性强，并关系到"村改居"后原村民的生计和"村改居"后社区经济发展的走向。可以说，这是

"村改居"过程中一项事关全局的工作，必须在社区党组织的领导下进行。社区党组织要与"村改居"社区居委会联合提出若干方案，发动群众广泛参与讨论，在民主讨论中不断增进共识，优化选择符合本社区实际并为多数群众所认可的方案，最后由居委会召开居民（或户代表）大会表决通过。在此基础上，将社区事务管理和服务职能与集体资产的经营管理职能相分离，使"村改居"社区居委会完成职能转变，最终与城市化发展相衔接。

2. 以服务居民群众为重点，推动建立"村改居"社区服务体系

"村改居"社区党组织不是专门的服务组织，也不是群众自治组织，但又必须在服务群众的工作中发挥领导核心作用。这是由中国共产党全心全意为人民服务的根本宗旨所决定的，也是新形势下建设服务型党组织的要求。不仅社区中的党员要参与力所能及的服务居民群众的工作，社区党组织更要以服务群众为重点，领导构建联系和服务新老居民的工作体系。在"村改居"进程中，不仅要为新老居民办实事、办好事，还要解难事，切实解决居民群众在城市化和"村改居"过程中面临的各种实际困难，推动政府部门和社区组织联手建立惠及各类人群的"村改居"社区服务体系，支持开展失地农民的再就业服务、拆迁居民的安置服务、新老居民的社会保障服务、流动人口的管理与服务、困难家庭的救助和帮扶服务，以及老年人、残障人士、儿童的社区照顾服务，使新老居民特别是弱势人群和边缘人群都能够分享城市化发展和"村改居"社区建设的成果。

（二）在推进基层民主中发挥领导核心作用

20 世纪 80 年代以来，随着新《宪法》和《村民委员会组织法（试行）》的先后颁布，我国广大农村开始实施村民自治，民主选举村委会，开展自我管理、自我教育、自我服务。经过 30多年的实践，村民自治取得了历史性的成就，农村也成为亿万村民学习民主、实践民主、提升民主素养的大学校。伴随着"村改居"的转型，"村改居"社区的建设和管理有了新的内容、新的任务。如何在村民自治实践的基础上继续推进和领导"村改居"社区民主建设，这是"村改居"社区党组织面临的新课题，也是"村改居"社区党组织发挥领导核心作用的重要方面。

首先，"村改居"社区党组织要引导和教育党员及新老居民主动参与社区公共事务和公益事业，行使权利，履行义务。要在推进和领导"村改居"社区自治组织体系和基层民主制度建设中全面落实新老居民的民主权利，切实保障社区居民的知情权、参与权、决策权、监督权，支持社区居民依法直接行使当家作主的权利。在课题研究的调研中，我们了解到"村改居"居民还是比较关心社区公共事务的，特别是原"村籍"居民更关心集体事务，也愿意参与。例如，厦门市黄庄社区就是一个"村改居"社区，在居委会换届中，居民参选率达到98%，在集体资产股份化改制过程中，该社区原居民户代表到会率基本是100%。高参与率既有闲暇时间增多的原因，更表明人们对与自身利益相关的社区事务的关注。这也是"村改居"社区党组织推进和领导"村改居"社区民主建设的可贵资源和社会基础。

其次，要领导和推动民主选举、民主决策、民主管理、民主监督，全面推进居民自治制度化、规范化、程序化，并在各个环节发挥把关作用，逐步健全社区党组织领导的充满活力的社区居民自治机制。

在民主选举方面，要加强对社区居民委员会选举等民主选举工作的领导和指导。社区居委会是居民选举产生的进行自我管理、自我教育、自我服务、自我监督的群众自治组织，而"村改居"社区居委会与社区居民特别是原"村籍"居民的利益关系更密切。因此，"村改居"进程中居民对"村改居"社区居委会的选举还是很关注并投入热情的。但在一些"村改居"社区居委会选举中，也存在宗族势力、"拳头比较硬"的人对选举工作的干扰和操纵，贿选现象也时有发生。因此，社区党组织要发挥组织保障作用，保障选举工作公平、公正、公开，使选举结果真正体现民意，把真正优秀的居民选进居委会班子。要在社区党组织指导下，成立由居民推选产生的居民选举委员会，还可按照民主程序将不参与选举的社区党组织负责人推选为居民选举委员会主任，然后由居民选举委员会主持社区居民委员会选举工作。在制定选举方案、规范选举程序上，社区党组织要积极介入，做到用健全的选举制度切实保障居民的选举权利。在居民代表、居民小组长等的选举中，社区党组织也要发挥领导和指导作用。但社区党组织对各种民主选举的领导主要体现在政策引导、政治把关上，体现在指导制定和实施选举制度、办法上，而不能干预、操控选举。

在民主决策方面，"村改居"社区党组织要领导开展以居民会议、议事协商、民主听证为主要形式的民主决策实践。要在完善社区居民（代表）会议方面发挥领导作用，社区居民会议是社区居民自治的最高组织形式，也是居民参与社区公共事务的重要平台。社区党组织要在完善居民会议制度方面发挥领导作用，包括指导建立居民代表会议、居民议事会、社区居民常务会等形式，以有效地进行议事和决策。

在民主管理方面，要指导开展以自我管理、自我教育、自我服务为主要目的的民主管理实践。2012年2月3日至4日，时任总理温家宝到广东省调研，听取基层干部群众对政府工作的意见和建议。在讨论到村里要开展的一些建设时，温家宝说：村里的事务要坚持由村民作主，一切相信农民，一切依靠农民，依靠村民自治搞好农村社会管理，这是唯一正确的道路。① "村改居"社区的管理同样要依靠"村改居"社区的新老居民。

在民主监督方面，社区党组织要指导开展以居民会议、居务公开、民主评议为主要内容的民主监督实践。居民监督小组或居务监督委员会，应该由不兼任居委会主任的社区党组织负责人担任。

---

① 《破解难题要靠改革开放——温家宝总理就政府工作在广东听取基层群众意见》，《人民日报》2012年2月6日第2版。

（三）在"村改居"社区文化和精神文明建设中发挥领导核心作用

随着经济社会的发展，精神文化生活在居民生活中的地位越来越重要。处于城市化进程中的"村改居"社区居民，对精神文化的需求也在增长。社区文化建设正是因应这一需求而兴起和发展的，精神文明建设更是其灵魂所在。领导开展社区文化和精神文明建设是"村改居"社区党组织的一项重要职责。"村改居"社区党组织要领导其他社区组织和广大居民着重从如下方面开展工作。

1. 立足"村改居"实际，引导和支持各类主体参与社区文化建设

"村改居"社区有自身的发展实际，"村改居"社区文化也要立足于自身的实际去建设。社区文化建设的主体是多元的，在"村改居"社区，更是如此。政府是"村改居"社区文化建设的推动者，也是宏观管理者，并为社区文化事业提供经费支持，但政府不能也不应该越俎代庖亲自组织社区文化活动。社区文化建设也不能只靠社区居委会和少数积极分子去搞。社区全体居民、各类社区组织、驻社区的单位等社区成员，既是社区文化的受益者，也是社区文化的参与者和建设者。家庭是社会的细胞，邻里关系是"村改居"社区中的重要关系。家庭和邻里也是"村改居"社区文化建设中可资利用的自组织资源。民间文体团队或协会能够突破家庭、邻里的狭小范围，将文化活动向更广阔的范围延伸，是社区居民强身健体、自娱自乐、陶冶情操的有效组织形式。社区党组织和社区居委会要积极支持并给予指导，使其成为"村改居"社区文化建设的新平台。社区党组织要拓展"村改居"社区文化建设的思路，吸引和支持各类社区成员广泛参与社区文化建设，通过"节日文化"、"广场文化"、"小区文化"、"文化共建"、"文明创建"、居民健身运动等活动形式，吸引"村改居"社区新老居民广泛参与社区文化活动，并在活动中愉悦身心、培养情趣、增进交流。社区文化有公益性文化（图书室、展览室、科普宣传等）、娱乐性文化、民俗文化、专题文化、休闲文化等多种类型,在多种类型的社区文化活动中,公益性文化需要政府推动和支持,也需要社区党组织和居委会负责出面协调乃至策划;休闲娱乐性文化可由居民自己策划和组织,社区党组织和居委会要给予支持和指导;还有的可交给文化市场来运作。完善的设施和场所是社区文化建设的重要保证。在"村改居"社区文化设施和活动场所建设中,社区党组织要积极发挥自身的组织优势和资源动员优势,特别是利用社区党建联席会这一载体推动文化设施和活动场所的共建共享。

2. 领导开展"村改居"社区精神文明建设

一是要积极引导"村改居"居民自觉适应工业化、城市化的要求,在生活方式、行为方式、价值观念、思维方式、心理结构上完成向城市居民的转型。行为方式和生活方式是社区精神文明的重要层面,它由各种正式或非正式的社区公共生活规则构成,并体现在社区居民的交往、生活、娱乐、学习、经营等行为过程中。文明行为的塑造非一日之功,而不文明行为一旦成为积习,改变起来更需要和风细雨的持续努力。"村改居"社区建设在这方面还面临艰巨的任务,社区党组织必须有意识地发挥领航作用,教育和引导新老居民适应"村改居"后的新环境,自觉接纳城市文明,培养与城市化发展相适应的生活方式、行为方式、心理结构、价值观念、思维方式,尽快融入城市生活。在现阶段的"村改居"社区精神文明建设中,尤其要倡导从基础文明做起,要指导和支持居委会与居民适时制定社区居民文明公约,并教育和引导新老居民争做文明的新市民和社区居民。

二是要加强对"村改居"社区精神文明创建的领导。城市化对"村改居"社区居民的素质提出了更高的要求,为此,"村改居"社区党组织要借建立学习型社会的东风,以学习型社区创建为推动,充分利用、拓展和开发社区现有教育资源,面向"村改居"社区居民开展内容丰富、形式多样的教育培训活动;要主动对接党政部门开展的科教文体法律卫生进社区的工作,积极配合、协调各方并开展多层次、多类型、多样化的宣传教育,提高"村改居"新老居民的科学、文化、法律、思想道德素质,教育和引导居民移风易俗、抵制封建迷信。由于多种原因,"村改居"社区往往各种文化杂陈,社区党组织更要主动自觉担负起发展先进文化、支持健康文化、改造落后文化、抵制腐朽文化的领导责任。在丰富多彩的群众文化创建活动中,社区党组织要发挥领航作用,坚持以社会主义先进文化引领群众性文化创建,注重运用多种手段、通过多种途径开展对新老社区居民的社会主义核心价值体系教育,不断提升"村改居"社区广大居民的思想道德境界,共同营造积极向上、互信互助、平等合作、文明祥和的社区新风尚。

二 创新和完善工作载体、工作机制的思考

(一) 构建"村改居"社区党建区域化工作平台

基于目前我国大多数城市基层社会管理依然沿用街—居体制的现实,这里我们也在现有体制框架下来讨论"村改居"社区党建区域化工作平台的构建问题,即在街道和社区层面分别建立和完善社区党建联席会制度,形成街—居两个层面上的区域化社区党建工作的合力。而关于城市基层社会管理体制的改革创新问题,我们将在本书设专门一章来讨论。

1. 在街道层面建立社区党建联席会

在城市化背景下开展"村改居"社区党建和社区建设,不能只局限于法定社区这一层面去谋划,还要在街道这一更大的层面上来协调推进。街道党(工)委在协调和组织领导区域性、社会性、群众性的事务方面相对于社区党组织具有更大的权威和影响力,可以在街道辖区的层面召集更多的社区单位和"两新"组织参加社区党建联席会,整合资源。在完成撤镇改为街道办事处的同时,实现管理职能由农村基层政府组织向城市基层政府(区政府)派出机构转变,其职能也向管理区域性、社会性、群众性的事务转变。与之相适应,新组建的街道党(工)委也要将工作重心转向领导区域性、

社会性、群众性的事务上来，牵头成立街道社区党建联席会，讨论和协商城市化发展中"村改居"社区党建和社区建设需要合力解决的问题，协调开展资源共享、共驻共建活动。

2. 在"村改居"社区层面建立社区党建联席会（分会）

随着城市化进程的推进，"村改居"社区范围内不再只有纯居民和居民组织。党组织也不只有社区党组织，伴随着机关、企事业单位特别是非公经济组织等的落户，各级各类党组织也出现在"村改居"社区层面上。因此，在"村改居"社区层面上，同样需要开展区域化的党建工作。由社区党组织牵头、"村改居"社区内各级各类党组织参加，组建社区党建联席会（分会），社区党建联席会（分会）在街道党建联席会领导和指导下开展工作，共商城市化发展中社区党建工作中的重要事项，并进行综合协调。其工作职责主要为：①研究协调本社区开展地区性、社会性、群众性、公益性活动的内容、形式及实施措施。②联系协调驻社区单位和"两新"组织与社区党组织开展社区党建和精神文明共建活动，共驻共建，共同发展。③组织协调社区内党员积极参加社区建设的各项活动，发挥先锋模范作用。④协调整合本社区各项资源，实现优势互补、资源共享。⑤研究分析社情民意和党员思想动态，确定一个时期思想政治工作的主题和重点。⑥通报社区建设工作情况，交流各单位党的建设、精神文明建设和思想政治工作等方面的做法与经验。

社区党组织相对于街道党（工）委而言，所拥有的组织资源和社会资源少，也不属于国家行政建制中的一个层级（因为对应的社区居委会属于群众自治组织），但党又是社区全部工作和战斗力的基础，是社区各类组织和各项工作的领导核心。而社区党建联席会制度之所以产生、受到重视并得到发展，恰恰不在于其行政权威，而在于利用执政党的组织优势，克服目前依然存在的条块分割局限，以社区党建带动社区共建。因此，社区党组织必须适应社会管理体制改革创新的要求，主动作为，将所有社区单位和"两新"组织的党组织适时纳入联席会（分会），以凝聚"村改居"社区各方力量,协调各方关系,整合各种资源,形成"村改居"社区建设的整体合力,实现"社区资源共享,精神文明共创,社会事务共管,社会稳定共保",为了使联席会(分会)的工作规范化,还要建立例会制度、联系沟通制度等工作制度。

(二)探索"村改居"社区中党员教育、管理和服务的有效形式

做好"村改居"社区中党员的教育、管理和服务工作,是创新和完善"村改居"社区党组织工作机制的要求,也是"村改居"社区党建工作的一项重要内容。为了便于分析,这里使用"社区党员"和"社区中的党员"两个概念。"社区党员"特指正式组织关系在本社区党组织的党员,而"社区中的党员"的外延则宽得多,泛指在社区范围内工作或生活的所有党员和虽然不在本社区工作或生活但组织关系依然在本社区党组织的党员。为了便于讨论,我们侧重从党员管理的角度将社区中的党员大体划分为社区党员、在职党员、流动党员,并结合全国各地的一些经验,就这三部分党员的教育、管理和服务形式作一分析。

1. 做好社区党员的教育、管理和服务工作

社区党员,即党组织关系在本社区的党员。具体说来,社区党员又有不同情况,一是居住和生活在"村改居"社区并参加社区党组织生活的原村民党员;二是机关、企事业单位退休后返回或进入"村改居"社区并参加社区党组织生活的离退休党员;三是新入住商品房、解困房的居民中将组织关系也一同转入该社区的新居民党员;四是毕业后将组织关系转回社区的高校毕业生党员;五是在本社区党组织、居委会、社区服务站中工作的党员社区工作者。上述党员群体由于来源、身份、从业情况不同,彼此的差异很大,但其共性是组织关系在本社区,因此,又是社区党组织教育、管理和服务的最基本的对象群体。其中,原村民党员占多数,且由于长期居住和生活在本辖区,影响作用也大。"村改居"社区"两委"成员也主要来自这部分党员。但原村民党员也存在整体年龄偏大、素质

参差不齐、思想观念相对传统的问题。因此，"村改居"社区党组织要加强对这部分党员的教育、管理和服务，不仅要教育引导他们坚持共产党人的理想信念，也要教育引导他们主动适应城市化发展的要求，更新思想观念，提升综合素质，同时要做好对他们的服务工作。在城市化和"村改居"过程中，这部分党员也会面临转职转产、再就业等一系列新情况，"村改居"社区党组织要从生产经营、劳动就业、社会保障、生活状况等方面关心他们，特别是要关心帮助那些生活困难的党员。随着城市化的推进，"村改居"社区中离退休党员的人数也在增多，已成为"村改居"社区建设不可忽视的力量。"村改居"社区党组织要加强对这部分党员的教育、管理和服务，使他们在社区生活中仍感觉党的组织就在身边。近年来，由于就业形势严峻，大学毕业后将党组织关系转回社区的大学生党员已占有一定数量。"村改居"社区也是如此。这部分党员有的在附近打工，有的则在城区或去异地打工，但也有一些留在社区待业。社区党组织要主动关心这一特殊群体，做好教育和管理工作，并为他们提供就业和创业服务。"村改居"社区中一些党员特别是年轻党员（包括退伍军人党员和大学毕业生党员）也会外出打工，社区党组织要详细了解这些流出党员外出期间的表现，切实做到情况清楚、管理到位。

要探索完善"村改居"社区党员教育的方法和形式。基于"村改居"社区中党员的来源和从业方式的多样性，在社区党员的教育上，一要坚持分类教育，针对不同的党员人群，教育内容应有所侧重，方法和形式也应有所区别，做到"对症下药""量体裁衣""因人而异"；二要"适时、适度、适宜"和"灵活、小型、多样"，重实际效果，不搞形式主义，不做表面文章。

2. 探索外来流动党员的教育、管理和服务的有效形式

流动党员的教育、管理和服务工作，是新形势下社区党组织建设中有待进一步探索的课题。在"村改居"社区，流动党员有流出的，但更多的是流入的外来务工经商党员。这些党员常住或暂住在本社区，就要引导他们将组织关系转到务工所在的企业或居住的社区。"村改居"社区党组织也要改变只管理"村籍"党员的惯性，将流动党员也纳入教育、管理范围之内，许多社区已经建立起社区流动党员服务站，要充分利用这一工作平台，对流动党员的状况进行全面普查登记，并积极与流入地党组织建立联系，做好衔接工作。同时要切实为流动党员开展服务，使他们感到流入地社区党组织的关怀和温暖，愿意亮出党员身份，主动加入到党组织的活动中来。一些城市社区党组织为外来流动党员建立行为反馈手册，激励流动党员增强党员的意识，树形象、创佳绩，收到了较好的效果，值得学习借鉴。在外来务工人员比较集中的一些街道和社区，还可探索成立外来务工人员党支部，如"同乡型"外来务工人员党组织、"同业型"外来务工人员党组织、"同企型"外来务工人员党组织，为流动党员搭建一个学习、活动、互助和维权的平台。一些城市在这方面已积累了可喜的经验，要认真总结并推广。当然，这些创新毕竟是城乡二元结构和户籍制度下的产物，随着户籍制度的逐步放开，外来务工人员的身份终将成为历史，那时也就没有必要专门针对这样的群体设置党的基层组织了。同时，我们还建议，为了做好流动党员教育、管理和服务工作，有必要在更高的层次上制定出台流动党员管理的规范性文件，在更大的范围内形成制度化的流动党员动态管理机制。

外来务工党员不只是社区党组织教育、管理、服务的对象，也应该成为社区党组织建设和社区管理的能动力量。其中，进入社区党组织领导层就是一条重要的制度性渠道。近年来，一些经济发达地区的城市社区和农村，外来务工党员的一些精英已在流入地社区或村党组织担任主要负责人，这些都是积极的现象。

媒体资讯《外来务工人员成都社区当副书记》①

"青羊区有外来务工人员 5 万多人，其中流动党员 2600 余人，要使他们真正融入到城市中来，除了共享城市发展的物质

---

① 《外来务工人员成都社区当副书记》，《成都日报》2007 年 8 月 27 日，http://news.qq.com/a/20070827/000431.htm.

文明和精神文明外，也要让他们积极共享政治文明。"据青羊区委组织部副部长周何介绍，青羊区作为全省社区（村）党组织换届试点单位，此次大胆实践，在文家街道蛟龙工业港、东坡街道建筑工地、草堂街道琴台路特色商业街等 5 个外来务工人员相对集中的工业园区、特色街区和建筑工地试点开展外来务工流动党员选任社区党组织副书记工作。

青羊区此次大胆突破了原有社区党组织换届选举模式，打破组织关系的局限以及社区党组织成员在社区党员中选举产生的传统模式，在不接转组织关系的前提下，在职数配置上实行"定向设置"，从任职条件上规定必须是户口在"五城区"以外的、青羊区务工的正式党员，在提名方式上采取外来务工党员所在单位推荐提名、外来务工党员自荐提名、外来务工人员10 人以上联名推荐提名三种方式在外来务工流动党员中"定向提名"产生社区党组织副书记提名人选。

延伸阅读：53 名外来务工人员进入社区党组织

青羊区此次社区党组织换届中，396 名综合素质高、群众拥护、乐于奉献的优秀党员进入社区党组织班子，其中书记71名、委员325 名。记者了解到，一共有 53 名外来务工人员进入社区党组织。

3. 探索在职党员参与社区建设的途径

在职党员是指工作关系和党组织关系在党政机关或企事业单位，但居住在本社区的党员；近年来其含义有所扩大，也包括在"两新"组织中从业、组织关系也在"两新"党组织，但居住在本社区的党员。在职党员虽然组织关系不在社区，不属于社区党组织直接管理，但是社区居民，并且是居住在社区的中共党员。而党员的表率和作用是不分上下班的，是全天候的。因此，在职党员有义务在社区中发挥党员的先锋模范作用。随着城市化的发展，"村改居"社区在职党员的人数增长是确定无疑的。要推进"村改居"社区建设，社区党组织就要增强组织协调驻社区单位党组织和"两新"组织中的党组织开展区域化党建的能力，并以党建带动社区建设，而且要增强组织协调在职党员参加社区建设的能力。一些城市开展"在职党员进社区"，探索在职党员双向管理双重服务、"楼院党建"、"在职党员社区服务承诺"、"结对帮扶"等活动，取得了积极的进展。如何将这些活动和做法常态化、制度化，这依然是今后一段时间需要着力探索的课题。在职党员在社区发挥先锋模范作用是多方面的，不能仅仅局限于做好事上，更要主动参与和推动社区服务，主动参与和推动社区居民自治，主动参与和推动社区文化和精神文明建设，为建设文明祥和的社会生活共同体各尽所能，在社区建设和社区发展上献计献策。

三 创新和完善社区党组织的领导机制的思考

伴随着体制改革和社区建设、社会建设的推进，我国大陆的社区日益呈现多元主体参与社区治理的态势。在这些治理主体中，有区、街党政机关，它们虽然不是社区组织，但实施着自上而下的党的领导和政府行政管理，因此，是社区治理的当然主体。各类社区组织包括社区党组织、社区居委会、业主委员会、社区群团组织、社区民间组织、物业服务机构和全体社区居民，更是直接参与社区治理的主体，还有驻社区的企事业单位、落户社区的新经济组织和新社会组织，它们也是社区建设的参与者，同样也是社区治理的主体。因此，社区治理实际上是多元主体参与的共同治理。就社区内的各类组织而言，社区党组织是领导核心，自然在社区治理中起领导作用，处于核心地位。这是中国特色社会主义的政党制度和宪法、法律所规定的，也是中国历史发展的选择。但由于不同组织在任务目标、运作机制、作用方式、权力来源等方面不尽相同，因此，社区党组织的领导方式就不能简单套用政府层级上党组织的领导方式，而要与社区生活共同体实际相适应，与居民自治制度相衔接。在城市化进程中，"村改居"社区党组织也要在推进和领导"村改居"社区建设中，适应社区治理主体多元化和治理方式民主化的发展趋势,创新和完善社区党组织的领导机制。近年来在创新和完善社区党组织领导机制方面,一些城市已做了有益的探索,并通过政策文件加以引导和规范。2010 年,厦门市委办公厅、厦门市人民政府办公厅在转发市委组织部、市民政局《关于推进村改居社区基层治理机制改革试点工作指导意见》的通知中指出:要完善社区党组织的领导机制。社区党组织是社区各种组织和各项工作的领导核心。积极推进党组织领导方式由直接管理向运用政治优势、组织优势,组织引导社区居民依法自治转变。社区党组织应着力提高统筹全局、协调各方利益、领导自治的能力,加强对居民自治组织、集体经济组织、共青团、妇代会、民兵等组织的领导;负责审查提交社区居民(代表)会议的议题,研究社区发展重大事项。[1]

创新和完善社区党组织的领导方式,一项很重要的工作就是理顺社区党组织与社区居民自治组织的关系。党的领导与社区居民依法自治有机结合是中国特色社区民主的重要内容。发挥社区党组织的领导核心作用,这既是确保党的路线、方针、政策落实的需要,也是确保社区居民自治健康有序发展的需要。而社区居委会又是社区中居民自治的法定主体组织。由于社区党组织的领导权与社区居民自治权这两种权力的运作具有不同的特点,党的领导采用自上而下的方式来实现,而居民自治则是居民自己管理自己的公共事务。因此,在实际工作中,党的领导和居民自治的有机结合不会自然而然地实现。如何处理好社区党支部与社区居民委员会的关系,更是一个必须正视的问题。这不仅要求"两委"成员有较高的政策水平和思想境界,而且要从制度和程序上对社区党组织与社区居民委员会的权责作出规范,对社区党组织与社区居委会分工合作的工作制度加以规定。

访谈资料

社区党组织的工作内容就是党建工作,基层文明建设

---

[1] 厦委办发〔2010〕34 号。

工作，是社会管理方面的，还有发展党员，还有开展争先创优，都在这个社区里面做了。我们的宣传工作更广泛，还要管好其他的组织工作。有的还兼做计生、民兵等工作。

"村改居"社区的工作千头万绪，都不好做。征地拆迁就不好做。综合治理最头痛，计生的难度也比较大，我们很多事情都是要凭关系做的。事情都很难做，都要我们去磨合。党支部和居委会没有特别规定谁负责什么工作，一般都是有工作就一起完成。现在不是支部书记一个人说了算，我们还要发挥"两委"成员的作用，这样才能把方方面面的工作做好。书记要起到一个统筹的作用，才可以让大家一起做工作。党组织要发挥领导核心作用，那书记什么事情都要懂一些喽！就是夫妻吵架也要知道怎么调解，关键要抓住"两委"，要依靠村民小组长做工作。依靠党的政策，发动群众，自身修养也要提高。

党支部和居委会一般不会有不一致的地方，就算有不一致也会沟通到一致，如果说我们支部看法不正确，那我们自己也会去想一下。关键在于沟通，如果我们觉得居委会是正确的，就要支持，不能说我们说什么就是什么。要多深入群众，做好群众和"两委"的工作，要在事前做好工作。处理"两委"关系关键是靠党的政策，多做一点宣传工作，关键是要提高自身修养，做到勤政廉政，使群众感到你是真正在为民服务。（编号：11FMNF）

上述访谈大体能代表目前"村改居"社区党组织负责人的想法和认识。一是依据政策，二是基于以往工作的经验，三是发挥个人的影响力。但也明显地反映出实际工作中社区党组织"两委"职能泛化、领导方式需要创新的问题。

在"两委"的关系上，现行政策和法律已有原则性的规定，社区居民委员会要自觉接受社区党组织的领导，社区党组织要不断加强自身建设，改进工作方式，切实领导和指导好社区居民委员会的工作，支持和保障社区居民委员会充分行使职权，及时帮助解决社区居民委员会工作中存在的困难和问题。需要指出的是，社区党组织对居委会的领导主要是政治领导、工作指导、思想引导、决策把关，对事关社区建设和社区发展的重要问题需通过"两委联席会议"讨论，重大事项还要由社区居民（代表）会议决定；而对社区居民自治范围内的具体事务，则要支持社区居委会依照法律和自治章程独立处理。为此，一方面要制定规范性文件，对社区党组织与社区居委会分工合作的工作制度加以规定。另一方面，要积极探索社区党组织的领导方式，推进社区党组织领导方式由直接管理向运用政治优势、组织优势组织引导社区居民依法自治转变，由代表居民当家作主向领导和支持居民当家作主转变。关于这一方面，已有一些初步研究，有的研究专著就曾写道："社区党组织发挥领导核心作用，主要是通过贯彻党的路线方针政策，通过引导、协调的方式，通过榜样、示范的方式，通过支持和保证社区自治组织依法自治，社区党员在社区自我管理、自我服务、自我教育、自我监督中发挥先锋模范作用来实现。"[1]

此外，"村改居"社区党组织也要适时调整对集体经济组织的领导方式。集体经济组织改制前，社区党组织依然要沿用以往农村党支部的领导方式，与村委会联席讨论决定"村改居"社区经济建设中的重要问题，重大问题要由村委会主持村民（代表）会议讨论表决，但同时要领导推进集体资产改制。当集体经济组织改制完成后，就要将社区事务管理和服务职能与集体资产经营管理职能相分离，使社区居委会定位于社区事务管理和服务，股份合作社则定位于集体资产的经营管理。此时的"村改居"社区党组织仍然负有对股份合作社资产安全的领导责任，但要顺势转变党组织的职能和领导方式，形成党组织、自治组织和集体经济组织各归其位、权责清晰明朗的治理新格局。广东省佛山市南海区在这方面已创造了值得

---

① 杜德印主编《社区党建工作创新研究》，中国社会出版社，2009，第56页。

借鉴的经验。① 如集体资产产权改制一步到位成立公司制企业，或经过股份合作社的过渡形式再转型为公司制企业，组建股份公司党组织。新组建的股份公司党组织设在街道党（工）委或企业党委之下，依照企业党组织履行职责，开展党组织的工作。而"村改居"社区党组织应发展为纯城市社区党组织，从事区域性、社区性、群众性、公益性的工作和社区党建工作。

此外，"村改居"社区党组织也要适应社会建设和社会管理体制改革的要求，探索、创新、完善对"村改居"社区工、青、妇、老等社区群团组织和其他社区民间社会组织的领导方式，拓展群众团体和社区民间社会组织的社会功能和发展空间，使社区群众团体不仅成为某一群体利益的代表，同时成为枢纽型社会组织；使社区民间社会组织成为居民参与、交往、互助、联谊的重要平台，发挥这些组织在社区整合和社区建设中各自所具有的不可替代的作用。

创新"村改居"社区党组织工作除了以上所讨论的工作载体、工作机制、领导机制这些内容外，还包括构建"村改居"社区党建新格局、"村改居"社区党组织功能的适应性转变等方面。关于这些内容，本章其他地方已有论及，另外近几年学术界已有相关研究成果先后发表。有的文章还运用政党生态分析范式，分析了政党生态环境变迁对"村改居"社区党建工作产生的巨大影响，并提出了党组织功能转型的路径②。这些研究文献也不在这里转述。

---

① 如广东省佛山市南海区在推进形成党组织、自治组织和集体经济组织各归其位的治理新格局的同时，借势将村（居）党组织的主责确立为"三务一监督"，即夯实党务、落实政务、创新服务和健全监督，以此统领村居各方面资源，并护航"政经分离"改革。参见《南海"政经分离"重塑农村基层管理体制，2013年度中国城市管理进步奖推荐案例》，《领导决策信息》2012年第41期。
② 罗新阳：《生态变迁与基层党组织功能转型——基于对城市化进程中"村改居"社区的分析》，《领导科学》2012年第32期。

第五章

发展中的社区新型服务组织

　　随着城乡社区建设的推进和经济社会的发展，近年来，一些新型社区组织在我国大陆萌生并获得了初步的发展。所谓新型社区组织，是相对于社区居委会、社区党组织、街道办事处等既有的社区组织而言的，泛指社区建设启动以来，新产生和发展起来的社区组织。如何培育和发展新型社区组织，以便与原有的社区组织互动互补，共同开展社会治理和社区服务，这是当今我国城乡社区组织建设面临的新课题，也是城市化进程中"村改居"社区组织建设的一项重要任务。为了便于具体分析，本书拟分两章对新型社区组织展开研究，本章聚焦于社区新型服务组织的建设。由于社区新型服务组织在我国城市社区率先开始发展，所以，本章选取的案例多来自城市社区。但在"村改居"社区，新型服务组织也在破茧而出。"村改居"社区组织建设研究应该也必须对此加以关注。

第一节　我国社区新型服务组织的主要类型
及其存在的问题

　　长期以来，街道办事处、社区居委会、社区党组织，一直肩负着联系群众、服务居民的重任。进入改革开放新时期以后，基层社会管理和服务的任务加重、服务范围空前拓展，这就要求在发挥原有组织主导作用的同时，创设和培育社区公共服务、福利服务的新载体。社区新型服务组织正是在这一背景下应运而生的，并已成为推动社区公共服务、福利服务发展的积极力量。下面我们拟就目前我国社区新型服务组织的一些主要类型作一概略介绍。

一 我国社区新型服务组织的主要类型

（一）政府设置的社区公共服务平台和机构

20世纪90年代以来，随着城市社区建设的兴起和持续推进，居民对社区公共服务的需求不断增长；此外，城市化的发展导致了基层社会管理任务的加重。在此背景下，全国许多城市，由政府推动在街道层面设置了"社区事务受理服务中心"和"社区服务中心"，在社区层面设置了"社区（公共）服务站"或"社区工作站"，承接政府面向社区的公共服务，除此之外，基层政府及其职能部门还创办了面向居民的公益性或福利性服务机构。

1. 街道社区事务受理服务中心

随着政府管理重心下移和由"条块分割"向"条块结合，以块为主"的管理方式转变，街道办事处作为城市区政府面向社区及居民开展工作的派出机关，如何更好地履行处理地区性、群众性、公益性、社会性事务的职责，这实际上就是如何更好地组织提供社区公共服务的问题。在既有的城市管理体制框架和人员配备约束条件下，一些城市在街道层面成立社区事务受理中心或社区服务中心，作为开展社区事务的综合服务平台，承担基层政府特别是街道办事处转移出来的或委托授权的职能。这一改革设计，实际上是希望在街道层面上将社区公共服务的供应者和生产者进行区分。

上海是全国率先在街道层面设置社区事务受理服务中心的城市，并在推广中积累了较为丰富的经验。2004年12月，上海市浦东新区潍坊社区事务受理服务中心成立，这是全国第一个综合性的为民办事的窗口单位。2007 年底，服务模式由"一门式"改进为"一口式"受理。2009 年移址至潍坊街道社区的中心地带，居民步行 15 分钟即可到达，大大方便了前来办事的居民。中心共设置 22个受理窗口（实际运行窗口 19 个），涉及劳动、民政、社保、外来人口管理、工会医疗互助、社会保障卡服务、计划生育、医疗、税收以及粮油补贴等 10 个职能部门。此外，还设置了 2 个个案接待室以及 1 个劳动争议调解办公室，为居民群众提供多方位、多角度、优质、便捷的服务。闸北区临汾路街道社区事务受理服务中心成立于 2005 年，该中心的服务项目与潍坊社区事务受理服务中心类似。上海市静安区也积极加强社区事务受理服务平台的标准化建设，在服务功能、办事流程、资源配置、内部管理和办事环境等方面进行了一系列的探索和实践，集中表现为探索推行"三个转变"[1]：一是，形态从"多门服务"向"一门服务"转变。按照"归口管理、明晰职责、扁平运作、高效行政"的方针，从满足社区居民的实际需求出发，各社区（街道）与相关职能部门对受理事项进行了进一步的梳理，将原来分散在 10 多个部门的业务窗口，整合到综合受理服务中心，使用市级统一版本"街镇一门式综合受理系统"。在受理中心大厅设总服务台、政务公开滚动显示屏、自助信息查询系统和意见箱、各类业务政策资料的宣传卡等，居民进入受理中心即可通过自动取号器在引导员的指导下办理相关业务，极大地方便了居民群众。二是，业务从"多口受理"向"一口受理"转变。为减少群众往返，提高行政效能，各受理中心在规范办事流程的前提下，进一步优化操作环节，受理方式从原来按条线受理逐步转向综合受理，积极推行"前台一口受理，后台协同办理"的运行模式。为培养"一口受理"的"通才"，各受理中心通过业务培训、岗位轮换、提高奖励比重、原条线人员带教等多种形式，使综合受理窗口的工作人员熟练掌握各条线的实时政策、业务流程

---

[1]　刘征华、周国森：《上海静安区推进社区政务服务平台标准化建设》，《中国社会报》2012 年 5 月 17 日。

计算机系统操作方法，为居民提供"一口受理"服务。曹家渡街道2007年底通过社会化招聘，从人才市场招聘了应届、历届大学生来充实中心队伍，该中心的受理窗口工作人员学历均在大专以上，为"一口受理"模式提供了人才保障。三是，人员从"多头管理"向"一头管理"转变。对受理中心工作人员实行了"一头管理"，即由受理中心对工作人员实行统一考核、统一调配、统一培训、统一管理。江宁路街道将办事处作为受理中心的管理主体，对受理中心进行统一领导和日常管理，同时负责服务窗口设置、人员配备、经费预算编制的管理和使用。受理中心实行中心主任负责制，业务工作仍由相关职能部室负责指导，工作人员由受理中心主任根据功能区域划分的要求、内容和任务来统一调配，分别承担中心咨询服务、综合受理和协同办理工作。受理中心工作人员薪酬按照编制人员和劳务聘用人员分类核算，考核实行月查、季考、年终综合评定的机制。南京西路街道受理中心打破原来各条线分头管理工作人员的模式，率先统一两所，原劳动保障事务所、社会救助事务管理所的工作人员与常规性业务一起归并中心实行"一头管理"。除常规业务之外，区职能部门交办的特殊性和临时性业务，以及相关调研任务，由社区服务工作部统筹，部室相关人员进行业务和政策指导。打破条块分割之后，加大了内部统筹协调力度，节约了行政成本，提高了管理效能。

2. 社区层面设置的社区（综合）服务站

在社区层面设置的社区（综合）服务站或社区工作站，我们已在第三章结合全国各地社区居委会建设做过较为详细的讨论。目前社区服务站的主要职责有：①协助政府及有关职能部门开展行政性服务，如社区内待业、失业人员的就业服务，社区内退休人员的管理与服务，参与社区治安综合治理，居民计划生育管理和服务，外来人口管理和服务，其他由街道办事处（镇政府）确定需要进入社区的服务。②协助政府及有关职能部门开展福利性服务工作，如居民最低生活保障申办、社会救济金申办、失业人员失业金救济金申办，民政对象、低保家庭的帮扶服务，残疾人服务，社会救济对象的送养申办以及其他需要提供福利性服务的工作。③开展一些专业化社会服务，如社区为老服务、托幼服务、社区卫生服务、社区矫正服务、社区志愿者服务以及社区内各类中介服务组织的协调管理，社区服务信息网络协调管理等。

社区服务站的上述职能与社区居委会的职责是相通的。居委会从设立起就有办理有关居民的公共福利事项的任务。社区服务和社区建设开展以来，服务居民群众这一宗旨更是屡次被强调。中央"两办"《关于加强和改进城市社区居民委员会建设工作的意见》进一步强调社区居民委员会建设要"始终把实现好维护好发展好社区居民的根本利益作为工作的出发点和落脚点，把居民的服务需求作为第一信号，把居民满意程度作为检验工作成效的第一标准，真正把加强和改进社区居民委员会建设工作变成服务居民、造福居民的民心工程"。《意见》进一步明确了城市社区居民委员会的三大主要职责。其中，在"依法组织居民开展自治活动"职责中，写进了"办理本社区居民的公共事务和公益事业；开展便民利民的社区服务活动，兴办有关服务事业，推动社区互助服务和志愿服务活动；组织居民积极参与社会治安综合治理、开展群防群治，调解民间纠纷，及时化解社区居民群众间的矛盾，促进家庭和睦、邻里和谐"等内容。在"依法协助城市基层人民政府或者它的派出机关开展工作"的职责中，写进了"要协助城市基层人民政府或者它的派出机关做好与居民利益有关的社会治安、社区矫正、公共卫生、计划生育、优抚救济、社区教育、劳动就业、社会保障、社会救助、住房保障、文化体育、消费维权以及老年人、残疾人、未成年人、流动人口权益保障等工作，推动政府社会管理和公共服务覆盖到全社区"等内容。①

也正是基于社区服务站与社区居委会职责相通的实际，2010

---

① 中共中央办公厅、国务院办公厅：《关于加强和改进城市社区居民委员会建设工作的意见》，人民出版社，2010，第4~7页。

年中央"两办"文件对社区（公共）服务站这一组织设置予以确认，提出："为了更好地完成社区管理和服务任务，辖区人口较多、社区管理和服务任务较重的社区居民委员会，根据工作需要可建立社区服务站（或称社区工作站、社会工作站）等专业服务机构。按照专干不单干、分工不分家的原则，社区专业服务机构在社区党组织和社区居民委员会统一领导和管理下开展工作。"

在城市化进程中，为了更好地向社区新老居民提供社区公共服务，一些"村改居"社区也开始设置社区服务站（或工作站）。由于"村改居"社区的城乡过渡性及其居住人口的复杂性，不仅"村改居"社区"两委"的工作头绪多，而且"村改居"社区服务站的服务管理任务也重。这可从"村改居"社区服务站的内部设置上得到印证。

广州市大沙街道姬堂社区是一个"撤村建居"的村改居社区，社区组织的结构如图5-1所示。

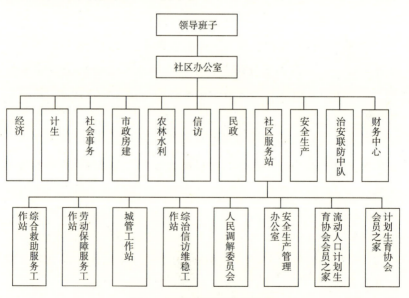

图5-1　姬堂社区组织结构

不过，不同地区设置的"村改居"社区服务站在工作内容、内部结构、人员配备等方面也存在着区别。厦门市集美区2009

年出台了《关于加快"村改居"社区规范化建设的实施意见》（集府〔2009〕97号），文件提出了规范社区服务平台建设的要求，各个"村改居"社区要设置"六室一校两站一场所"〔六室即社区办公室、社区综治（警务）室、党员活动室、老年活动室、图书阅览室、资料档案室，一校即市民文明学校，两站即社区卫生服务站、社区社会保障服务站，一场所即室外健身活动场所〕。其中，"社区卫生服务站""社区社会保障服务站"就是对"村改居"社区工作站内设服务机构的统一要求。文件还提出了规范社区工作站建设和运作的意见。所有"村改居"试点社区要统一设立社区工作站，逐步建立与新形势下的社区管理体制相适应，服务功能完善，体制机制健全，服务质量和管理水平较高的社区工作站，为居民群众提供更加多样、快捷、优质的社区服务。社区工作站实行"一块牌子对外、一体化管理、一站式服务"，根据工作需要建立健全会议、培训、考勤、考评、奖惩、评先评优等工作制度。

3. 基层政府及其职能部门创办的面向居民的公益性或福利性服务机构

基层政府及其职能部门创办的公益性或福利性服务机构种类较多，如政府部门或街道办事处创办的市民中心、老年大学、社区老年活动中心等。

典型案例介绍　厦门集美区杏滨街道老年大学

厦门集美区杏滨街道是20世纪90年代后期在城市化发展中由镇改为街道的，现辖8个社区，其中"村改居"社区5个。街道坚持与区老年大学（杏林分校）联合办学，每年拨出专项资金约6万元（办学经费4万元；培训经费每人30元，约2万元）。2011年，辖区参加老年大学学习的学员达700多人次，呈逐年增加的趋势。辖区共有老年学校12所，参与学习的人数达3000人次。各社区老年学校坚持定点（固定学习地点），定时（固定学习时间），并邀请领导、教授、专家到社区授课，如西滨、前场社区请区老体协主席曹长凯为老年人讲健身保健知识。日东、三秀、马銮、锦鹤社区邀请医生、专家、老干部为社区老年人开"健康讲座"。老年大学指派老师到各社区进行辅导，传授各种知识、技能。同时组织人员参加市、区各种培训，如组织近40人两次参加市老体协举办的健身气功培训，组织20多人参加区城市排舞培训等。通过培训，参与者把学到的知识、技能带入社区，组织相应的文体队伍，既增加了活动的内容也达到了健身的效果。一年来成绩斐然，日东社区老年学校获"2011年市老年学校示范校"称号，马銮、锦鹤社区老年学校成为"2011年集美区老年学校示范校"推荐单位。办好老年学校，势在必行。它既可充实老年人的生活，又提升了老年人生活的品位，是"老有所乐"的一个组成部分，也是推进老年教育的一个可行举措。①

（二）民办非营利社区服务组织

1. 民办非营利社区服务组织及其特征

"民办非营利社区服务组织"是笔者提出的概念。近年来国内官方文件和学者直接套用"社会组织""社团""民办非企业单位"这些名称，于是就有了"社区社会组织"和"社区社团""社区民办非企业单位"这样一些概念。我们认为，民办非营利社区服务组织与民办非企业单位（其实"民办社会服务组织"更贴切些②）是两个关系十分密切的概念，但民办非营利社区服务组织又有其自身的特质，一是以街道或社区基层社会管理单元为服务范围，其中有的在街道辖区内开展服务活动，有的在社区层面开展服务。二是以社区居民为服务对象。这两点将民办非营利社区服务组织与其他民

---

① 《杏滨街道2011年老龄工作总结》（内部资料）。
② 《民办非企业单位登记管理暂行条例》第二条规定："本条例所称民办非企业单位，是指企业事业单位、社会团体和其他社会力量以及公民个人利用非国有资产举办的，从事非营利性社会服务活动的社会组织。"

办社会服务组织（民办非企业单位）作了一定的区分。还需要指出的是，社区中还有尚未登记（有的是未达到登记条件，有的则是不愿意登记），但事实上是在从事社区非营利服务的组织。这些组织是我们研究非营利民办社区服务组织时尤其需要予以关注的。其实，"社会组织"本来就是非营利组织，我们在"社区服务组织"之前要加上"非营利"的限定，是因为在我国大陆，"社区服务"是一个被泛化使用的概念，社区服务组织也呈现了多元并存的局面。其中，有些是营利性的组织（企业），如家政服务公司、物业公司、保洁公司等。而我们这里所关注和研究的是非营利服务组织。还有的社区服务机构，如上面介绍的区、街两级社区公共服务平台，虽然是面向社区开展非营利服务，但它们是由基层政府及其派出机关——街道办事处举办的，因而不属于民办非营利社区服务组织。民办非营利社区服务组织目前尚处于发育之中，例如由社会力量举办的面向老、幼、孤、残等特殊群体的专门化的服务机构，如残疾人服务社、民办老人公寓、居家养老服务社；由社会力量举办的专业服务机构，如社区卫生服务站、社会工作站等；由社区居委会等社区组织举办或管理的社区老人日间照料室、社区老年服务活动中心、社区小学生课外辅导服务站等等。随着社区建设和社会建设的推进，这类服务组织或机构将不断增多。它们能根据社区居民的服务需求开展服务和运营，并开始向专门化和专业化方向发展。① 社区服务组织和社区服务机构关系密切，通常人们把更为正规的实体性服务组织称为服务机构。

民办非营利社区服务组织具有如下特征：①社会性：社会力量以及公民个人利用非国有资产举办。②非营利性：不以营利为目的，可有盈利，但不能分红。③公益性：以增进社区公益和居民福祉为目的。④社区性：以街道或社区基层社会管理单元为服务范围，并以社区居民为主要服务对象。⑤正式与非正式并存：民办非

---

① 专门化是指组织演化中工作职能分化和细化，特定组织执行特定工作任务的过程。专业化则是指一个职业群体在一定时期内，逐渐符合专业标准、成为专门职业并获得相应的专业地位的过程。

营利社区服务组织中既有正式登记注册的民办非企业单位，也有未登记非正式的社区服务组织。

2. 民办非营利社区服务组织开展社区福利服务、公共服务的积极探索

我国目前的民办非营利服务组织，既有正式注册的民办非企业单位，也有未登记的非正式社区服务组织。其中，正式注册的民办非企业单位开展服务的领域也很广，主要分布在教育、卫生、文化、科技、体育、劳动、民政、社会中介服务业等领域中。这些组织都不以营利为目的，但其内部在性质、功能、服务对象、运作机制等方面又有着明显的区别。有的靠有偿服务的收费来运作。有的是低偿服务，除了向服务对象收取较低的服务费用外，还需要有政府的支持和社会的捐赠。面向弱势、弱能人群的福利服务是无偿的，不能向服务对象收费，这就需要这些组织自己筹资，或由政府、社区、社会给予支持。至于社区公共服务，有的是有偿的，但也有低偿和无偿的。目前，非营利组织承接社区公共服务项目特别是社区福利服务项目，绝大多数采取与基层政府或社区组织合作的方式，从事社区公共服务生产。具体合作形式有公建民营、公办民营或合同外包，民建公助、政府购买服务等。

> 上海临汾路街道社区事务工作站站长 LJH：社区事务工作站成立于 2003 年，承担了街道办事处和居委会剥离出来的一部分社区事务性工作、公益性服务，现在是民办非企业单位，独立注册的法人。近几年来，上海一些社区公共服务项目采用政府购买服务的方式。政府发布，社会组织投标竞标，中标后签订合同。我们也引入项目化管理。社会组织做了政府想做但又做不起来的事情，也提升了社会组织的能力。

社会工作因其独特的理念与方法在开展社区公共服务时具有特有的优势，已越来越为各级政府和服务对象所认同。社会工作服务机构也开始在中国大陆落地生根，走出了一条高校专业教师组建并引领、政府支持的道路。起初主要在经济社会发展条件好、有社会工作专业教育资源、地方主政者重视的城市展开，介入的主要是城市社区的公共服务，后来又在农村开展服务项目。近年来，为了应对现代化、城市化快速推进中出现的社会问题，特别是适应社会建设和社会管理体制改革创新的需要，社区工作人才队伍和社会工作专业服务机构受到普遍重视，民办社会工作机构纷纷涌现，并将服务延伸到城市化进程中"撤镇建街"的街道和"撤村建居"的社区。这里，我们将广州市在街道层面建立家庭综合服务中心并由民办专业社会工作机构承接开展专业化社会工作服务（公办民营）的案例介绍如下。

（1）广州市大沙街（DSJ）家庭综合服务中心

大沙街家庭综合服务中心是广州市大沙街党工委、办事处为提升居民的生活质量和幸福感而设置的，中心由广州大学社会工作服务中心（2010年11月经广州市民政局登记注册的民办非企业单位）承接，中心引入社会工作服务机构的社工人才和督导专家提供专业服务，着力打造长者、青少年、家庭、残障人士、就业辅导、文娱康乐、志愿者等七大服务平台。按照广州市要求，每10万元服务费需服务中心配1名工作人员，社工要占到六成，2012年5月该中心共有专业社工20人。社工主任负责业务管理。综合服务中心共占地800多平方米，有多功能大厅、青少年活动室、婚姻家庭活动室、个案工作室、心理咨询室、电子阅览室、偶到服务区等，政府免费提供办公和服务场所，并以合同形式购买服务。一名社工每年要做20个个案、12个小组、14个社区层面（小型、中型、大型）的活动。每个社工每周要有一次外展，重点是定期去开展活动。2011年8月区民政局、街道、社工服务机构三者正式签约。基层政府与民办社会工作机构的这种合作模式是公办民营模式。

（2）广州绿耕·沙东街家庭综合服务中心

沙东街建于1995年12月，因辖区内有沙东村，故名。街面积

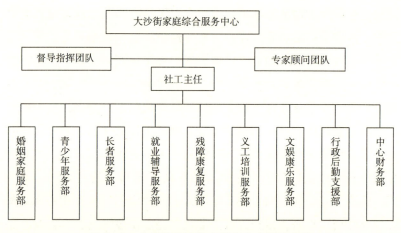

图 5 - 2　大沙街家庭综合服务中心组织架构

2.16 平方公里。街下辖 6 个社区居委会：沙和社区居委会、濂泉社区居委会、天平架社区居委会、范屋社区居委会、天河山庄社区居委会、陶庄社区居委会，常住人口 5.2 万，户籍人口 1.8 万，流动人口 3.4 万。街辖内有撤村改制公司——沙东有利集团公司。

　　广东绿耕社会工作发展中心是经广东省民政厅注册成立的一家专业社会工作服务机构（民办非企业单位）。绿耕的前身是中山大学—香港理工大学绿耕城乡互助社。机构致力于成为集社会服务、行动研究和人才培养三位一体的实践基地与社会创新平台，有效地推动中国城乡社区发展和城乡合作。

　　绿耕·沙东街家庭综合服务中心成立于 2011 年 11 月 23 日，由广州市天河区沙东街道办事处主办，广东绿耕社会工作发展中心承接。中心秉持以人为本、公平正义、助人自助的社工理念，基于优势视角、资产建立和能力建设理论，采取社区为本的整合社会工作策略，致力于通过社区经济和社区军民共融两项最具沙东特色的社会工作，以及社区教育和社区组织的专业方法，实现"营造社区能力，共创民生幸福"的根本目标。

　　沙东街的家庭服务中心，针对城市化过程中居民面临的问题，开展社会工作专业服务。其具体服务思路和方法是：从正向和希望出发看待和理解社区，发掘社区和人的优势与资源，通过个人、家庭和社区自身的主体性意识提升和能力建设开展社会服务，整合社区资源、激发社区潜力、增加社区资产、提升社区服务水平，从而促进社区福利。①社区经济项目。设立了健康生活馆、手工作坊、二手物品交换平台、社区厨房和家政服务平台五大创业平台，由引进的社会组织在辖区内组织低收入家庭、困难军属、外来工群体，参与创业、就业项目小组，致力于培养社区内相关经济互助组织，开展相关创业体验活动，解决生计困难问题，促进社区经济发展。②社区教育。定期开展讲座，组织日常交流与学习——开辟报刊阅览及交流空间。面对社区内的主要服务对象——孩子（以外来务工人员子女居多），尊重孩子的成长发育特点，开展不同的小组活动，并逐步与其家庭建立关系。社区教育的目标是：提升社区人主体意识，增强社区归属感、认同及社区团结。③培育社区组织。让社区居民形成自我组织，最终成为社区建设和社区资源整合的主体。

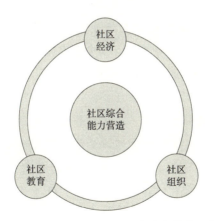

图 5-3　绿耕·沙东街社区综合能力营造示意图

（三）承接社区公共服务和福利服务的营利性服务组织

在市场经济条件下，一些在社区提供服务的企业也可承接社区公共服务项目，如物业服务公司受聘于业主委员会进驻商品房住宅小区开展物业服务和管理、家政公司与政府部门签订合同承担居家养老服务、保洁公司与环卫部门签约承包片区卫生清洁工作等。这些企业是经营性企业，提供这些服务是有偿服务，也要盈利，但多为便民利民的第三产业。它们通过市场机制竞标，按合同开展相关项目。比如，物业服务公司开展的专业化物业维修、养护、维护、管理，是以商品房住宅小区为服务单元的，其服务对象是全体业主，选聘物业服务公司不是单个业主的行为，而是业主的集体选择。同样，家政公司承接居家养老服务的一些项目，也是与代表服务对象的政府部门或街道办事处签约的。政府及其代理机构是居家养老服务的购买者，服务对象是居家养老服务的接受者，而家政企业则是居家养老服务的生产者。当然，居家养老服务作为社区公共服务，不仅家政公司能承接，非营利社会服务机构等社会组织、社区组织也可以成为生产者。

探索实践：SZ 市 X 街道办事处购买城市管理服务实例[①]

　　X 街道原为广东省 SZ 市的一个镇，2005 年成立 X 街道办事处。该街道办事处拥有雄厚的经济实力，但由于地处 SZ "关外"，非户籍人口很多，城市管理面临诸多挑战与问题。X 街道办事处从 2007 年开始采购公共服务，通过合同外包的形式，将部分城市管理服务（公共物品的生产过程）承包给物业公司。这些服务主要有：街区综合巡查管理、市政市容养护、"四害"消灭、协助城管部门落实及监督商户做好"门前三包"工作、国有土地管理、协助街道开展街区内专项整顿、组织街区文化娱乐及宣传活动、向商户及市民提供便民服务等。在这个过程中，为了解决因暂时困难流落在该辖区的流浪人员问题，物业公司申请在民政部门注册了一个对外来受困人才援助的非营利组织"人生驿站"，用来提供专门性社会救助。物业公司承接街道的城市管理服务，再注册非营利组织承接其中

---

① 参见王浦劬、萨拉蒙等《政府向社会组织购买公共服务：中国与全球经验分析》，北京大学出版社，2010，第 148～168 页。原文较长，此处只是概略介绍，笔者做了改写。

的社会性救助服务（二次采购），这是 X 街道公共物品外包探索的结果，也是公共服务提供的创新。

二 社区新型服务组织发展存在的问题

（一）街、居层面的社区公共服务平台的权责边界不清，服务内容重叠

"社区事务受理中心"在街道办事处层面搭建了开展社区公共服务的便捷平台，实际上是方便社区工作人员和居民办事的政务中心，只不过工作人员主要是事业编制或实行聘用制罢了。"社区事务服务中心"也以社区事务的管理为主，而在主动服务社区上明显不足。社区层面上设置的社区公共服务站，目前的工作内容多为常规性的计生、就业、退休人员管理、外来人口登记管理、社会保障。社区层面设置的公共服务站为政府公共服务向社区延伸搭建了工作平台，减少了社区居委会承担的行政事务，在体制转轨和专业化社会组织尚未充分发育的现阶段，不失为一种各方面都可接受的制度安排。但社区服务站作为政府部门延伸到社区的公共服务平台，工作人员由政府部门多口招聘，又作为基层群众自治组织——居委会的专业服务机构，要在社区党组织和居委会统一领导和管理下开展工作，由此带来许多权责关系在实际工作中不容易理顺、难以统一管理和协调使用的问题。另外，社区服务站的工作存在着明显的行政色彩，工作人员多是坐在办公室受理居民前来办证等服务事宜，而主动面向居民开展一线服务不够，更缺少专业化的柔性服务，这就不能不影响服务质量。还有，街道办事处和居委会两个层面的社区公共服务平台在服务内容上多有重叠，由此造成资源的浪费，也使社区公共服务供给"效率"打了折扣。针对这种情况，近年来，全国许多城市探索社区网格化管理，将社区划分成若干社区管理服务网格，要求社区工作站的工作人员下到社区管理服务的网格中，实现"定格、定人、定责"，对网格内居民实行全方位、全

过程、全覆盖的动态管理和服务。但我们认为，面对日益增长的社区公共服务特别是多样化、专业化的社会性服务需求，仅靠居委会及其内设工作机构开展工作是很不够的，提升社区管理和公共服务水平与质量，还要积极培育体制外的新型社区服务组织。

（二）民办非营利社区服务组织数量少，发育不够，可以用的资源十分有限，能力不足

由于社区建设的时间比较短，社区民办服务机构的发展就不能不受到限制。目前进入社区承接社区公共服务的民办非企业单位不多，社区组织和社区居民组建的非营利民办服务机构更少，且发育不够，基础条件也薄弱，服务社区居民特别是特定群体的能力不足。一些社区公共服务机构，如社区活动中心、社区老年福利服务中心，多是由政府投资或利用发行彩票募集的资金筹建的，然后移交社区居委会管理和使用；也有的本来就是由社区居委会创办的，这些机构并不具备独立的法人资格，与居委会的权责边界不清，更多的是扮演着居委会"手"或"腿"的角色，缺乏应有的独立性。居民自我组建的草根性社区服务组织又难以达到注册登记条件，相当数量的组织甚至没有备案。多数组织不仅硬件条件差，而且治理结构不健全，组织的发起人往往又是管理者，工作人员素质参差不齐，服务也缺少规范，尚未得到居民的普遍信任。

（三）民办非营利社区服务组织发展的环境有待改善

社会组织在中国大陆还是一个新事物，从居民的认同到政府和社会各界的支持都要有一个过程。近年来，随着社会建设的推进，社会组织发展的环境有了明显改善，但依然不能适应快速发展的社会组织，也不能适应社区民办非营利服务组织的发展要求。第一，相关的政策特别是法律法规建设滞后。《民办非企业单位登记管理暂行条例》1998年颁布后尚未再进行修订。《条例》对民办非企业单位登记所设置的条件过高，尤其是"双重管理"，即要找到业务主管单位并经业务主管单位审查同意，再由县级以上地方各级人民

政府民政部门审查登记，成为制约民办非企业单位发展的一个因素。民办非营利社区服务组织更有着自身的特殊性，依照现行《条例》与其他民办非企业单位"一刀裁"式进行登记，明显不适应社会组织建设的新形势。针对这种情况，一些省、市近年来出台政策降低了民办非企业单位登记的门槛，有的还出台了民办非营利社区服务组织（官方使用"社区民办非企业单位"）"备案制"的政策，但多处于探索阶段，尚未上升为法律法规。第二，社会和政府的支持还不够。相对于其他正式的社会组织，民办非营利社区服务组织得到社会和政府的支持更少，不仅缺少基金会筹募资金的支持，也少有民间的捐赠，政府部门及其代理组织往往是民办非营利社区服务组织唯一的资金来源渠道，但政府的支持又有不确定性。缺少资金、缺少场所，是多数民办非营利社区服务组织面临的共同问题。尽管政府对民办非营利社区服务组织的发展开始持积极的态度，但受意识形态的影响，对一些服务组织依然存有戒心。

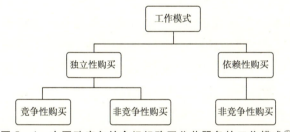

图 5 - 4　中国政府向社会组织购买公共服务的工作模式①

XM 市 BA 社工服务中心顾问 SYC：中心成立于 2012 年 4 月，注册为正式的民办非企业单位。中心为残疾人提供服务，面向整个湖里区社区的残疾人。它是由几个社会爱心人士搞起来的。2012 年 4 月与市残联签订购买服务协议，市残联每年向中心付 30 万元购买中心服务，中心聘用了上海大学等高校毕业的专职社工 4 人，这些专职社工都是有大学本科相关专业背

---

① 王名、乐园：《中国社会组织参与公共服务购买的模式分析》，《中共浙江省委党校学报》2008 年第 9 期。

景的，薪酬每月 4000 元，中心还为专职社工买了"三险"，每月向每位社工支付 4500～4600 元。协议签订后，中心便运转起来，开始了服务工作。在资金不到位的情况下，几位负责人自行垫付相关费用，到现在已共计七八万元。但是市残联购买服务的费用到现在一分钱还没有到位，致使中心的运转艰难，社工也逐渐离去，现在只剩下一位。拖欠项目购买服务费的理由主要是上面没有开会，没有办法拨付合同资金。

第二节　社区新型服务组织发展的理论解析

一　"公共服务"与我国社会转型中公共服务的发展

（一）"公共服务"的概念界定

"公共服务"与经济学上"公共物品"的概念密切相关。美国著名经济学家萨缪尔森对公共物品和私人物品作了明确的区分，公共物品就是所有成员集体享用的集体消费品，社会成员可以同时享用该产品；而每个人对该产品的消费都不会减少其他社会成员对该产品的消费。或者说"公共产品是这样一种产品，无论每个人是否愿意购买它们，它们带来的好处不可分割地散布到整个社区"。①相反，私人物品能够加以分割，然后分别提供给不同的个人，并且不对其他人产生外在利益或外在成本。简单地说，公共物品是指物品的利益由社会成员共同享有，而不能为任何一个人所单独享有。虽然，物品共同享有的范围可以不同，但是，作为公共物品必须是人们集体使用和共同享有其利益。世界银行在《1997 年世界发展报告》中将其定义为："公共物品是指非竞争性的和非排他性的货物。""公共服务"与"公共产品"是同一系列的概念，二者的含

---

① 萨缪尔森、诺德豪斯：《经济学》（第十四版），胡代光译，北京经济学院出版社，1996，第 571 页。

义大体相同，但从经济学"产出"的形式上考察，产出有产品和服务两种形式。它们的区别在于：产品是有形的产出，而服务则是无形的产出；产品的生产和消费可以在时间与空间上分离，而服务的生产与消费在时空上是不可分离的。

一般认为，公共物品具有非排他性和非竞争性两大特征。所谓非竞争性是指，公共产品一经被提供，增加一个人的消费不会减少其他消费者的受益，也不会增加社会成本。所谓非排他性，简言之，就是指，公共产品一经生产出来，就不可能排除任何人对它不付代价的消费。但实际上，公共物品又有纯公共物品和准公共物品之分，同时具备非竞争性、非排他性两大特征的公共产品属于纯公共产品。还有一些物品，它们或者只具有非竞争性而不具有非排他性，或者只具有非排他性而不具有非竞争性，前者被称为"拥挤性的公共物品"，后者被称为"公共资源"。并且，非排他性和非竞争性两大特征各自又有程度或量上的差别。因此，现实生活中的公共物品呈现极为复杂的情况。

传统看法认为，公共产品和公共服务只能由政府或其他公共部门来提供。实际上，近百年来各国政府的公共服务职能经历了一个演变的过程，人们对公共服务提供机制的认识也在不断深化和发展。起先，政府的公共服务主要是维护性公共服务；后来，为了弥补市场失灵和促进经济发展，政府职能扩展到经济性公共服务领域；随着人均国民收入的提高，公民对教育、医疗卫生、社会保障等社会服务的公共需求不断增长，政府职能进一步扩展到社会性公共服务领域；最后，社会性公共服务成为政府公共服务的主要内容，维护性公共服务和经济性公共服务的比重相对下降并保持在一定水平。[①] 但是，如何有效地提供公共服务，也一直是各国致力探索的课题。20 世纪 70 年代后，传统的公共行政在西方发达国家受到了许多质疑和批评，并出现了一场公共行政改革运动。"新公共

---

① 唐铁汉、李军鹏：《公共服务的理论演变与发展过程》，《新视野》2005 年第 6 期。

管理"理论正是在这种背景下产生的。新公共管理理论提倡者认为公共部门和私人部门之间不存在本质上的区别,而且私人部门在管理方式以及管理效率等方面远胜于公共部门,因此,私营部门中卓有成效的管理方法如绩效管理、战略管理、全面质量管理、目标管理,灵活且具有弹性的组织模式、顾客至上、结果控制等都被引入公共部门管理。他们主张积极推进市场化进程,让私营企业有机会更多地参与公共事务和公共服务管理。① 奥斯特罗姆等则提出了公共服务的多中心秩序理论。他认为,各种公共物品和服务在生产和消费方面的实质性差异是显而易见的,人们对服务的偏好也不相同。"多中心意味着有许多在形式上互相独立的决策中心……他们在竞争性关系中签订合约,并从事合作性的活动,或者利用新机制来解决冲突,在这一意义上大城市地区各种各样的政治管辖单位可以用连续的、可预见的互动行为模式前后一致运作。也在这一意义上,可以说他们是作为一个体系运作的。"② 公共服务的多中心秩序理论力图揭示公共服务领域独特的运行逻辑,开辟了公共服务研究的新取向。21 世纪初,美国著名公共行政学者登哈特夫妇则在反思批评"新公共管理"理论局限性的基础上,提出了"新公共服务"理论,他们指出:在新公共服务中,公共行政官员不是其机构和项目的主人,他们的职责既不是单一的掌舵,也不是划桨。他们应该以"一种通过充当公共资源的管家、公共组织的保护者、公民权利和民主对话的促进者以及社区参与的催化剂来为公民服务"。③ 纵观公共服务研究的发展历程,随着研究的深入和社会公共服务提供方式的创新,人们越来越认识到,公共产品和公共服务由于非竞争性和非排他性程度的不同以及二者的不同组合,需要发挥多重主体、多种机制的作用,"非政府、非营利组织"即"第三

---

① 李治:《从新公共管理到新公共服务的理论发展》,《湖北社会科学》2008 年第 5 期。
② 奥斯特罗姆等:《公共服务的制度建构》,上海三联书店,2000,第 11～12 页。
③ 珍妮·V. 登哈特、罗伯特·B. 登哈特:《新公共服务:服务,而不是掌舵》,中国人民大学出版社,2004,第 148 页。

部门"就是其中不可忽视的力量。

（二）我国社会转型中公共服务的发展及公共服务的社区化

计划经济时期，我国形成了高度集中的计划经济体制，与之相对应，社会管理和服务高度行政化，政府扮演着全能者的角色，不仅是公共服务政策的制定者，也是公共服务的规划者、管理者和资金提供者，往往又直接开展服务活动。由于城乡二元分割，有限的公共服务资源主要集中在城市，农村公共服务的发育程度一直很低。在城市，由于政府与企业、政府与事业单位、企事业单位与社会组织缺少必要的分化，企事业单位职能泛化，承担了许多社会管理、社会控制和福利服务的任务。"单位制"又导致了公共服务资源的单位分割，产生了公共服务单位化的倾向和弊端。

进入改革开放和现代化建设的新时期后，伴随着经济体制改革的深入，国有企事业单位开始告别"单位办社会"的模式。城市社会生活中的公共服务问题开始凸显，政府在转变职能的同时也将管理和公共服务的重心下移，但是由政府包揽公共服务又是不可行的。适应经济体制改革和建立"小政府、大社会"管理体制改革的要求，政府在城市启动了社区服务和社区建设。实践证明，社区服务和建设增强了城市社区的功能，承接了社会转型过程中企事业单位剥离出来和政府转移出来的许多社会职能，已成为重构我国基层社会管理和公共服务的一项基础工程。进入 21 世纪以来，在贯彻落实科学发展观、构建社会主义和谐社会、积极推进城乡一体化发展的政策背景下，政府进一步加大了对公共物品和公共服务的供给力度，社会公共服务获得了积极的发展并开始向街道、社区延伸。街道、社区已成为推进公共服务的基础平台。在党和政府的领导下，各地以社区建设为抓手，以社区居民的基本需求为导向，整合利用多种资源，积极发展社区教育，繁荣社区群众文化，创建平安社区，开展社区公共卫生、就业、劳动保障、社会救助等服务，并取得了积极的成效，居民群众特别是弱势人群、弱能人群、边缘人群从中得到了实惠。

公共服务向社区延伸离不开政府职能部门、政府派出机关——街道办事处的强有力推动,也离不开体制内社区组织(党组织、居委会、群团组织)的积极协同,甚至还离不开市场主体——企业的参与,但有了这些还是不够的,还需要培育和发展各类新型服务组织。

二 社区公共服务及其分类

(一)"社区公共服务"的概念

社区公共服务,简言之,就是以社区公众为对象的社会公共服务。杨团将社区公共服务定义为"现代社会为了社区的需要而提供的社会公共服务,以及社区本身为满足自己的需求自己安排的共有服务"①。有的学者试图给出更为详细的定义,认为"社区公共服务是指社区公共服务的提供者(主要是政府)通过一定的组织和形式向某一个社区或更大范围提供的具有生产上的非排他性和消费中的非竞争性、福利性的物品和服务,以满足社区居民生活和工作上的各种需求,是以社区为单位提供的社会公共服务"。② 不过,在笔者看来,这一定义存在着循环定义的不足;此外,将政府看作社区公共服务的主要提供者,难以全面解释社区公共服务的复杂样态,特别是忽视了依靠社区自身力量开展的自我服务。而社区自我服务不仅是社区公共服务不可或缺的部分,更是社区自组织能力的重要体现,因此需大力倡导。

(二)"社区公共服务"的层次

目前社区公共服务大致包括以下三个层次:一是既为某一社区

---

① 杨团:《社区公共服务论析》,华夏出版社,2002,第21页。
② 张琳娜、刘广生:《城市社区公共服务供给问题思考》,《山东师范大学学报》(人文社会科学版)2007年第6期。

及其成员也为其他社区及其成员提供的社会公共服务；二是只为本社区成员提供的社区内部的准公共服务；三是为社区内部弱势、弱能人群提供的福利性服务，虽然这类服务的对象不是社区中的全体成员，但对于受惠对象而言，也是一种公共服务，需要在社区层面上进行"集体选择"，如一些农村和"村改居"社区利用集体收入为老年人发放"老人津贴"，有的城市甚至政府也作出规定：高龄老人可享受基于所处年龄段的"高龄补贴"。这三个层次的社区公共服务既相互补充、彼此衔接，同时又有着明显的区别。社区公共服务除具有一般公共服务所具有的非排他性、非竞争性（公用性）、福利性、非营利性的特征外，还具有社区性，即以层次不同的社区共同体为消费单位。

三　社区公共服务的多主体参与和多机制运行

（一）社区公共服务发展中供应者和生产者的区分及其多主体参与

社区公共服务既然是以社区公众为对象的社会公共服务，消费对象的共同体属性（集体消费单位）决定了社区公共服务应该是一种集体选择、集体消费的过程，这就需要有代表社区公共需求的组织或机构（如社区居民组织、政府或公共部门）对居民的公共需求进行收集和整合，进行供给规划和安排，并"由它们做出与消费、融资、安排物品和服务的生产与监督的有关决策，以满足公众的需求"。[1] 但在以往的社区公共服务中，供应者和生产者往往缺少分化。实际上，社区公共服务的供应者和生产者是不同的职能主体，应该能够作出区分。

同时，社区公共服务由于非竞争性和非排他性程度的不同以及二者的不同组合，呈现了复杂多样的形态。这就决定了其供应者和

---

① 杨团：《社区公共服务论析》，华夏出版社，2002，第94页。

生产者应该而且能够多元化。

1. 社区公共服务的供应者应该而且能够多元化

我们认为,在社区公共服务供应者序列中,至少有这样一些组织应该而且能够成为供应者。

(1)政府及其部门是首要的供应者。具体表现为:一是制定社区公共服务政策和规划,二是提供社区公共服务资金支持,三是对社区公共服务进行管理和监督。在社区公共服务的三个层次中,政府的作用都是不可或缺的。

(2)社区居委会等居民组织也能够成为社区公共服务的供应者。在行政主导的体制下,社区居委会协助政府开展社区公共服务,事实上成为政府及其派出机构的"腿",或者以"费随事转"的方式接受政府部门及其派出机构的服务项目,形成委托—代理关系。在这两种情况下,社区居委会实际上扮演的是社区公共服务生产者的角色。但社区居委会在有些情况下也以居民与政府联系桥梁和纽带的身份,收集反映居民的意见,协助政府或公共部门进行社区公共服务项目的规划和安排。此时,社区居委会往往既是供应者又是生产者。随着专业化社会服务机构的发育和社区居委会自主性的增强,社区居委会作为社区公共服务供应者的地位将会进一步提高。而在组织本社区居民开展自助—互助服务时,社区居委会和其他居民组织则更多的在扮演供应策划者、组织者的角色。

(3)业主委员会是商品房住宅小区公共服务的供应者。业主是住宅产权所有人。在住房普遍私有化的条件下,业主委员会作为业主选举的对小区物业进行管理的自治组织,应该代表所有业主的公共利益和意愿,并维护业主的权益。因而,业主委员会选聘物业服务企业等重大决定理应是一种"集体选择"。物业服务企业为业主的服务是以小区为单位的公共服务。物业公司是服务生产者,业主是服务接受者,而业主委员会则是供应者。

(4)居民社团等组织也能够成为其成员公共服务的供应者。关于这方面的探讨,我们将在本书第六章中详细展开。

2. 社区公共服务的生产者应该而且能够多元化

政府、政府设置的公共服务机构或事业单位、社区组织、社区志愿者队伍、非营利社会服务机构、企业（如物业公司、家政公司等）都可以成为社区公共服务的生产者。多元主体参与社区公共服务的生产，不仅可以提高社区公共服务的绩效、降低服务成本，而且有利于形成供应者与生产者在社区公共服务中的优化组合。其中的非营利组织又因其组织性、独立性（自治性）、自愿性，特别是不以营利为宗旨的特征，更具有作为社区公共服务生产者的优势。国外经验和我国社区公共服务发展的实践都表明，非营利组织是开展社区公共服务的重要载体。

不仅专业性的社区公共服务可以由非营利服务组织甚至企业来承接，一些综合性的社区公共服务也可以以政府购买的方式交民办非营利组织甚至服务型企业来生产，从而实现社区公共服务提供者与生产者的分离。

（二）社区公共服务运行的多种机制

社区公共服务由于非竞争性和非排他性程度的不同以及二者的不同组合，需要发挥多种机制的作用。许多学者分析了我国城市社区公共服务供给的现状，提出了改善我国城市社区公共服务供给的对策。杨团曾依据公共经济学、新公共管理学等前沿理论，建构了社区公共服务产业类型逻辑图，将社区公共服务产业归纳为自治型、保护型、专业型、运营型四种类型；并借鉴国外研究成果提出社区公共服务从单中心体制转变为多中心体制的观点。[1] 李雪萍则提出城市社区公共产品的供给机制主要有行政机制、准市场机制、志愿机制、自治机制，并进行了研究。[2] 一些学者在检视农村社区公共服务体制缺陷的基础上，提出以政府为主体，政府组织与社区组织、社会中介组织、邻里组织、村民个体等合作提供多种公共服

---

① 杨团：《社区公共服务论析》，华夏出版社，2002，第 44～151 页。
② 李雪萍：《城市社区公共产品供给机制论析》，《社会科学研究》2009 年第 3 期。

务的对策建议。①② 我们认为，社区公共服务需要多主体参与形成对接和合力，同时要发挥包括行政机制、社会机制（志愿机制、自治机制）、准市场机制、市场机制、混合机制等多种机制的作用，形成多种机制的互动和互补。

（1）社区公共服务多主体参与和多机制运行典型案例——居家养老服务

社区居家养老服务是国外社区照顾模式在我国的养老服务上的本土化运用和发展。社区居家养老服务是指在政府的倡导和支持下，以家庭和社区为依托、以社会化服务为依靠，为居家的老年人提供生活照料、家政服务、康复护理和精神慰藉等的一种综合服务形式。它是对传统家庭养老模式和机构养老的补充与发展。

社区居家养老服务可采用政府购买服务（包括发放服务券等方式）、社区专项服务（日间照料、老年爱心餐桌等）、志愿者服务、邻里互助服务（建立邻里"一加一"互助对子，定时探视老人，为老人提供力所能及的服务，并将有关情况反馈给社区养老服务站；政府发给老人邻居少量的补贴）的方式。其中居家养老服务机构主要有：①上门为居家老年人提供服务的机构，它们既可以是由街道或社区设置的社区居家养老服务站，也可以是社会力量举办的非营利性社会服务组织或机构，还可以是从事家政服务的经营性公司。②日间集中为居家老年人提供服务的机构——社区老年人日间服务中心。③社区老年人助餐服务点——社区中为老年人提供膳食加工配制、外送、集中用餐等服务的场所。

社区居家养老的特点在于有助于发挥政府、服务机构、社区组织、邻里、志愿者和受照顾对象的家人或亲属各自的作用，实现各方的合作和互补，容易形成正式和非正式、专业与非专业相结合的支持网络，从而为老年人提供方便、快捷、高质量、人性化的服

---

① 田华：《农村社区公共服务体系创建的若干问题》，《求实》2006年第4期。
② 吕雁归：《农村社区公共服务的体制缺陷与机制改善》，《中共福建省委党校学报》2009年第7期。

务。其中开发利用社区资源，形成为老服务社区支持网络，正是社区照顾的基本理念。同时，居家养老服务的发展也需要专业化社区照顾方法和技能的运用，特别是康复治疗、精神慰藉等。近年来，社区居家养老服务为政府所大力倡导和推动，除了其自身的特点和优点，也与我国现阶段经济社会发展的现实条件相适应，同时也与历史传统和多数居民养老意愿相契合。

（2）典型案例——社区微型养老机构让老人感觉很舒服①

根据第六次人口普查的数据，四川省65岁以上人口占总人口的比重位列全国第二位。目前每百名成都市人中，60岁以上的老人约有17.6人。养老的问题成了很多人关心的话题。成都市在发展养老事业的"十二五"规划中，突出社区养老、就近养老，兴办社区微型养老托老机构，打造一个没有围墙的养老院。

居家养老，享受足不出户的快乐

从2012年底开始，成都贝森路313号热闹了起来。原来的闲置办公区，已经办起了青羊区双新社区朗力托老所，这也是朗力②开办的第一间社区微型养老机构。

"麻雀虽小，五脏俱全"，用这八个字来形容这个托老所，再恰当不过。第一个大厅的左侧，摆放着4张老年人专用按摩椅，右侧的麻将桌前有不少老人正在娱乐；第二个大厅摆放着专门用于康复理疗的设备；穿过走廊，是老人们的房间，每个老人的床前都有一个呼叫器；走廊顶端，是厨房。

虽然总共只有200平方米，难免显得有些拥挤，但与传统定义上的养老院比起来，这里更像一个家。8个工作人员三班倒，以确保24小时不间断服务。8个人里有专业的护士、康复理疗师以及护工。

89岁高龄的胡良丞，觉得这里还不错，饭菜营养搭配合理，

---

① 来源：《中国社会报》2013年1月28日第1版，记者：王书君、王剑平。
② 成都市朗力养老服务中心的简称，2010年7月成立于四川成都，是一家致力于为长者提供养老服务、专业护理、老年康复、中医药养生、老年用品开发的综合性连锁运营的老年服务机构（企业法人）。

味道可口,身体不舒服了,有理疗师帮他做检查,无聊了,可以和朋友们下棋看电视。最关键的是,这儿离家近,儿女能经常来看望自己。"我喜欢这里,这里有街道商铺,有人气,不像那些远在郊区的养老院,感觉被孤立了。"

离家近,不孤单,这是社区微型养老机构最大的吸引力。"双新社区的床位已经住满了,周边两个即将开放的社区微型养老机构,也基本预订空了。"成都朗力养老服务信息咨询有限公司咨询师刘英说,全托的大部分是患老年痴呆症的老人。收费根据老人身体状况,从1500元到2500元不等。此外,还接受日托和临托两种日间照料方式。

在成都市民政局社会福利处副处长黎文强看来,这种社区托老所,虽然微小,但恰恰符合现代都市的养老现状。"占地面积少,解决了找不到地的尴尬,资金投入少,社会力量容易介入,老人离家近,熟悉的环境更利于老人的心理健康。"

社区托老服务机构,没有围墙的养老院

在成都市马家花园社区养老服务站,笔者看到,不少老人都将这里当成了自己的家,来这里用餐、跟朋友交谈、看书、健身。93岁的王书君经常来养老服务站吃饭,"这里的饭菜很好吃,离我家也很近,我经常过来吃"。王书君说。正在炒菜的马家花园社区养老服务站的工作人员李小平说:"我们这儿的饭菜荤素、各种营养都搭配,如果遇到有糖尿病的老人,我们还会特殊搭配,让他们多吃些粗粮和不含糖的饭菜,对他们的身体特别好。"食、住、健身、阅读一样也不少,但社区养老的优势远远不只这些,周素清笑着说:"这里的老姐妹比较多,我们平时就像亲姐妹一样,很交心。"一位老人的家属也说:"社区养老服务站离家近,我们亲属平时来看一下、送下菜什么的,都比较方便,老人回家休息、洗澡也方便得很。"

晚霞社会养老服务中心秘书高敏告诉笔者,晚霞社会养老既有大型的养老基地,也有社区托老服务站,两者的管理模式完全不同。"大型养老基地是封闭式管理,老人出门必须获得批准,而社区托老服务站则是没有围墙的养老院,老人进出都很自由。大型养老基地远离市中心，老人有一种被抛弃的失落感。而在社区里养老，他们可以随时回家，还能与社区里的老人交朋友，整个人的状态都会不一样。"

据高敏介绍，马家花园的王婆婆，本来在家里养老，但她却愿意搬到社区养老，因为那里老年朋友很多，她还和另一位婆婆成了莫逆之交，相约共同度过百岁生日。"在社区里面托养，家人要来看望很容易，随时一碗热汤就端过来了。老人白天在托老所和大家聊天、玩耍，晚上子女下班后就可以回家睡觉。"高敏说。

目前，成都社区微型养老机构有 82 个，床位 1570 张。2013年，成都市将建成 119 个以上规模不低于 10 张床位的社区养老服务机构，主城区每个街道新增 1 个规模不低于 10 张床位的社区养老服务机构，二、三圈层每个区（市、县）新增 3 个规模不低于10 张床位的社区养老服务机构。

不过，我们也必须清醒地认识到，社区公共服务是一个具有复杂内部结构和交错关系的复合体。置身于市场经济和社会管理体制改革创新的大背景下，如何发挥多重主体、多种机制的协同作用为城乡居民提供各类公共产品和服务，满足居民的基本服务需求，特别是为社区中弱势和边缘人群提供福利服务，让他们分享社会发展和进步的成果，这依然是一个需要着力研究解决的课题，更是当前我国"村改居"社区建设需要破解的难题。

四 新型社区服务组织介入社区公共服务的意义和优势

1. 新型社区服务组织是多元化社区服务格局的有生力量

近年来，党和政府大力倡导和推进社区服务。国务院办公厅《关于印发社区服务体系建设规划（2011－2015 年）的通知》提出要"发展多层次、多样化的社区服务"。为此，不仅要继续发挥街道办事处、社区居委会、社区党组织这些组织的主导作用，而且要培育和发展新型社区服务组织，形成政府主导支持、社会多元参与的服务网络及运行机制。即便是社区公共服务，也要"建立党委统一领导、基层政府主导、社区组织协助、社会力量参与的社区公共服务新格局"①，同时也要改进政府提供公共服务的方式②。随着公共服务和福利服务覆盖面的拓展及其向社区延伸，我国大陆城乡社会管理服务的任务大大增加。但街道办事处核定的公务人员职数少，难以履行直接服务居民的职能，设置社区事务受理中心较好地解决了这一问题。在社区层面，设立"社区服务站"代办代理公共服务事项，既可保障各项公共服务覆盖到社区全体居民，也有利于居委会向群众自治组织的本位复归。同时，适应大力改善民生特别是服务弱势人群、弱能人群的需要，不仅基层政府在举办公益性、福利型服务机构，各类民办非营利服务组织和从事社会性服务的企业也应运而生，已成为开展社会服务的新兴主体。上述各类新型社区服务组织的出现，弥补了单靠基层政府和社区居委会开展社区公共服务和福利服务力量上的不足，也有利于形成多元化的社区服务新格局，因此要大力加以培育和扶持。

2. 民办非营利社区服务组织和服务性企业介入社区福利服务与社区公共服务仍有很大发展空间

我国的社区服务呈现多主体参与的发展态势，较好地满足了社区居民多层次、多样化的服务需求。但需要指出的是，在多种服务主体中，民办非营利服务组织（机构）和服务性企业介入社区福利服务和社区公共服务仍有很大发展空间，并且具有重要的意义。社区服务本质上是利用社区内外资源开展的面向社区居民的福利性、公益性和互助性服务，目的是提高社区居民的生活质量，增进社区的公共福利。但这并不意味着只有政府和体制内的组织才可以从事社区服务，尤其是社区公共服务。如前所述，由于公共服务可以进行供应者、生产者的划分，因此，民办非营利服务组织和服务性的

---

① 国务院办公厅：《关于印发社区服务体系建设规划（2011－2015年）的通知》，国办发〔2011〕61号。

② 胡锦涛：《坚定不移沿着中国特色社会主义道路前进　为全面建成小康社会而奋斗》，人民出版社，2012，第38页。

企业都可以承接面向社区居民的公共服务和福利服务。这是实现社区公共服务的制度创新。服务性的企业虽然要营利，但也可以接受政府的委托或通过竞标承接一些社区公共服务或福利服务项目。民办非营利服务组织（机构）的优势则在于，在政府的倡导和扶植下，从社区居民的需要出发，自主兴办，运营灵活，能够更为有效地利用社区内外资源开展非营利性的社区服务。近年来，民办社会工作服务机构也开始在社区服务中崭露头角。民办社会工作服务机构介入社区福利服务和社区公共服务有其自身的特色和优势，有必要在这里专作说明。首先，专业性有助于提升社区公共服务的效果。社会工作者秉承以人为本、助人自助的理念，运用一系列专业的方法面向社区弱势人群、弱能人群和边缘人群开展直接的服务，并通过预防和解决社区矛盾与问题促进社区的发展。专业社会工作介入社区服务和公共服务又要经历接案、预估、计划、介入、评估、结案的规范工作过程，这也都有助于提升服务的效果。其次，非营利性与社区公共服务的性质相吻合。在社会工作发展较为成熟的西方国家和我国的港台地区，社会工作者从业的机构有的为专门的社会工作机构，有的为其他非营利服务机构，但都是福利性或公益性的非营利组织。在我国，民办社会工作机构已开始成为发展社会公共服务的新载体。社会工作的利他主义性质与社区福利服务、公共服务的性质是一致的。再次，准市场机制与社会机制相结合。专业社会工作介入社区公共服务的准市场机制是指，政府等社区公共服务供应者与专业社会工作机构之间的关系是社区服务购买者与生产者的关系，并且是缔结服务契约的平等主体；专业社会工作机构以其专业资质开展社区公共服务项目的竞标，而政府等作为服务供应者（服务购买者）可在多个社会工作机构、非营利组织甚至企业之间作出选择。同时，社会工作机构也要借鉴营利性组织的经验进行绩效管理和项目评估。但是，专业社会工作机构的服务有别于市场化的私人服务。这不仅表现在它超越了市场化私人服务中服务生产者和消费者的两极关系，而形成服务提供者、服务生产者、服务消费者（接受者）的三极关系，而且工作人员秉承社会工作服务理念，善用社区资源、推动居民参与、营建居民自助—互助网络、引领志愿者开展服务。可以说，在社区这一社会生活共同体及其生活场域中，社会工作者及其机构更有发挥优势的空间。

3. 非营利社区服务组织的发展顺应了社区服务世界性的趋势

自福利国家政策在英国推行并被西方其他发达国家效仿以来，西方国家纷纷加大对社会福利的投入，在为社会成员提供福祉的同时也给政府带来了沉重的财政负担。与此同时，公共物品和公共服务供给的低效率问题也成为一个世界性的难题。面对福利国家政策的困境，20世纪70年代，新保守主义在西方崛起。发达国家开始探索在政府和市场之外的解决方案，尝试采用不同的社会机制进行公共物品和公共服务生产。其间，最为活跃的是非营利服务组织的蓬勃发展，它们与政府和企业或互补或合作，开展公共服务生产，走出了一条新的道路。1998年，英国的社会理论家吉登斯出版了《第三条道路——社会民主主义的复兴》一书，在总结实践经验和理性反思的基础上，提出了新设想：建立社会投资型国家，倡导全社会树立"积极的福利"观念，认为全民而不单纯是政府办福利有助于政府从沉重的财政负担中解脱出来。我国也有学者就此指出："社区草根非营利组织的出现有其深刻历史渊源，在后工业化的西方社会，人们不愿意接受原本应该向他们提供服务的政府公共机构不能继续提供服务的事实。现代城市管理变得越来越专业化，行政官僚也开始变得越来越冷漠，政府机构距离遥远、反应又迟钝，使许多寻求援助的人们陷入浩繁的官僚主义手续之中。绝望之下，自己动手成了补救办法。毫无疑问，基层社区草根组织的积极参与势必极大地影响着社区政策的制定。今天西方社区的草根组织普遍受到好评，人们意识到要解决社会、环境、福利多方面问题，光靠各级政府部门或依靠赢利的私营部门不完全行得通，只有挖掘社区资源才是根本解决问题的途径。"①

---

① 谢芳：《西方社区公民参与：以美国社区听证为例》，中国社会出版社，2009，第86页。

第三节　城市化进程中培育和发展社区

新型服务组织的思考和建议

我们曾在本章第一节将新型社区服务组织划分为政府设置的社区公共服务平台和机构、民办非营利社区服务组织、承接社区公共服务的营利性服务组织三种主要类型。在这三种主要类型中，第二类组织即民办非营利社区服务组织真正属于社会组织的范畴，在社会建设和社区服务中具有特殊的地位和重要性。因此，本节讨论社区新型服务组织的培育和发展，我们将重点聚焦于民办非营利社区服务组织上。

一　政府要转变工作方式、全面积极履行职能

培育和发展社区新型服务，政府尤其是基层政府负有重要职责。基层政府及其派出机关要主动适应社会建设和基层社会管理改革创新的要求，主动转变工作方式，全面积极履行其职能。当前，要做好如下几方面工作。

（一）在培育、扶持新型社区服务组织上"给力"

在领域高度分化的现代，政府要履行提供公共服务的职能，自觉将自己塑造为"服务型政府"，社会主义制度下的人民政府更应如此。但我们对"服务型政府"不能作简单化的理解。如前所述，公共服务有范围和层次的区分。在社区公共服务中，政府是主要推动者和提供者，但政府更多的是要扮演好社区公共服务掌舵者、政策制定者、资金等资源的提供者、服务监管及协调者的角色，而具体的社区公共服务事项可更多的交由社区新型服务组织承接或生产。为此，要改进政府提供服务的方式，实现由政府招聘人员直接开展服务向委托服务（即委托街道和社区层面设置的公共服务平台

来完成,并实现费随事转)转变,专业性的福利服务和公共服务还可采用购买服务、合同外包、公建(办)民营、民办公助等方式由民办非营利服务组织甚至企业来承接。在国外,政府的财政资助也是非营利组织开展服务的重要资金来源。尽管各国政府对社会组织的支持程度有很大差异,但按照约翰·霍普金斯非营利比较项目的研究,在39个有可靠数据支持的国家中,社会组织收入中政府资助与慈善捐赠的比例是2:1(分别为36%和15%)。其中,14个国家,政府是社会组织的最大收入来源。值得注意的是,这些国家同时拥有最大规模的非营利部门。这表明政府的支持与社会组织的成长壮大有着密切的关系。在其他25个国家里,提供服务收取费用是社会组织的主要资金来源,但政府资助仍然有一定的规模。在美国,从特定边际来看,政府对社会组织的资助仍然远远超过慈善捐赠(政府资助占49%,慈善捐赠占13%)。很明显,政府依靠社会组织提供社会服务成为一种普遍形式,在那些发达的工业国家,尤其如此。[1]

在我国当下的社区服务发展中,要重点扶持公益慈善类、社会福利类、公共服务类民办非营利社区服务组织。目前,一些城市,在城区和街道辖区设置"孵化园",无偿为公益慈善类、社会福利类等机构提供服务办公场所,扶持其发育发展。有的街道如上海市浦东新区潍坊街道还在"社区服务中心"的基础上加挂"社会组织服务中心"的牌子。社区服务中心的主要任务是开展社区服务和管理,而社会组织服务中心的任务则主要是培育社会组织,对社会组织起"孵化器"的作用。湖北省黄石市在探索"市—区—社区"三级管理服务模式的过程中,在社区层面建立了社会组织工作站,黄石港区还建立了社区社会组织发展基金,推动社区社会组织的发展,增强社会的协同能力。[2] 这些都是有益的探索。

---

① 王浦劬、萨拉蒙等:《政府向社会组织购买公共服务:中国与全球经验分析》,北京大学出版社,2010。

② 谢松保:《社区管理体制的有益探索》,《中国社会报》2012年11月26日第1版。

（二）探索与民办非营利社区服务组织相适应的注册和备案制度

1998 年《民办非企业单位登记管理暂行条例》颁布，这意味着民办非企业单位的发展有了法律保障。但《条例》规定，申请登记民办非企业单位要经业务主管单位审查同意，再由登记管理机关审核登记，这实际上是一种"双重登记管理制度"。一些申请者由于难以找到主管单位，也就无法登记从而获得合法身份，草根性服务组织更是如此。针对这种情况，近年来，在社会管理体制改革创新和社会组织建设加快推进的背景下，全国许多省（市）先后开始了社会组织直接登记的探索。2011 年 2 月，北京市对工商经济类、慈善公益类、社会福利类、社会服务类社会组织实行民政部门直接登记。2011 年 11 月，广东省出台《关于广东省进一步培育发展和规范管理社会组织的方案》。方案确定：除特别规定、特殊领域外，从 2012 年 7 月 1 日起，社会组织的业务主管单位均改为业务指导单位，成立社会组织直接到民政部门申请登记。"直接登记"解决了部分民办非企业单位等社会组织登记难的问题，也是改革和完善社会组织管理体制的重要措施。2013 年全国"两会"通过的《国务院机构改革和职能转变方案》在"改革社会组织管理制度"中，不仅提出加快形成政社分开、权责明确、依法自治的现代社会组织体制的任务，而且在总结各地实践的基础上要求"重点培育、优先发展行业协会商会类、科技类、公益慈善类、城乡社区服务类社会组织。成立这些社会组织，直接向民政部门依法申请登记，不再需要业务主管单位审查同意。民政部门要依法加强登记审查和监督管理，切实履行责任"。①

就民办非营利社区服务组织而言，对达到民办非企业单位登记条件的，可要求其进行注册登记。其中，慈善公益类民办社区服务组织，可直接到民政部门申请注册登记，而非公益服务类社区社会

---

① 《国务院机构改革和职能转变方案》，http：//baike. baidu. com/link？ url = hLzvA-cafZee5cGYi，2013 - 07 - 19。

组织和法律法规、政策文件明确需进行前置审批的事项，须取得业务主管部门和镇（街）有关部门许可后方可申请注册登记。但要简化注册手续，尤其是降低注册资金的门槛。对尚未达到民办非企业单位登记条件的民办非营利社区服务组织，可实行备案制。申请备案的要将负责人和所有人员的花名册、住址、活动地点、备案申请书及其他材料一并提交社区居委会，由社区居委会初审后报街道办事处审批，街道办事处批准后报民政局备案。

（三）制定促进民办非营利社区服务组织健康发展的优惠政策和法律

就国家立法层面而言，建议制定社会组织所适用的税法，以引导和激励它们从事社会公共服务、慈善公益服务。在法规、法律没有颁布之前，要探索制定促进非营利社区服务组织健康发展的政策，尤其是对公益慈善类、社会福利类、公共服务类民办非营利社区服务组织给予政策上的优惠；还要通过改革财税制度，引导和支持社区社会组织承担一部分由政府转移出来的社会保障与社会福利功能。政府还可以给予民办非营利社区服务组织免税、减免水电费、无偿提供场所或房租补贴等优惠。近几年来，一些城市的基层政府为促进公益慈善类、社会福利类社会服务组织发展，专门建立了"孵化园"，免费提供场所、减免水电费，为这些组织的起飞"助力"，收到了积极的效果。

（四）加强对社区性民办非营利服务组织的监管

李克强总理2013年5月13日在国务院机构职能转变动员电视电话会议上的讲话中指出：政府既要把该放的权坚决放开放到位，又要把该管的事必须管住管好。政府管理要由事前审批更多的转为事中事后监管，实行"宽进严管"①。对新型社区服务组织同样需

① 《李克强在国务院机构职能转变动员电视电话会议上的讲话》，http：//www. chinadaily. com. cn/dfpd/shizheng/2013－05/15/content_ 16499911_ 3. htm.

要加强监管，而民办非营利社区服务组织属于社会组织，对其监管也是当前我国基层社会管理改革创新面临的新课题。在社会组织的监管上，要改变以往重审批轻监管的做法，强化各级社会组织登记管理部门的监管、执法职能。近年来，有的城市政府在民政部门之外独立设置民间组织（或社会组织）管理局，有的在原有"民间组织（或社会组织）管理处"的基础上加挂"民间组织执法监察局（处）"。这些做法不只是增设机构或简单地加挂一块牌子，而是政府履行社会组织监管职能的落实，不失为一种加强对社会组织监管的举措。对社会组织进行年检是规范社会组织管理、监督社会组织活动的常规制度，要在实践总结的基础上进一步完善。要探索对民办非营利服务组织（民办非企业单位）的第三方评估制度，培育发展一批有资质的专业评估机构，逐步建立民办非营利社区服务组织的评估体系。同时，积极制定出台有关社会组织的相关法律法规，为社会组织发育发展提供法律保障。要发挥新闻媒体、网络、社会公众的监督作用，使其在阳光下运行，基本形成政府监督、法律监督、社会监督、自我监督相结合的监管体系。

民办非营利社区服务组织多数规模小、分布散，又处于发育阶段，监管难度大，所以更要做好日常监管工作。民办非营利社区服务组织虽然在街道和社区范围内开展服务，但涉及的领域很广，要进行分类指导和管理，指导它们制定开展服务和内部管理的工作制度，定期进行检查和抽查。对不规范的服务组织要进行问责，多次不改正的要取消其服务资格。在民办非营利社区服务组织的监管中，社区居委会、街道办事处、区民政局有着各自的监管职责，要在区民政局的统一指导下，由街道办事处、社区居委会分层管理。街道办事处的职责有：①负责办理本街道的民办非营利社区服务组织的审查和备案；②监督、指导民办非营利社区服务组织的业务活动，督促其遵纪守法，在规定范围内开展活动；③协助登记管理机关和其他有关部门查处民办非营利社区服务组织的违法、违纪行为；④定期组织民办非营利社区服务组织学习有关法律、法规和政策，积极开展有益于社区居民的各项文体活动，指导它们为社区建设服务；⑤负责民办非营利社区服务组织年度检查的初审。社区居委会的职责有：①根据社区公益事业发展和居民需要，培育民办非营利社区服务组织，协助街道办事处对本社区民办非营利社区服务组织的材料初审和审报；②负责组织民办非营利社区服务组织不定期开展活动；③及时向街道办事处提供民办非营利社区服务组织的活动情况，根据社区居民需要，提出合理化建议和意见；④监督、指导民办非营利社区服务组织的业务活动，监督指导其遵纪守法、在规定范围开展活动，配合有关部门查处其非法活动。

（五）鼓励社会力量、社区单位和居民向非营利社会服务组织捐赠

慈善事业的发达程度，是一个国家、一个社会、一个民族文明程度的标志。2011 年，一些公益热点事件引发媒体和公众对慈善公益组织的关注和质疑，一时间将中国的慈善公益组织推到了风口浪尖之上。慈善公益组织的信誉受损，致使接受捐款困难，受到前所未有的压力。面对这样的发展困境，政府加强了监管，社会各界特别是捐赠者也对公益慈善组织建设和监督提出许多合理的建议。慈善公益组织开始加强自律建设，力求重塑形象。但我们也应该看到，慈善事业在我国的发展尚有很长的路要走。当前和今后一段时期内，党和政府要加强舆论宣传和政策引导，在公民中大力倡导慈善意识，营造慈善文化。要在全社会弘扬慈爱精神，树立行善美德，不论作为社区居民还是作为社会民众都要把行善捐助当成一种高尚行为，甚至是一种社会责任。

二 强化新型社区服务组织自身的能力建设

"打铁还需自身硬。"发展和壮大社区新型服务组织特别是民办非营利社区服务组织，从根本上说还需加强其自身的能力建设。社区新型服务组织特别是民办非营利社区服务组织的能力建设有多种

途径和措施，这里着重强调如下几点。

（一）以服务社区居民为核心，不断提高对社区居民的吸引力

任何一种组织的产生和存续，总是基于一定人群的需要。社区新型服务组织也不例外。社区新型服务组织的三种主要类型，不论是政府设置的社区公共服务平台和机构，还是民办非营利社区服务组织，抑或承接社区公共服务的营利性服务组织，不仅在组织性质、运行机制、服务方式上有别于原有的社区组织；更为重要的是，它们在服务社区居民方面有着自身的优长，因而能够与原有社区组织形成互动和互补。而社区新型服务组织要发展壮大，也必须以服务社区居民为核心。所谓以服务社区居民为核心，就是要立足社区实际，回应并尽力满足居民对社区公共服务的需要。即便是政府设置的社区公共服务平台和机构，虽然要完成基层政府部门和街道办事处委托的工作，但必须把服务社区、服务居民作为工作的重心才能"接地气"。在"村改居"社区，街道和社区两级服务平台，面对城市化进程中大量的工作内容和民生问题，更要在基层政府和"村改居"社区新老居民之间做好对接工作。不但要反映居民的诉求，而且要协助政府及有关职能部门做好失地农民的就业服务，外来人口管理和服务，新老居民计划生育管理和服务，"村改居"后居民最低生活保障、社会救济、社会救助等服务；还要开展社区为老托幼、社区卫生、社区矫正等专业化服务。至于民办非营利社区服务组织和营利性社区服务组织，更要以居民的需求为第一信号，力求为居民提供方便、快捷、周到的服务。唯有如此，才能不断提高对社区居民的吸引力，社区新型服务组织的发展才有深厚的民众基础，才能枝繁叶茂。

（二）培养和引进专门人才

对民办非营利社区服务组织来说，培养和引进专门人才，走专业化的道路十分重要。人才资源是第一资源。近年来，政府在招聘

街道层面的社区事务受理中心或社区公共服务中心甚至是社区层面的公共服务站的从业人员时,要求条件都较高,不仅有学历(如大专学历以上)、年龄(如在35岁以下)等要求,还要统一组织笔试和面试以选拔人才。政府举办的社区福利机构,在招聘部门管理人员和专业人员时设置的门槛也较高,但一线服务人员的招聘条件就低多了。就民办非营利社区服务组织而言,不同组织之间存在很大差异。但相对而言,正式注册的民办非企业单位在招聘从业人员时也有相应的条件,一些岗位还有专业方面的要求;而未注册的草根性服务组织尤其是非营利社区服务组织的从业人员普遍存在着学历低、年龄大的问题,更缺少专门人才。要改变这种现状,一方面,政府管理部门要对不同类型的民办非营利社区服务组织提出相应的要求,引导它们改善和优化从业人员的结构。另一方面,民办非营利社区服务组织要顺势而为,通过教育培训、激励等方式提升从业人员的综合素质和服务水平,同时招聘素质较高的人员。随着高等教育的大众化发展,越来越多的大学毕业生将走向基层、走进社区。社区新型服务组织要创造条件,吸引高校毕业生尤其是社会工作、心理学、医学、管理学等专业的毕业生前来就业。专业化人才的进入,将会提升这些组织的社区服务质量,从而以高质量的服务与管理赢得居民和社会的广泛认同。

(三)完善组织治理结构,规范服务行为,提升社会公信力

健全治理结构,规范服务行为,是民办非营利社区服务组织尤其是未注册的民办非营利社区服务组织进一步发展必须解决好的问题。结构产生功能,是功能的基础和前提;同时功能也反作用于结构。民办非营利社区服务组织属于社会组织,要执行社区公共服务、福利服务的功能,就需要主动建立和完善与社会组织相适应的组织体系和治理结构,建立健全内部管理制度,健全和完善科学决策机制。同时,要建立信息披露制度,定期主动公布有关信息。社区新型服务组织连接政府部门和社区百姓两头,又进行着社区公共

服务、福利服务的生产，需要"自律"，也必须"自律"。"自律"方能打造社区公共服务、福利服务生产者的品牌和形象，提升社会公信力和美誉度，赢得上至政府下到社区民众的信任和支持。

组织自身的自律建设是基础，同时，行业层面上的自律也是不可缺少的。在市场经济条件下，非营利社区服务组织和营利性社区服务企业需要通过承接社区服务项目，获取生存和发展的资源与相关支持，自然彼此之间有竞争，包括服务项目"竞标"。但大家又同在一条"船"上，在参与和承接社区公共服务与福利服务中是合作—竞争的关系。因此，为了更好地实现社区新型服务组织的健康发展，要鼓励民办非营利社区服务组织和营利性社区服务企业成立协会、联合会等"枢纽型"组织，利用"枢纽型"行业组织自身的力量制定服务标准，规范服务行为。行业性"枢纽型"组织既是一个维护成员权益、推动成员协作的公共服务的平台，也是聚集社区新型服务组织"正能量"的平台，同时也可以减轻政府监管的压力。

（四）增强资金募集和资源动员的能力

对于多数非营利服务组织来说，政府提供支持是不可缺少的，但只靠政府支持是不够的。还需要指出的是，如果完全依靠政府支持即便是政府购买服务，也可能导致非营利社会服务组织对政府的过度依赖。如此一来，社会服务组织与政府之间的平等合作关系也就不可能真正形成。在国外和我国港台地区，许多非营利服务机构都有基金会提供的资金支持，这也是我国内地非营利社区服务组织发展一个不可忽视的资金来源渠道；同时，非营利社区服务组织还可依法接受企业或社区居民等的捐赠。此外，一些民办非营利社区服务组织在提供非营利社区服务时还可收取服务费。在一定意义上，这好似民办非营利社区服务组织的"造血"功能（只是不以营利为目的）。如前所述，在一些国家，提供服务收取费用甚至是社会组织的主要资金来源。民办非营利社区服务组织还要利用植根社区的优势，动员社区内外的人、财、物、信息、组织等各种资源，包括吸引社区居民和志愿者加入到社区非营利服务中来。这不仅可以弥补自身资源的不足，还可以做到正式服务网络与非正式服务网络的有效衔接和互补。

近年来，政府在社区公共服务和福利服务提供上稳步推进改革，在继续做好公建民营、民办公助、委托服务、合同外包的同时，加大政府购买服务的力度，并引入激励机制，有组织地实施社区公共服务和福利服务项目公开招标，各类服务组织（政府举办的服务机构、民办的服务组织乃至服务性企业）开始平等竞争投标。面对这一现实，社区新型服务组织特别是政府举办的服务机构必须积极参与竞争投标，学会"下海游泳"，并在竞投中全面发展自己的能力。

上海市 LF 街道社区事务工作站站长 LJH：社区事务工作站是公益性民非组织，建于 2003 年，当时的初衷是给居委会减负。社工站对应居委会的工作内容设置了条线社工对接开展服务，一站多居。2005 年工作站以民办非企业单位注册，成为独立的法人。街道办事处与社工总站签订了委托服务协议，我们引进一门式服务理念，统一协调社工资源，条线社工变成综合社工。

2008 年街道办事处推出一批服务项目，通过街道民间组织中心向整个社区发布。我们以"希望之翼""爱心传递""情暖夕阳""魅力社区"四大系列十余个项目来对接，按项目化运作，这对我们也有压力。

2009 年上海市正式启动社区公益项目的创投和招投，我们积极参与，当年就中了两个。到现在，先后成功获准 10 个项目，创投项目有："春沐心芽"——社区帮教人员家庭青少年子女成长辅助计划，"红帆船"——社区优抚对象关爱计划，"快乐接力"——社区志愿者反哺计划，"爱的天平"——社区单亲子女扶助计划，"牵手阳光"——社区青年智障群体扶助计划；"孤居逢春"——社区独居老人关爱计划；招投项目有："姐妹连心桥"——女性弱势群体的自我扶助和成长，"慈善车轮"——社区大、重病人关爱，"老年乐园"——社区老年活动室服务管理等。比较起来，创投更有难度和挑战性，有些要七八稿才能完善，再去民间社会组织发展中心组让专家评审，答辩打分，确定入选范围，然后再与入选的社会组织面对面谈，看能否做起来。项目化运作机制使更多的社区老年人、青少年、优抚对象、智障人士、困难家庭等弱势群体和特殊群体得到了关爱和扶助。(2013-4-21SZLS)

第六章

发育中的居民社团组织

上一章我们考察了新型社区组织中的新型服务组织。在新型社区组织中，还有另一种类型，这就是社区居民社团。社区居民社团同时也属于社区性社会组织。在城市化进程中，居民社团的培育和发展具有重要的意义。本章首先对社区居民社团的含义、特征进行解析，并回顾我国社会组织和社区居民社团的发展；第二节拟着重对"村改居"社区居民社团的主要类型、作用、面临的问题展开研究。在此基础上，第三节将就培育和发展"村改居"社区居民社团提出若干思考和建议。

第一节 发育中的社区居民社团组织

一 若干概念解析

在西方，一般将政府和企业之外的组织称作"非政府组织"（NGO）或"非营利组织"（NPO）或"第三部门"。这些概念的形成显然是运用了逻辑学上的"排除法"，即在政府组织和企业组织之前加上一个"非"（N）的前缀，泛指既不属于政府组织又不属于企业组织的一类组织，也即所谓的"第三部门"。这里的"非"（N）是概念在外延上的划界，并没有其他的含义。出于多种缘由，以往我国并没有使用"非政府组织"（NGO）等词语，而是使用"民间组织"这一概念，来与党政机关、企业、事业单位等组织相区别。近年来，随着社会建设和社会管理改革创新的兴起，"社会组织"取代了"民间组织"成为正式的官方概念，与此相联系，民政部门中原"民间组织管理局（处）"现在也更名为"社会组织管理局（处）"。

纵观国内外关于社会组织的研究，我们认为：社会组织是指以服务和促进公共利益为宗旨，以非营利为目的，以独立运作为标志，由社会个人、群体和机构自愿组成的非政府主导的组织。社会组织的特征主要有民间性、非营利性、公益性、自治性、自愿性五个方面。

我国的社会组织按其性质分为三大类，分别是社会团体、民办非企业单位、基金会。社会团体是指中国公民自愿组成，为实现会员共同意愿，按照章程开展活动的非营利性社会组织。民办非企业单位是指企业事业单位、社会团体和其他社会力量以及公民个人利用非国有资产举办的，从事非营利性社会服务活动的社会组织。基金会是指利用自然人、法人或者其他组织捐赠的财产，以从事公益事业为目的，按照相关规定成立的非营利性法人。这三类社会组织分别受《社会团体登记管理条例》《民办非企业单位登记管理暂行条例》和《基金会管理条例》约束。其中，社会团体是互益型的非营利性社会组织，它是以谋求成员的共同利益为宗旨。民办非企业单位是非会员制的公益性、服务性的社会组织。

自从"社会组织"这一概念被正式确立后，在我国的社区研究和实际工作中随之出现了直接套用相关概念而形成"社区社会组织""社区社团""社区民办非企业单位"等用语的情况，并有论著出版。① 但也有作者认为："从目前我国行政机关对'社会组织'这个概念的使用来看，社会组织包括了社会团体、基金会与民办非

---

① 参见夏建中、特里·N.克拉克等《社区社会组织发展模式研究：中国与全球经验分析》，中国社会出版社，2011。

企业单位三种组织。同时，由于这三部分都有各自相互独立的法律制度，所以，'社会组织'仅仅是一个进行民政行政管理的方便称呼。"并进而认为："'社区社会组织'仅仅是一个方便的称呼，其具体所指的是社区社会团体（以下简称社会团体）和社区民办非企业单位（以下简称民办非企业单位）两种组织。"① 著者认为，社区社会组织是社区性社会组织的简约称谓，社区本身就是地域性的社会生活共同体，狭义的社区组织主要就是以社会性、民间性、群众性为特征的组织，因此不宜简单地套用目前正式社会组织管理中社团、民办非企业单位、基金会的分类来对"社区社会组织"进行分类。由于目前在街道和社区层面开展服务的民办非企业单位多数不是本社区居民自己组建的，它们只是面向社区居民开展服务，与其他民办非企业单位并无明显区别，所以称其为"社区民办非企业单位"没有多少实际意义。至于"社区社会团体"，虽然是一个可以使用的概念，但笔者更倾向于在广义的含义下使用它，而不能局限于《社会团体登记管理条例》规定的纳入正式登记和管理的社会团体。基于这一思考，本书使用了"社区型居民社团"这一概念，简称"社区居民社团"或"居民社团"。它与"社区社会团体"的内涵基本一致，意在强调其成员为社区居民。

因此，社区型居民社团意指，由社区居民组建的旨在满足成员共同意愿和需要并主要在社区地域范围内开展活动的各种协会、联谊会、促进会、活动团队等社区组织。具体又包括三种情形：第一种是正式登记的居民社团；第二种是达不到登记条件但已办理备案的居民社团；第三种是既没有登记也没有备案的居民社团，其中多是各种兴趣健身团队。后两种居民社团虽然并未达到目前规定的社区团体登记的标准，难以适用现行的《社会团体登记管理条例》来管理，但我们不能否认它们具有社会团体的属性，只能说它们在现有政策框架下还是准社会团体，是草根性的居民社团。这样的界定

---

① 赵军、张志勤、陈志卫主编《城乡社区社会组织实用工作手册》，中国社会出版社，2010，第42页。

和理解更有助于我们在更宽广的视野下认识并培育发展社区居民社团。团体（Group）本义就是为共同的目的、利益或志趣而联合或正式组织起来的一群人，只是有的团体是正式组织起来的，有的团体则是相对松散的非正规的联合，但即便是非正规的团体也不同于乌合之众，成员之间基于共同的目的、利益或志趣而有着某种持续的互动。社区居民社团也是如此。居民社团不论是正式登记的，还是备案的乃至没有备案的，都有形成和维系的基本纽带，即共同的目的、利益、志缘、趣缘等，正是这些纽带将个体的居民连接了起来。

二 社区居民社团组织的特征

（一）民间性

社会组织都具有民间性，但社区居民社团组织的民间性特征更为鲜明。这种民间性集中体现为非官方性，在与体制内社区组织特别是社区居委会和社区党群组织的比较中明显表现出来。如前几章所述，社区居委会是带有行政色彩的群众性自治组织，具有"官民二重性"，在法律地位上是居民自我管理、自我教育、自我服务的基层群众性自治组织，但又有协助城市基层人民政府或者其派出机关开展工作的职责。居民委员会的设立、撤销、规模调整，由不设区的市、市辖区的人民政府决定。而社会团体只需要进行注册登记，社区居民社团还可实行街道甚至社区备案制。社区党组织是中国共产党在城市社区的基层组织，因而不属于居民社团组织。社区居民社团组织与社区群团组织的关系则较为复杂。群团组织是"群体性社团组织"的简称。社区工会、共青团、妇联、老年协会（也称老人协会）、残疾人协会等往往都被看作社区群团组织，这是因为这些组织既是特定群体的利益代表，同时又是党和政府开展群众工作的助手，一般要按照党政体制的要求自上而下统一设置。其中，社区工会、共青团、妇联又是免于登记的"半官方"性质的人民团体在社区层面上设置的分支组织。而社区居民社团则更强调由社区居民自愿组建并满足成员共同意愿和需要，因而具有明显的民间色彩。但在"大政府、小社会"的社会管理体制下，居民活动更多的是在社区群团组织的旗帜下进行的。笔者认为，随着社会建设和基层社会管理体制改革创新的进一步推进，社区群团组织与社区居民社团的组织边界也将进一步明晰，居民社团组织将获得更大的发展空间，目前一些被看作社区群团组织的社区民间协会（如社区老年协会）也会逐步褪去"半官方"的色彩，回归社区居民社团的身份。

（二）群众性

社区居民社团不同于其他社团的另一个特征是群众性，即社区居民社团是面向社区居民群众的社会团体。当然，这些居民群众又有"大众"和"小众"之分。有些居民社团是大众性的非正规社团，谁都可以加入成为其成员，成员进出完全出自个人的意愿，没有准入条件限制，如广场上或公园内早晚活动的健身团队。有些则是社区特定人群的社团，只要具备特定条件便可自动成为其成员，如老人协会，凡60岁以上的本社区居民都可自动加入，不需专门申请便可成为老人协会的成员。残疾人协会也是如此，凡残疾人便可自动加入成为会员。有的居民社团则是由具有共同志趣爱好的居民组建的，但社区中的居民均可申请参加。当然有些居民社团对成员资格有一定的要求，开展活动也相对规范，如书画学会等。

（三）社区性

社区居民社团不同于其他社会团体，还有一个显著的特征，就是社区性，这种社区性表现在如下三个方面：一是成员为本社区的居民或社区中的特定人群；二是立足于社区，其活动范围主要在社区或街道辖区；三是由于以上两方面的实际情况，多数社区居民社团为松散型的组织，实行街道甚至社区备案管理即可。而其他社会团体并没有这样的特征。

（四） 自治性

社区居民社团属于社区自治组织的一种类型。在这一方面它与社区居委会、小区业主委员会的性质具有相同之处。其中，正式的社区居民社团一般在成立时就有章程，就本社团的性质、宗旨、任务、成员等作出明确规定。社区居民社团成立后要依据章程相对独立地开展活动，并进行自我管理，以实现成员的共同目标。而大量草根性的居民社团，虽然没有章程，但也有成员共同认可的约定和守则。这些社区居民社团，要接受社区党组织的领导和社区居委会的指导，但同时又相对独立地开展活动。

（五） 自愿性

社会团体理应是公民自愿组成的为实现会员共同意愿按照章程开展活动的非营利性社会组织。社区居民社团也应如此，离开了自愿性就不成其为社团。随着社区建设的深入，特别是社会建设中"国家与社会"关系的调整，社区居民自愿结成的社团组织越来越多，但以往人们习惯将这类组织称为自发性组织。其实，自发有两层含义，一是由自己产生，不受外力影响；二是不自觉。① 自愿结成的社团组织所指的正是社区居民在没有外力影响的情况下自主组建的社团。借用现代科学术语，这是一种"自组织"行为。组织是自然界和人类社会中事物的一种有序化的过程和构成方式，而事物从无序走向有序或从较低级有序到较高级有序的进化有两种方式：一种方式是自我组织起来实现有序化，这种方式称作"自组织"；另一种方式则是"被组织"或"他组织"，即在外界指令下被动地从无序走向有序。协同学的创始人哈肯就明确指出："如果一个系统在获得空间的、时间的或功能的结构过程中，没有外界的特定干涉，我们便说该体系是自组织的。这里'特定'一词是指，那种结

---

① 中国社会科学院语言研究所词典编辑室编《现代汉语词典》（修订本），商务印书馆，2001，第 1667 页。

构或功能并非外界强加给体系的，而且外界实际是以非特定方式作用于系统的。"① 可见，自组织首先是作为一个动词被使用的，指的是事物或系统自我组织起来实现有序化的过程和行为。从更深层次分析，自组织还是复杂事物或系统的一种进化机制或能力。在我国当前社区居民社团的建立和发展中，"他组织"和"自组织"机制往往同时存在，只是在不同的类型和不同的发展阶段二者有着不同比重的组合。上级党政部门推动、要求或倡导下成立的居民社团组织（如老年协会等），在建立和发展初期"他组织"的色彩较浓，但其后的发展逐步走向"自组织"；而由居民自主建立社团则一开始就是一种"自组织"行为。因此，我们认为，自愿性是社团的组织灵魂，自组织是社团的组织基础。

三 我国社会组织和社区居民社团组织的发展

（一）社会组织在我国的曲折发展

在中国的传统社会里，受家国一体的专制主义中央集权制度的严重抑制，民间社会的自我组织能力相对较弱。清末和民国时期出现了学会、商会、农学会、教育会等一些处于萌芽状态的现代意义上的民间社团，但影响力有限。在 20 世纪上半叶激烈的内外战争和社会革命环境下，民间组织没有得到充分发展。② 新中国成立以后，我国以苏联为样板，形成了以单位为依托的高度集中的计划经济体制和"政社合一"的社会管理体制，不仅党政不分，而且政企不分、政社不分，政府与企业、国家与社会的关系严重失衡。国家、政府的超强控制不仅使企业丧失了独立性，而且严重限制了社区和社会组织的发展空间。以社团身份开展正式活动的主要是免于登记的人民团体以及党和政府直接倡导成立的社团。它们被纳入党

---

① H. 哈肯：《协同学》，上海科学普及出版社，1988，第 29 页。
② 国务院发展研究中心社会发展研究部课题组：《社会组织建设：现实、挑战与前景》，中国发展出版社，2011。

政体制之内，成为党和政府联系特定群众的桥梁和纽带，更多的被称为"群团组织"，因此，也就拥有较强的官方背景和行政色彩。而由公民自愿组建的民间社团在"强国家、弱社会"的社会生态下得不到应有的制度和政策支持。民间社团不仅难以成立，已成立的也在历次政治运动的清洗中屡遭冲击，基本上停止了活动，或者解散。

进入改革开放和现代化建设新时期以后，中国共产党不仅确立了"以经济建设为中心"的路线，而且启动了中国的"第二次革命"——改革。改革以经济领域为突破口，从农村推进到城市，又由体制外进到体制内。随着从计划经济体制向社会主义市场经济体制的过渡，企业开始成为独立的市场主体，实现了中国社会结构的基本分化——国家与市场的分化。但是，我们必须认识到，改革不能只停留于国家与市场关系的层面，还要进入国家与社会关系这一层面。从社会结构分化的视角而言，就是要从国家与市场的分化过渡到国家、市场、社会三者之间的分化。后一方面的分化虽然任务更为艰巨和复杂，但意义更大。社区建设、社会组织建设、社会管理体制改革创新正是适应社会结构的转变而兴起的，其实质是要改变包括社区生活共同体、社会组织在内的社会领域依附于政府和国家的"强国家、弱社会"格局，增强其相对自主性，并在自组织基础上走向自我管理、自我教育、自我服务、自我约束、自我整合，进而实现政府、社区、社会组织在合理定位基础上的功能互补和良性互动。

20世纪80年代以来，先是社区建设在我国大陆兴起并蓬勃发展，此后，社会组织建设也在曲折中获得了快速发展。特别是进入21世纪以来，党和政府对社会组织的认识进一步深化，更加积极地鼓励社会组织的发展，在利好的环境下，社会组织得到了长足的发展。

（二）社区居民社团组织兴起和发展的缘由

居民是一个个独立的生命体，但绝不是离群索居的"原子化"

的个体，而是社群性的存在。在社群中通过合作表达并实现自己的社会性需要会更有效。"人类组织起来构成部落、村落、社区、城邦、政党、民族和国家，目的恰好是为了群体内部的个人的利益。大家合作会比个人单打独斗生活得更好。"① 这也是社区等大大小小的社会生活共同体存在的根由。但在传统的农业社会中，人们的生活大都限于初级群体和村社熟人共同体的范围内。由于社会生活相对简单，也就缺少产生复杂的居民社会组织的土壤。自进入工业社会以来，社会结构不断分化，社会分工日趋精细，人口的异质性和流动性明显加快，社会生活复杂化，仅靠初级生活圈和社区共同体已难以反映居民多样、多维、多层次的诉求，也难以有效地规范和引导人们的行为，于是，各种正式组织雨后春笋般地涌现，并活动于社区地域范围内。与之相适应，不同阶层、行业等背景的人为保护自身利益或为实现自己的价值取向，以一定的方式组成社团。结社自由随之得到发展，并被作为公民的基本权利之一。

随着经济社会的发展，我国社会正发生深刻变迁，城乡居民迫切需要有多种组织形式来满足自己的经济、政治、文化、社会性的需要。社会团体就是顺应这种需要而得到发展的。在城乡社区，居民群众也日益生出多样化、多层次的需要和诉求，满足这些需要显然不能只靠居民和自己的家庭，而需要居民、社区组织、政府、社会服务机构等多主体参与。在基层社区，社区党组织、社区居委会、社区群团组织等体制内组织，是党和政府联系社区群众的桥梁和纽带，这些组织也都以各自的方式表达和回应居民群众的需要和诉求。但是，居民社团在反映社区特定人群诉求、增进沟通、协调利益、开展活动等方面扮演着独特的角色，并且有着植根民间、联系群众广泛、形式多样、活动灵活的优势，因而是政府组织、社区居委会、社区党组织、社区群团组织难以替代的。也正因为如此，社区居民社团在近年来获得了可喜的发展，已成为我国社区组织体

---

① 韩震：《人类：社群地追求自由权利的生成性存在》，中国网，china.com.cn，2008-04-21。

系中不可或缺的组成部分，并在我国社会组织体系中占据着越来越大的比重。

第二节 "村改居"社区居民社团的主要类型、作用、面临的问题

一 "村改居"社区居民社团的主要类型

社区中的居民社团种类多、差异大。依据不同的标准，可作不同的分类。若按其功能划分，社区居民社团目前主要有兴趣健身类、促进参与类、公益慈善类、权益维护类、互助类等形式。这里我们结合"村改居"社区的实际分别作一介绍。

（一）兴趣健身类

从"村改居"社区居民社团发育和发展的情况来看，首先是兴趣健身社团的发育和发展。伴随着城镇化和农民市民化，新老居民精神文化和健身休闲需要也在发展和提升，于是"村改居"社区开始涌现出各种文体健身团队，如鼓乐队、武术队、合唱队、登山队、戏曲队等，还出现了少数以文化、艺术、健身为内容的协会，如摄影协会、书画协会、票友协会等。这些兴趣健身团队或协会以社区为依托，活动形式多样且灵活，吸引了不少居民参与。其活动多数为自娱自乐性质的，有时也参与一些节庆表演和比赛活动。其中，老年人兴趣健身类团队在社区里尤为活跃，这其中缺少不了那些热心的骨干。

> XL社区关工委副主任、退休小学校长ZBM："我们这里的老年大学，已经坚持了10年。每周一、三、五晚上都上课。当这里的小学校长时，我感到社会教育这一块比较缺乏，退休后工作上的事情卸掉了，就想从身边有兴趣爱好的事情做起，

这一发不可收拾。刚开始活动时，我与社区联系买了一台收录机，再加几盘磁带和唱片。请老师的钱，我出 100 元，其他出 50 元、30 元、20 元。起初连个固定场所也没有，后来在化工学校门口活动。我们自掏腰包买服装，也找企业赞助一点，社区也给了力所能及的支持。发展起来后，每年'六一节'老少同乐，春节是专场'红红火火过大年'。我们参加表演在市里获了状就把奖金拿出来用做日后活动的基金。现在已形成一定的规模。老年大学由我爱人（社区老年协会副会长 ZSD）负责。主要教书法、绘画、文艺、体育，另外还有健康、养生。办学所需经费，街道拨一点，再就是社区支持。一年两个学期，效果还挺好。教师大部分是外聘的，多是给点交通补贴，区、街也派人来上（课）。"（编号：11XJXX10）

社区党支部副书记 ZQY："村改居后，集体经济（收入）这一块少了，但社区对文体活动特别是老人活动很重视。他们参加比赛，我们'两委'派人去，出车，买饮料等。全市'村村篮球赛'我们拿了冠军，代表厦门市在省里比赛拿了第三名。参加比赛时，村（居）民们都去捧场，有的还自己开车到福州当啦啦队员。大家都以此为荣。" （编号：11XJXX10）

ZBM："有一场演出，正好下大雨。'两委'干部有自驾车的把我们送过去。回来时，冒雨把我们几趟接回来。街道副主任也亲自送接。那个场面很感人。"

ZBM："外来人口也有几个参加活动，比较少。广场活动有外来人口，园博苑很多。春节专场外来人口也出一个节目。"（编号：11XJXX10）

群众性的兴趣健身活动重在自娱自乐，多数为松散型组织。但其中的一些也在逐步走向组织化和高品位，组建社团自然成为一种发展选择。一些街道和社区因势利导，鼓励和支持有兴趣、有能力的居民牵头建立民间性的文体协会，以兴趣爱好为纽带把回归社区的单位人重新组织起来。这些协会突破了家庭、邻里的狭小范围，在社区乃至更大的层面上延伸，不仅以其各自的特色丰富了居民的精神文化生活，成为居民强身健体、自娱自乐、陶冶情操的有效组织形式，而且为居民的交往和沟通搭建了更大的活动舞台。如福建省漳州市的云霄县，几年来除了文联下面的专业协会外，还成立了登山协会、钓鱼协会、龙舟协会、游泳协会、羽毛球协会、漳江画院等20多个居民文体协会以及社区舞蹈队、老人艺术团、街舞表演队等兴趣团队，各类会（队）员近2万人。这些居民文体协会和团队，聚集了居民中方方面面的人才和热心人士，他们自筹资金、自我管理、自娱自乐，在有关部门的指导下自主开展文体活动，不但减轻了政府的负担，还带动了群众性文化活动向高品位、专业性、自组织的方向发展，体现了居民精神文化活动的新的组织方式。近年来，随着社会组织登记条件的逐步放宽，有的居民文体社团也在民政部门正式注册登记，成为正规的社团组织。

（二）促进参与类

促进参与类协会旨在通过社区居民的参与促进社区某项事业的发展。这类组织以往主要有老人协会、残疾人协会、计生协会、妇女儿童保护协会等。这些协会以自上而下的方式组建，主要负责人多由社区"两委"干部兼任，协同基层党政部门和体制内社区组织开展社区专项群众工作或社区工作，同时维护其成员的合法权益，并为其成员提供法律、道德、情感、就业、生活等方面的援助和支持，有的还具有自我管理和自我服务的职能。近年来，随着城乡社区建设的推进，特别是置身于社会建设的新形势下，一些社区创造性地展开探索，自下而上地组建了真正意义上的居民社团，如学习促进会、居民融合促进会、和谐物居促进会等。虽然这类社团目前还很少，在农村和"村改居"社区更少，但代表了促进参与类社团的发展方向，对社区和持续发展具有重要意义，应积极培育和扶持。

链接资料（1）：促进参与类居民社团的典型——社区老年协会①

社区老年协会是老年人自助—互助组织，其宗旨是维护老年人合法权益，提高老年人的福利水平。20世纪90年代以来，集美区各村（居）先后成立了社区老年协会。老年协会均设立了老年协会理事会，负责社区老年协会的日常工作。理事会设有会长一名，一般由村（居）党支部书记或主任担任；设常务副会长一名，由具有较强组织能力和无私奉献精神并在协会中有一定威望的老人担任，全面负责协会的各项工作。常务副会长总体素质都比较高，大多为退休干部或原村（居）领导干部。理事会一般有成员7~21人，协助会长、副会长开展相关工作。各社区老年协会以其章程作为工作的准则，同时，又根据自身实际情况制定了相应的规章制度，例如社区老年协会工作制度、老年学校规章制度、老年学校校长工作职责、老年学校学员守则、孤寡老人援助工作制度、社区老年协会财务管理制度、节日慰问和住院探望制度等。

社区老年协会成立后，秉承协会宗旨，以老年活动场所为阵地，以落实"六个老有"为内容，以提高老年人的整体生活质量为目的，同时又是政府老龄工作部门和村（居）"两委"的得力助手，在基层社会文明建设以及服务广大老年人中发挥着积极的作用，其主要职能大体为：①关心老年人自身的权益，热心为老年人服务。②配合村（居）"两委"开展工作，为村（居）发展贡献力量。③组织老年会员参加形式多样的文体健身和休闲活动，满足了老年人不同层次的需求，促进了村（居）文明建设。

社区老年协会组织的活动主要有以下几种类型：①知识学习类活动。②文体休闲类活动。③健康体检类活动。④慰问帮扶类活动。⑤社区调解活动。⑥社区环境卫生督导、治安巡

---

① 《集美区社区老年协会调查报告》（内部材料），报告负责人：杨贵华。

逻、青少年教育等志愿服务活动。

链接资料（2）：老年协会"民生·民声"①

相较于其他省份，我省（福建）乡村社会更为"传统"。宗族延续、一姓成村、民俗特色文化流传等现象凸显。这也从一点得到佐证：国内外多本人类学名著，包括林耀华的《金翼》、弗里德曼的《福建东南的宗族组织》等，皆取材福建。

这也是福建乡村广泛存在老年协会的一个历史背景。一定程度上，老年协会延续了乡土中国"乡绅治理"的传统。在教化乡里、移风易俗、调解邻里纠纷、开展公益慈善事业、推进基础设施建设等方面，老年协会发挥的作用与传统是一脉相承的。

放在全社会都在探索创新社会管理方式的大环境中观察，这种独特的"夕阳红"作用更显得可贵。因为，在有些时候，这些热心老人能发挥政府及政府部门不能或不便发挥的作用。

记者在厦门集美区灌口镇铁山村采访时，就听村支书林建生说起过这种独特的作用。去年，村里投资建 3 幢综合楼用来出租给外来务工人员，结果村民担心影响村道通畅极力反对，村干部反复解释、做工作，收效都不大，后来，老年协会的老人们出面了，大部分村民最终同意。"在村里做工作，有时候，我们感觉老人们讲比我们讲有用多了。"

链接资料（3）：促进外地人与本地人的融合——慈溪和谐促进会

和谐促进会是一种新型的社区社会组织，最早产生于浙江省慈溪市。这个组织的特点是融合、服务外来务工人员。慈溪和谐促进会充分体现了其民间性、志愿性，为外来务工人员提

---

① 杨毅涵：《老年协会"民生·民声"》，《福建日报》2011 年 10 月 14 日第 1 版，收入本书时有删节。

供了落脚点、站立点。该会会员主要由村干部、优秀外来务工人员、社区保安、村民代表、出租私房房东、私营企业主等组成，在乡镇（街道）党（工）委的指导下，在村（社）党支部、村（居）委会的协同下，开展维权、矛盾调处、文体、党团、公益、计生等多项服务指导活动。同时，加强制度建设，明确宗旨，制定章程，规范管理，并通过政府支持、企业资助、社会参与等方法，保证有一定的资金来源，有效地保证了组织的健康运行。目前，在当地综治、民政部门的指导下，慈溪备案登记了360个和谐促进会，有3万名会员，外来务工者占了一半，其中有300人担任了副会长、副秘书长等职务。和谐促进会使外来人员逐渐感受到政治上平等、人格上尊重、文化上包容、权益上保护，增强了对当地社会的认同感和归属感。

慈溪市是一个乡镇民营企业发达的地区，数量众多的劳动密集型企业吸引了70万外地人口前来打工就业，为当地人口的2/5。由于经济地位、地域文化、思想观念等方面的差异，当地社会对外来人员客观存在着"经济吸纳，社会拒入"的社会态度。当地村（居）民与外来人口形成了两大社会群体，传统的居（村）委会管理模式对外来暂住人口管理仅限于登记、做证，事实上已使外来人员游离于社会管理之外，正常的党团活动、子女就学、扶贫帮困、文娱活动和权益维护等难以得到保障。同时，由于外来人员绝大多数是年轻人，正当诉求表达渠道不畅，正常的精神文化生活得不到满足，部分人容易产生过激行为；因劳资纠纷、利益诉求带来的矛盾冲突增多，群体性事件增多，影响了社会稳定、经济发展。

社会管理失能、失效，直接伤害的是老百姓的利益。以坎墩街道五塘新村为例，该村本地村民有600多人，外地人有3100多人，是本地村民的5倍。外来务工者的大量入住，给当地村（居）民每年带来230多万元的房租收入，但当地人和外地人的纠纷增多，社会治安情况变得很差。2004年，该村发生了 50 多起偷窃事件，还有多起打架斗殴事件。次年，因此出现租（住）民移居他处，房屋闲置租价回落，引起村（居）民不满。村（居）干部在屡次调解纠纷中发现，让外地人参与当地管理，效果较好。2006 年 4 月，五塘新村率先成立了由本地人和外地人共同参与的和谐促进会，从主要处理外地人和本地人之间的纠纷，逐渐发展到为外地人提供多种内容的服务管理，有效地化解了外地人与当地人的矛盾，促进了交流，增进了感情，社会环境趋向转好。

和谐促进会的主要职能是在调解纠纷、技能培训、子女就学、法律援助、租房等方面为外来务工人员提供服务。据统计，一年来村（社区）促进会已为 900 多名外来人员解决了就业、就学、租房等方面遇到的困难，募集到资金 110 多万元，帮扶困难人员 120 多名。促进会通过民意恳谈会、议事会等形式组织新老村（居）民共谋村事社事，听取其意见与建议。同时通过开展文娱活动等，加强当地村民与外来人员交流，增进了新老村民的融合。促进会在外来务工人员中的威信日增，成为外来人员的"娘家"。"有困难找和谐促进会"已经成为当地外来人员的共识，通过促进会成功化解各类矛盾纠纷达 500 多起。①

（三）公益慈善类

公益类居民社团旨在增进社区居民的公共福利，如社区志愿者队伍、社区治安巡逻队、社区卫生督导队、社区环保协会、纠纷调解会（组）、红白理事会、"爱心基金"、"爱心超市"等等。这类组织目前比较少，正式登记或备案的更少，但为社区居民特别是弱势人群所需要，是和谐社区建设不可缺少的，应成为我国城乡社区居民社团组织发展的重点，并加以大力培育和扶持。

---

① 赵军、张志勤、陈志主编《城乡社区社会组织实用工作手册》，中国社会出版社，2010，第 326~328 页。

访谈资料

Z：我们社区是一个村改居的社区，学生的学业和教育越来越受人们的重视。社区教育促进会就是我们自己（社区）的一些热心人士自发搞起来的，主管部门是大嶝街道。我们每年组织大学生暑假办辅导班，8月份还举办颁奖晚会，奖励从小学一年级到博士的优秀学生。小学分一等、二等、三等奖，初中分年级前十名，本一、本二、硕士、博士，我们都有奖励。前年开始奖励，正式成立是去年。主要开展奖学、奖教、助学。

Y：你们现在的组织架构是什么情况？

Z：我们是民间热心人士自发组织起来的，是一个比较完整的社会组织，社区中阳塘小学提供了一个办公场所，经过街道审批，在民政局登记注册。

Y：是在区（翔安区）民政局注册的？

Z：是。

Y：您在促进会兼任什么职务？

Z：常务副会长。

Y：奖励的资金从哪里来？

Z：每年有自己的会员费。阳塘社区的企业家，发展比较好的一些人，每年都会捐赠。第一年4万多，去年8万多，今年十几万。

Y：会费怎么收？

Z：这方面我们有一点改革。没钱的人挂职做事情，有钱的人做顾问、名誉会长。有钱的人捐钱挂名声，5000块钱挂一个牌。没钱的出力，做实事。会长每年5000（元），副会长2000，常务理事1000，理事200。

Y：平时定期开会吗？

Z：平时比较忙，小事情短信或电话联系。每年暑假开始组织返乡的大学生办学习辅导班，帮助社区内的上进学生，分班辅导，从小学六年级到高三都有。

Y：担任辅导员的都是原来乡里考出去的大学生吗?

Z：对，是阳塘社区返乡回来度假的大学生。每年7月份开班，8月份之前结束。20个常务理事轮班值班，怕社会上的小青年打扰。

Y：有没有章程?

Z：有正式登记。有公章、代码证。注册登记就具有法人地位。

（以上是2012年12月笔者对厦门市翔安区大嶝街道阳塘社区教育促进会副会长 ZHQL 的访谈）

在公益慈善类居民社团中，社区志愿者组织最具影响力和代表性。社区志愿者组织，顾名思义，是在社区范围内开展服务的志愿者组织，目前主要以各种志愿团队的形式开展服务，多数没有登记注册。而社区志愿者相对于其他志愿者，也是以社区为范围志愿服务的。这些社区志愿者，有的是注册志愿者，但多数没有注册。本着关爱他人特别是需要帮助的社区居民、服务社区的宗旨，社区志愿者组织将有爱心的居民组织起来，在社区内积极开展助人服务和公益服务，广泛介入社区慈善、福利、环保、文化、教育、体育等社区公共服务和公益事业，彰显人性之美、社区之爱，是社区中最具有公益心和奉献精神的居民社团组织。社区建设开展以来，在上级组织的倡导下，在社区党群组织和居委会的直接推动下，社区志愿者和社区志愿者队伍得到了较大的发展。特别是在城市，由党员、老年人、妇女、青少年等组成的各种社区志愿者队伍活跃在各个社区，开展各具特色的助人服务和社区公益服务，在满足居民特别是特定人群需要，培养居民互助合作精神、推动社区建设等方面发挥了积极的作用。为了更好地开展志愿服务，许多城市先后建立起志愿者组织网络，在市、区两级层面正式登记社团组织志愿者联合会，志愿服务基础较好的社区还成立了社区志愿者服务站，作为区志愿者联合会的成员单位，招募社区志愿者，组建社区志愿者队伍，根据本社区居民的需要指导并协调开展社区志愿服务。

（四）权益维护类

这类组织的目的在于表达某一群体及其成员的利益诉求，维护群体及其成员的权益，有的还具有自我管理和自我服务的职能。在我国城乡社区，单纯的权益维护类居民社团很少。小区业主委员会属于权益维护类居民组织。随着住房的商品化，许多新建的居民住宅小区的房屋所有人成为业主，为了维护业主利益就需要成立业主委员会，根据业主大会的授权对小区物业行使管理权。但在目前，人们将其划归为新型自治组织，而不把它作为社团组织。主要理由是正式的社团要在民政部门登记注册，而业主委员会成立后则向物业所在地的区、县人民政府房地产行政主管部门和街道办事处、乡镇人民政府备案。其实，在我们看来，社会组织和自治组织二者是可以兼容的，只是在我国现阶段的管理体制下归口不同罢了。村委会、居委会被定位为基层群众自治组织，而不是居民社团组织。至于老人协会、残疾人协会、妇女儿童保护协会等，人们有着不同的看法。有的将这些协会归入权益维护类居民社团，而我们则认为这些组织属于促进参与类组织，至少目前如此。当然，这些组织类型之间的界限不是泾渭分明的。这主要是因为，这些居民社团是存在和活动于社区这一地域性社会生活共同体中的组织，往往具有多重功能。或者说，是功能相对泛化的社区社团，而不是严格意义上的功能专门化的社团，只是某一功能更突出罢了。

我们还认为，随着居民利益的分化和社会主义基层民主政治的发展，在社区中反映不同利益诉求并维护其权益的居民社团，将会在今后更为宽松的社会环境下获得发展。

（五）互助类

社区中也有一些居民结成的互助网络和互助组织，居民结成这些互助网络和组织是为了相互提供帮助，排忧解难，相互支持。其中有的是正式建立的居民互助组织，但大多数为非正式的邻里互助网络。在我国以往的农村村落或城市的弄堂里，邻里之间"守望相助"构成重要的社会支持网络，但在现代城市社区中，邻里之间交往和互助比以往少了许多。面对这一现实，一些城市社区探索建立邻里和楼道联谊会等邻里网络，开展邻里交往和互助；有的社区还成立了残障人士互助、困难居民互助、老年人结对子互助、单亲母亲互助等组织。在农村和"村改居"社区，人们之间的关系虽不如以往密切，但原村民特别是居住在自有房屋的原村民之间的互助还是常有的事。哪家遇到一些大事、难事，人们多会去关心和帮助。这一点在我们对"村改居"社区居民的问卷调查中得到佐证。

一些"村改居"社区还力求将原村社共同体资源和传统加以利用，建立互助会、合作社、老年协会等组织，拓展居民互助的社区民间组织资源。城市化是农民市民化的过程，在融入城市生活的过程中，新老居民面临着职业、生活方式、角色心理、文化观念及身份认同等方面的问题和困难，需要体制内外、社区内外的多种组织为其提供多重支持和服务；也需要利用亲缘网络、邻里网络、互助网络等资源实现自助和互助，以应对在城市化过程中面临的困局。

二 居民社团组织在"村改居"社区建设中发挥的积极作用

作为社区组织体系中不可或缺的组成部分，居民社团开始在"村改居"社区建设和新居民社区生活中发挥多方面的积极作用。具体表现为以下几个方面。

（一）满足城市化进程中"村改居"社区居民多方面的需要

在城市化（城镇化）进程中，"村改居"社区新老居民日益生发出多元化、多层次的需要。这些需要不仅有"生存型"的需要，而且有"发展型"的需要；不仅体现在物质生活上，而且体现在精神文化、强身健体、社会交往、社区参与、社会融入、自我实现等方面；不仅有个体、家庭层面的需要，而且有特定人群和社区总体需要等方面的区分。社区居民社团也正是在适应和满足"村改居"社区居民多方面需要和意愿的过程中发育和发展起来的。

兴趣健身类团队或协会是居民陶冶情操、强身健体、自娱自乐的有效载体，在丰富"村改居"社区居民精神文化生活中扮演着不可替代的角色。

权益维护类居民社团是新形势下反映社区特定人群或"小众居民"利益诉求的新的组织载体。社区党组织、居民自治组织无疑代表着"村改居"社区居民的利益，社区群团组织也代表和反映了特定人群的利益和意愿，但我们不能不看到，上述组织作为体制内的社区组织不仅有各自的性质和定位，而且具有半官方的色彩。因此，在社区居民利益分化、诉求多样化、选择多元化的今天，只靠基层政府和体制内的社区组织来回应城市化进程中居民的需要和诉求显然是不现实的，还需要寻求其他的组织途径。权益类居民社团正是在这一背景下兴起的。如"村改居"社区的老年人、残疾人、妇女儿童、外来务工人员、社区志愿者等特定人群各有其自身的诉求，需要通过组建社团来表达诉求、维护权利。随着居民的市民意识和公民精神的觉醒，这类组织将在社区得到进一步的发展和壮大。而社区志愿者队伍、社区环保协会等公益类居民社团所开展的助人服务和公益服务，增进了社区居民的福利和福祉，不论是对社区中需要帮助的弱势人群还是社区共同体，都具有积极的意义。

（二）增强居民对"村改居"社区的认同感，丰富了社区社会资本

城市生活承载了现代性，同时，"事本主义"的态度、快节奏的工作和生活、居住格局的单元化和门禁化、居住地与工作场所的相对分离，再加上社会变迁带来的人口流动和人户分离等，将社区居民的关系疏远了。在传统社会，"远亲不如近邻"是代代相传的生活经验，但现在的城市社区，人们往往视近邻为陌路。城市发展

中的这种人际冷漠症为许多置身或将要置身其中的人们所诟病。于是，如何克服居民的"疏离化"和"原子化"，便成为社区建设启动以来人们十分关注的课题。在"村改居"社区，这一问题同样引起了一向生活于村社熟人生活圈的居民的关注。受市场经济大潮的浸润和城市化进程的裹挟，"村改居"社区已是半熟人的社会，要回到以往那种相对封闭条件下形成的极富情感色彩但缺少私密空间的传统的"村社共同体"已不可能。但生活在同一社区的居民又有共同的生活需要，需要建立联系，开展交往。就全国社区建设的实践来看，培育和发展各类居民社团组织，就是一项值得肯定的举措。在"村改居"社区，居民以其共同的兴趣、意愿走到一起，依据章程或成员的共同约定开展活动。在团队、协会这些平台上，学会了与熟悉、半熟悉甚至不熟悉的居民合作，在沟通协商中增进了共识、建立了互信，以自组织方式协同解决大家所共同面对的问题或分享群体文体健身的愉悦。可以说，居民社团是"村改居"社区居民走出家门走向社区生活的重要通道，是社区居民开展交流、合作进而融入社区共同体的重要平台，也是聚集社区社会资本的重要渠道。

（三）"村改居"社区居民自治的新组织载体

居民自治是社区民主建设的根本目的，而居民自治又是需要通过一定的组织形式实现的。在基层民主和居民自治上，以往我们主要聚焦和关注居民（代表）会议和居委会。社区建设的经验表明：社区范围大、居民多，居民又有着人群、阶层甚至兴趣爱好等多方面的区分。因而，居民自治可在不同层面上通过不同的组织形式来开展。各种居民社团与社区居民的关系最近，这些社团由居民自愿组建，代表特定群体的利益，反映成员的诉求，维护其合法权益，实现自我管理、自我教育、自我服务、自我监督，因而也是居民自治的组织形式，只是它们有别于体制内的村委会和居委会，也不同于业主委员会，属于草根性的居民自治组织。有的学者也曾指出："社区自治组织在中国有两种：一种是自上而下的社区自治组织，具有较长的历史和'半官方'的特色；另一种是多由民间人士自发成立的自下而上的草根社区自治组织。"① 我们还进一步认为，自治组织是开放的体系。随着社会建设和基层民主政治的发展，社区自治组织的类型也在扩展。居民社团组织就是这样的新载体。实践也表明，没有体制外居民社团的参与，仅仅依靠居委会开展社区居民自治是不充分的。"村改居"社区尽管处于"亦城亦村"的过渡之中，但置身于社会建设和基层社会管理改革创新的大背景下，在管理上同样要由政治性、行政性管理为主向社会性自治转变。居民人群多样化的需要和意愿，如健身娱乐、社会交往、志愿服务、社区参与、权益维护等等，都离不开居民社团的发育和发展。

三 "村改居"社区居民社团组织目前面临的问题

我国社区社团组织有了一定的发育，但总的来说，还属于初创阶段，还面临着诸多问题，在"村改居"社区表现得更为突出。这些问题主要表现在以下几个方面。

1. 社区居民社团组织发展不平衡

目前社区中的居民社团组织，多为自娱自乐的情趣健身类组织，公益服务类、权益维护类居民社团组织较少。情趣健身类组织不仅种类较多，参与人数也较多。它们是居民基于某方面共同的兴趣爱好而自愿组建的，居民加入的目的多是自娱自乐，加入和退出都取决于个人的意愿。其中，有的比较正规，对会员有相应的资格要求，有的还要履行申请和审批手续，但大多数为松散性的活动团队。权益维护类居民社团组织目前主要还是按照上级党政部门要求建立的为社区弱势人群提供援助和支持的组织，如老人协会、计划生育协会、残疾人协会、社区妇女儿童保护协会等，社区居民发起成立的草根维权组织很少，且受到较多的限制，只有业主委员会随着房屋的商品化获得了较快的发展（但业主委员会目前并不被作为

---

① 梁莹、姚军：《草根社区的合作治理与公民治理》，研究出版社，2011，第250页。

社团组织来管理）。公益慈善类社团组织近年来也有了发展，但参与的居民主要为老年人、青少年以及待业失业人员。促进参与类居民社团就更少了。

2. "他组织"方式建立的居民社团组织缺少应有的独立性

目前按照上级党政有关部门要求在各社区普遍设置的（"他组织"）一些协会，特别是残疾人协会、计划生育协会等，都不同程度地缺少独立性。在实际工作中，受传统的管理体制惯性的影响，这些组织多被纳入"社区群团组织"，被定位为党和政府联系特定居民人群的桥梁和纽带，或仅仅被当作协助社区党组织和社区居委会开展群众工作的"手和臂"，而不是作为社团组织来管理。在居委会层面上，这些协会的负责人多由社区党组织或居委会主要干部兼任；在街道层面上，一些"官办"协会的负责人也由街道干部兼任。这种做法固然可使这些协会获得更多的资源和支持，但也使得这些协会明显依附于社区党组织或居委会甚至街道党政部门，并由此带来诸如开展工作缺乏应有的独立性、对所代表的居民群体吸引力和感召力不够强、工作效果也不够好等问题。在一些社区，个别协会竟成了应付上面检查的"摆设"。甚至最应体现志愿组织色彩的社区志愿者队伍，在开展活动时也往往受其他外在力量所"左右"，志愿者队伍"被志愿"还不是个别现象。

需要指出的是，在"他组织"方式建立的协会中，老年协会属于自主开展活动较好的组织。老年协会虽然也是按照上级要求设置的，但因老年人群是社区参与的主要人群，而"孝亲敬老"的传统在"村改居"社区依然有着重要的影响。因此，老年协会成立后主要是在老年人自己主导下开展活动的，并能够较好地反映老年人的诉求，维护老年人权益，组织社区中的老年人开展自助—互助。可以说，老年协会成立以"他组织"为主导，但其后的活动又以"自组织"为主导，在实际运行中体现了较多的独立性和自主性。

3. "自组织"方式建立的社区居民社团组织发育程度比较低，能力有待提升

如前所述，社区居民社团是代表社区特定群体的利益和诉求、表达其成员意愿的社团组织，因此，"自组织"更符合其本性，也代表了社区居民社团的发展方向。但由于我国社区建设的历史还较短，且主要是由政府主导和推动的，因此，整体说来，由社区居民"自组织"建立的社团组织发育程度还比较低，表征其能力的几个重要方面，如资源动员和利用能力、自我管理能力、服务其成员和社区的能力、对社区居民的吸引力和影响力等都有待提高。居民"自组织"建立的志愿者队伍等公益组织，近年来有所发展，但仍有很大的发展空间。草根维权组织力量依然弱小，反映居民诉求和维护其利益的能力有限。同时，居民自觉参与社区公共生活的意识依然比较薄弱。这在"村改居"社区尤为明显，也使居民社团发展的内在动力受到了限制。文体健身团队是目前社区中最为活跃的组织，但也多为松散型的非正规组织，正式备案的较少，正式登记注册的就更少了。

4. 社会管理体系处于转换之中，社区居民社团发展的政策和法规支持尚不到位

政府民政部门、街道办事处、社区居委会在社区居民社团登记和管理上，还尚未实现有效的衔接。缺少资金、缺少场所和场地、缺少居民特别是主流社会成员的广泛参与、缺少政策支持，是多数社区居民社团面临的共同问题，而居民"自组织"建立的草根维权组织依然受到多种限制。因此，迫切需要进行社区和基层社会管理体系的改革与创新，为社区居民社团特别是公益慈善类、促进参与类、权益维护类、互助类居民社团的发展营造良好的外部社会环境。

第三节　培育和发展"村改居"社区居民社团的思考和建议

一　站在新的高度认识和重视居民社团组织建设

进一步推进社区居民社团组织建设，首先必须认识到位。这里，我们拟从如下四个方面展开讨论。

（一）要从构筑新型社区治理模式的高度重视居民社团组织建设

社区治理涉及基层政府、各类社区组织、社区居民、驻社区的单位、物业服务机构、社会服务组织等利益相关者。就组织而言，参与社区治理的组织也应该是多元的。其中，社区居民社团作为新型社区组织在社区治理中扮演着重要的角色，是社区治理的组织载体。

在我国，随着社区建设的不断深入，居民自主建立的社团组织的作用也日益显现。但是，目前社区管理中依然存在着政府行政权力"越位"、社区居委会职能"错位"和社区居民社团"缺位"的倾向。理顺三者之间的关系，政府自身职能的转变是关键。为此，政府要主动顺应现代社会发展的要求，从建设新型社区、构建新型社区治理模式的高度积极培育居民社团组织，实现基层政府、体制内社区组织、体制外居民社团组织、进入社区开展服务的专业机构在社区治理中的互补合作和良性互动。基层政府和体制内的社区组织应为体制外的草根居民社团让渡更多的发展空间。基层政府和体制内的社区组织需要以积极开放的心态，看待并重视社区居民社团组织的发展，摒弃"唯我独尊"的观念，确立多元社区治理的新思维，并在培育扶持居民社团组织的过程中扩大自身的影响力和感召力。

处于城市化进程中的"村改居"社区，又面对着远比城市社区和农村社区复杂的问题和矛盾，必须发挥多重组织主体的作用，合作开展社区治理，不仅要实现政府依法行政与居民依法自治的有效衔接和良性互动，而且要形成体制内社区组织与体制外草根居民社团组织之间的互动和互补。在"村改居"社区建设和社区治理中，体制外居民自治组织和体制内的居民自治组织同样大有可为，大有作为！

（二）从推动社区管理体制改革创新的高度重视居民社团组织建设

社区管理体制改革一直为人们所关注，在实践探索中也曾出现过诸多模式，如沈阳模式、上海模式、青岛浮山后模式、武汉江汉模式、深圳盐田模式等等，这些模式各有特色，在我国社区建设的初期发挥过示范作用。但是这些模式主要是在政府部门（特别是街道办事处）、社区成员（居民）大会、居委会等既往的组织框架内设计的。业主委员会、社区社团等新兴社区自治组织，物业服务机构、社区工作站、社会工作机构等新兴社区服务机构，当时尚未进入人们的视野。进入 21 世纪，特别是在全国普遍加强社会建设和积极开展社会管理体制改革创新的今天，我们对社区管理体制改革创新的理解深化了许多。基层社会管理要由政治性、行政性管理为主导向社会性自治为基础转变，这既需要加强体制内社区自治组织的建设，如剥离居委会不合理的行政负担，进一步落实居委会的基层群众自治组织的法律地位，发挥居民（代表）会议在民主选举、民主决策、民主管理、民主监督中的地位；同时又要积极培育和发展新型社区自治组织，如业主自治组织、社区居民社团等。上海市民政局的领导就曾明确提出，"发展社区民间组织是新时期解决社区政社分离问题和社区各种问题的关键，更是推动社会管理体制创新的秘诀"。

（三）从公民社会成长和发展的高度重视居民社团组织建设

公民社会是一个有别于官方政治领域和私人生活领域、市场经济领域的民间公共领域。但受高度集中的计划经济体制和政社不分的泛行政管理体制以及"左"的思想观念的束缚，公民社会在我国一直没有应有的地位，甚至"公民社会"也成了一个敏感的词语。随着社会主义市场经济改革的开启以及政治和社会生活领域民主化的进步，公民社会在我国得到了可喜的发展，并开始在社会生活中发挥独特的作用。发展公民社会，可以有多种路径，但缺少不了相对独立的公民社会组织发展的支撑。这其中，除了社会组织、城乡基层群众自治组织这些正式的组织外，社区居民社团等草根组织的发育和成长也是十分重要的。在居民社团里，居民以组织化的方式实现意愿，而社团组织也以理性、合法的方式反映成员的诉求、维护权益，由此形成与基层政府、体制内社区组织的良性互动，这种良性互动过程同时也是一个各方利益协调和共赢的过程。

目前，居民的主动参与主要集中在休闲型的健身娱乐活动上，这些参与丰富了居民和社区的精神文化生活，因而需要给予倡导和支持。但这还不是真正意义上的社区公共参与。要在社区建设中引导居民由参加兴趣健身活动向参与社区志愿服务、群体权益维护、社区管理等公共生活领域延伸。居民参与社区公共事务和公益事业，参与社区民主建设的过程，本身就是公民意识和精神的养成与学习的过程，因而是公民社会成长的摇篮。"村改居"不仅要改制，还要让农民在市民化的过程中学会并逐步习惯参与公共生活，通过交流、沟通、博弈甚至妥协培养合作互助的精神和开放包容的心态，成长为积极行使权利、履行义务的合格公民。

（四）从实现居民社区参与整体转换的高度重视社区居民社团组织建设

在以往的研究中，笔者曾从社区自组织的视角提出关于居民社区参与形式的划分，并提出"实现居民社区参与方式由被组织为主导向自组织为基础的整体转换"的观点①。这在认识社区居民社团建设的重要性上同样具有解释力。

居民的社区参与可以有多种划分方式。从形式上划分，既存在组织化（走向有序或保持有序）和非组织化（无序或走向无序）之分，又存在被动和主动（自主）之别。进一步考察，依据居民在组织化的社区参与中是否具有自主性，可以将居民的社区参与划分为他组织参与和自组织参与两种方式（或类型）。应该指出的是，这两种参与类型是一种为了便于分析而概括出的"理想类型"。在实际的居民社区参与中，自组织参与和他组织参与都不是以纯粹的

---

① 杨贵华：《转换居民的社区参与方式，提升居民的自组织参与能力——城市社区自组织能力建设路径研究》，《复旦学报》2009 年第 1 期。

形式存在的，只是说以哪一种方式为主。以自组织为基础的社区参与并不排除他组织的作用（由于现代社区生活的复杂性，国家和政府对居民社区参与的引导和规范始终是不可缺少的），只是他组织不再处于主导的地位。同样，以他组织为主导的社区参与也并不排除自组织参与或渗入其中。

他组织的居民社区参与是指居民在政府及其代理者的安排和动员下的社区参与。在这种方式下，居民更多的是被动地参与社区公共事务和公共生活。被动员和被动执行是这种参与的基本特征。他组织的居民社区参与在社区居委会选举等政治性参与活动中表现得尤为明显。近年来，街道办事处委托居委会和社工站召开听证会、评议会，征求社区居民的意见，或请居民代表对其工作开展评议。这些参与形式虽然能更直接地反映居民诉求，但政府仍然是主导者。

自组织的居民社区参与是指居民以组织化的方式和以主体角色参与社区公共事务和公共生活，开展自我管理、自我教育、自我服务、自我约束的过程及活动。自组织的居民社区参与首先体现在居民参与是自觉自愿的，其次还体现在居民对参与内容的自主选择、参与形式的自主创新、参与渠道的自主设计上。关于我国大陆社区居民的自组织参与，笔者曾将其梳理为这样几种主要表现：①自娱自乐的社区文体健身活动。②社区纠纷调解。③院落和楼道单元开展的自我治理。④商品房住宅小区业主参与小区物业管理。⑤居民自愿组建并自主开展活动的草根社团，这样的组织目前还很少。谈及自组织参与，绕不开作为社区主体组织的居委会。居委会在法律地位上是居民自我管理、自我教育、自我服务、自我监督的组织，就应然意义上讲，它是自组织的，但现实中它扮演了"半官半民"的角色，在组织居民参与社区公共事务和公益事业上不能不受外部行政力量的掣肘，也使其自组织色彩大打折扣。居民社团本应是居民自愿组建和自愿参加的满足特定需要的社会组织，本应最能体现自组织性，但如前所述，目前按照"上面"的要求成立的协会，多数缺乏自主性。即便是社区志愿者队伍，也多是在街道或体制内组织的策划安排下组建并开展活动的。

可见，自组织的居民社区参与，覆盖面目前还不够广，尤其体现在社区公共事务和公益事业的参与上。要改变这种现状，实现居民社区参与方式由被组织为主导向自组织为基础的整体转换，既要落实居委会在居民自组织参与中作为社区主体组织的地位，又要发挥各类社区社团在居民自组织参与中的积极作用。

二　政府和体制内社区组织要为居民社团的发展创造条件、提供保障

（一）探索与社区居民社团实际相适应的登记或备案制度

我国 1998 年颁布的《社会团体管理条例》，对社团准入条件设置过高。该条例要求须有 50 个以上的个人会员或者 30 个以上的单位会员，这远远高于其他国家的规定。此外，还有资金等方面的要求，全国性社团要有 10 万元资金，地方性社团和跨行政区社团要有 3 万元。再有，"双重登记管理制度"进一步提高了实际准入门槛。由于准入条件设置过高，社会团体难以登记获得合法身份，草根性社会组织更是如此。未登记注册，不仅没有得到正式的认可，也游离于社会团体管理之外。这种情况表明，《社会团体管理条例》已经与现阶段我国社会建设和社会管理体制改革创新的要求明显不适应，急需修订，降低社团准入条件。而社区居民社团属于草根性社区组织，种类多、差异大，松散性的文体健身团队又占相当比例，多数组织很难达到现行《社会团体管理条例》规定的登记条件。因此，在社会团体登记管理改革中，对包括社区居民社团在内的社区社会组织要特殊对待，降低准入门槛，放宽登记条件，简化登记程序。对于居民需要但又达不到登记条件的居民团队或协会，可以采取更简便的备案制，确认其法律地位。一些城市已颁布了这方面的政策并开始实施，如 2010 年 9 月深圳市出台了《深圳市社

区社会组织登记与备案管理暂行办法》。《办法》规定：申请社区社会组织登记除了有规范的名称、有固定的办公场所、有规范的章程外，社会团体须有 15 名以上的个人或单位会员，注册资金不低于 1000 元人民币。这比《社会团体管理条例》设置的门槛降低了许多。《办法》还规定，对尚不具备登记条件的社区社会组织可向区民政部门申请实行备案管理。备案后，这些社区社会组织可以依法开展活动。在此基础上，2011 年 5 月深圳市罗湖区人民政府下发了《关于街道办事处行使"社区社会组织备案管理"职能的通知》。《通知》不仅规定了区民政局委托各街道办事处行使"社区社会组织备案管理"的职能，还规定：在社区能正常开展活动且符合经济社会发展需要，尚不具备登记条件但具备下列条件的社区社会组织，可向所在地街道办事处申请备案：①有规范的名称；②有固定的办公场所①；③有相应的组织机构和与业务活动相适应的工作人员（其中社会团体须有 10 名以上的个人或单位会员，社区文体活动类社会团体须有 5 名会员）；④有规范的章程。类似的探索，其他城市也在进行，一些城市的社区老年协会、残疾人协会已开始在社区或街道备案，社区文体健身类团队直接由社区居委会备案管理。我国民政事业发展第十二个五年规划也提出要"推行社区社会组织社区备案制度"。

在探索与社区居民社团实际相适合的登记或备案制度中，我们认为，至少要区分如下情形：一是社区居民社团中确实有一些社团有章程，有规范的治理结构，具备正式登记的条件。这些组织需要进行注册登记，以获得法人资格。登记机关为区（县）民政局。二是暂时不具备登记条件或只需备案的社区居民社团（团队），应实行备案管理。具体又可细分为街道民政科（或相关职能机构）和社区居委会备案两种情况，比较正式且有备案要求的居民社团组织，由负责人填写备案表，经社区同意后，向镇

---

① 实际上，"有固定的办公场所"主要是就社区社会组织中的民办非企业单位而言的，而社区居民社团特别是兴趣健身类团队更需要的是固定的活动场所，因此，这一条可修改为"有固定的办公场所或活动场所"。

（街）申报，由镇（街）民政科（或相关职能机构）统一进行备案；而大量松散的居民文体健身类团队由社区居委会备案管理即可。

他山之石：采用备案制引导老年协会规范发展[①]

受制于一些因素，目前，绝大多数老年协会在法律意义上还没有"身份"，也就没有法人地位和账户。这对于进一步发挥老年协会的作用，产生了一定掣肘。厦门市集美区通过"社团备案制"，在这方面有所突破和探索，取得了积极成效。铁山村老年协会的转型在集美区具有代表性。

铁山村地处几个工业区之间，十多年以前就有了老年协会。过去由于没有进行社团登记或备案，没有独立的账户，上级下拨的经费、获得的捐赠，只能由个人保管。难免会产生一些事端，既不利于老年协会做事，也影响老人奉献余热的积极性。

2005 年完成"大老龄委"整合后，集美区在全省率先有计划地引导基层老年协会规范化发展，不过，受制于手续繁杂、场所无保障等因素，走的路也颇为不易。

让老年协会"合法合规"走的第一步就是引导他们进行社团登记，令人意外的是，虽然集美区下了文、承诺给予2000 元经费补贴，但近两年只有后溪镇岩内村老年协会完成登记，而他们当时还是因为情势所迫——老年协会活动场所被拆迁所获得的赔偿款几十万元无处安放，跑了整整半年才办下来。

后来得知，社团登记要求比较繁杂，农村老人基本弄不来。区老龄委组织调研，探讨解决办法，发现浙江省的基层老年协会采取的是社团备案制，这样可以省去很多环节。于是，区老龄委与民政部门协调，并设计出一套表

[①] 杨毅涵：《老年协会面临"身份"尴尬》，《福建日报》2011 年 10 月 14 日第 1版，收入本书时有删节。

格，各个老年协会可以比较容易地填报。就这样，在一个月的时间，56 个村（居）老年协会在 2009 年都完成了社团备案。

（二）积极培育扶持居民社团尤其是公益慈善类、促进参与类社团的发展

要给予情趣文体类特别是公益类社区居民团体以经费上的支持。社会团体经费来源本来就少，主要是会员的会费、社会的捐赠和政府的资助。社区居民社团的经费来源渠道更少，多数没有会费支持，也少有赞助和捐赠。在此情况下，基层政府和街道办事处应给予一定的经费支持，可通过专项资助的形式给予支持，或以专款专用的形式下拨给社区，由社区居委会或下设的专门委员会管理。鉴于目前社区中公益慈善类、促进参与类社团较少，又为社区居民和社区和谐发展所需要，要大力培育和扶持。社区居委会以往是社区居民社团的主管单位，在放低社团准入门槛和进行一体化管理的新形势下，社区居委会更应积极培育和扶持社区中的居民社团。社区群团组织要利用体制内组织的优势，发挥枢纽作用，为居民社团组织的发育发展和开展活动牵线搭桥。

当然，培育扶持居民社团不是一朝一夕的事情，尤其是培育其能力更需要一个过程。但是，基层政府和体制内社区组织态度要积极，要积极为体制外居民社团组织的发展让渡社会空间，不能叶公好龙。2011 年 11 月在广东省深化体制改革工作会议上，时任广东省省委书记汪洋就指出：要大力培育发展和规范管理社会组织。加大政府职能转移管理力度，舍得向社会组织"放权"，敢于让社会组织"接力"。凡是社会组织能够"接得住、管得好"的事，都要逐步地交给他们。① 这在培育扶持社区居民社团组织上同样是适用的。"基层政府在积极动员居民参与草根社区自治组织的基础上，

---

① http://news.ifeng.com/mainland/detail_2011_11/23/10837549_0.shtml.

要及时而充分地授权予居民，增加市民参与草根社区自治组织的机会，尽可能把社区层面与居民直接有关的公共事务交给草根社区自治组织自己来决定，逐步使居民从认可具体事务上的自我决定，到认可自我决定的方式，再到认可做出自我决定的权力，最后形成认可和尊重自我决定的习惯和制度。"①

由于居民社团组织在"村改居"社区尚未得到发展，在此情况下，政府和体制内社区组织的培育和扶持是不可缺少的。政府有责任也有能力利用自身的资源和权力优势培育扶持"村改居"社区居民社团的发展，尤其要培育扶持公益慈善类、促进参与类等组织的发展，但要培育和扶持而不能包办。既然居民社团本意上是居民自愿结社而形成的，就不能以官方的价值取向来裁定哪些社区居民社团应该发展、哪些不应该发展，而要以社会居民和社区共同体的需要为准。正如有的学者指出的，中国民间组织的发展必须实现选择主体的转换，即"从政府选择到社会选择"的转向。② 目前之所以把公益慈善类社团作为培育扶持的重点，也正是基于这类组织在目前"村改居"社区还缺少，又为城市化进程中新老居民所普遍需要，同时也与基层政府承担的公共服务的职能相契合。

（三）加强对社区居民社团的引导和监管

探索与社区居民社团实际相适应的登记或备案制度是发展社区居民社团的积极举措，但只有这一点是很不够的。要使其健康可持续发展，还必须建立并完善相应的监管体系，逐步健全监管体系的各种运行机制。在这一过程中，地方政府及其管理部门、体制内社区组织承担着重要责任。

政府及其管理部门是引导和监管社会组织的"第一责任人"，

---

① 梁莹、姚军：《草根社区的合作治理与公民治理》，研究出版社，2011，第261页。

② 王名：《中国社团改革——从政府选择到社会选择》，社会科学文献出版社，2001，第106页。

同样也是引导和监管社区居民社团的"第一责任人"。在加强社会建设和发展社会组织的新形势下，政府更要积极履行职责做好指导和监管工作。为了更好地做好社会组织的管理工作，近年来，青岛、宁波等城市成立社会组织（民间组织）管理局，充实力量，强化监管职能，取得了良好的效果。其他具备条件的设区市可以效仿。区（县）民政局应内设专门科室，加大指导的力度，有条件的可以建立社区社会组织服务中心或服务所，统一负责社区社会组织的服务事项，改变重登记、轻管理的倾向。在实行社区社会组织登记和备案双轨管理改革后，街道、社区被赋予社区社会组织备案、日常监管的权责。2011年5月深圳市罗湖区人民政府下发了《关于街道办事处行使"社区社会组织备案管理"职能的通知》曾就此规定：区民政局委托各街道办事处行使"社区社会组织备案管理"的职能，各街道办事处以区民政局名义办理下列事项，接受区民政局监督，相关法律责任由区民政局承担：①负责备案社区社会组织成立、变更、注销及撤销的备案管理；②负责对备案社区社会组织依章程开展活动的情况进行日常监督和年度检查；③依法查处备案社区社会组织的违法行为；④负责指导备案社区社会组织党建工作；⑤依法应履行的其他职责。以上规定，虽然由深圳市罗湖区政府率先提出，但在我们看来，却体现了街道办事处在社区社会组织建设中应有的作为方向。因为，管理辖区范围内的地区性、公益性、社会性、群众性事务，是街道办事处的根本职责。

当然，由于社区居民社团主要在社区范围内活动，因此，社区居民社团的日常管理需要发挥街道和社区两方面的作用，并实现街道办事处与社区的联动。社区党组织要发挥政治核心作用，加强对社区居民社团的引领和指导。社区居委会要发挥基层自治组织的作用，积极培育、扶持公益慈善类、促进参与类居民社团，支持兴趣健身类组织的发展，并发挥好监管作用，指导它们健全以章程为核心的各项规章制度，在法律法规框架内有序地开展活动。社区共青团、妇联等群团组织要发挥联系特定群体的优势，积极培育和联系相关居民社团，并发挥带动作用，真正起到"枢纽型"组织的作用。

还需要强调的是，社区居民社团种类多，情况复杂，因此，街道职能机构和社区要上下联动，掌握关于居民社团的种类、数量、分布、发展动态等第一手资料，尤其是对发展中面临的问题，做到情况明了；在此基础上结合不同组织的性质和类别，进行分类指导和监管，引导它们健康有序地开展活动。对其成员或其他居民反映意见大、存在问题多的组织要求其进行整改。经严格的程序认定，取消个别损害他人、社区或社会利益的组织的资格。由于社区居民社团属于体制外草根社区组织，还要在规范管理的同时简化管理程序。可尝试探索实施：已登记的社区居民社团向登记管理机关、业务主管单位书面报告全年工作，不再进行年度检查（特别规定的除外）；备案的社区居民社团，不进行年检，其中兴趣健身类居民社团也不需要书面报告全年工作。要边探索、边总结，最后上升为政策法规文本的规定。

在引导和监管居民社团的过程中，外部的激励也是必要的。对运作规范、成绩突出的居民团队或协会，基层政府管理部门、社区"两委"组织要给予表彰，为它们的可持续发展提供外部正向激励。社区志愿者队伍目前是我国多数"村改居"社区中业已建立且具有现实发展空间的居民组织，加强对社区志愿者和志愿者队伍的激励和监管具有特殊的重要性。前几年，在志愿者队伍建设规划中，许多地方都提出志愿者要达到当地人口 10% 的努力目标。有努力的目标固然是好的，但必须清醒地认识到，社区志愿者队伍建设不仅要着眼于量的扩大，更要注重质的提升。要培育和激发居民的志愿精神，在登记、管理、培训、激励等方面加强规范化建设，形成发展的长效机制。

三 培育公民意识和公共精神，为居民社团发展注入持续的内在动力

公民指具有一国国籍并根据该国法律规定享有权利和承担义务的人。尽管我国宪法对公民的权利和义务作出了规定。但现实中人们更多的是使用"村民""居民""市民"这些词语，而"公民"这一身份往往被轻视甚至忽视。其实，"公民"这一概念最能表征

现代社会公共生活和政治生活领域人们的平等身份。"公民"这一概念与"居民""村民""市民""人民"这些概念有联系，但内涵上的区别也需要澄清。"居民"是对与居住地相联系的人的称谓，凡居住在一个村、镇、城市的人就是这个村、镇、城市的居民，按照户籍又可细分为"村民""市民"。以往我们习惯将城市居民称为"居民"，以与"村民"相对应，如将"城市居民委员会组织法"简称为"居民委员会组织法"。这种使用是不严密的。随着"城乡社区建设"任务的提出，"村民"也开始被确认为农村社区的"居民"，如果进城务工经商并常住在城市，即便他（她）和家人依然是农村户籍，也已属于城市社区的居民。而"公民"概念更强调在公共领域中与权利和义务相联系的人的身份，这也许就是为什么汉语在翻译 citizen 时在"民"之前加上一个"公"的缘由。"公民"与"人民"两个概念也是有区别的，以往我们更多的使用"人民"这一概念，但"人民"是一个政治概念，且为一个集合概念，在阶级政治的分野中，不是所有公民都属于人民的范畴。而公民是一个法律概念，指的是公共生活和政治生活中个体的人。

公民意识指公民对自己在社会和国家中的地位、权利、责任的自觉意识，以及对社会和国家治理的参与意识。著名学者朱学勤指出："公民意识是近代宪政的产物。它有两层含义，当民众直接面对政府权力运作时，它是民众对于这一权力公共性质的认可和监督；当民众侧身面对公共领域时，它是对公共利益的自觉维护与积极参与。因此，公民意识首先姓'公'，而不是姓'私'，它是在权力成为公共用品，以及在政府与私人事务之间出现公共领域之后的产物，至少不会产生在这两者之前。此前民间如有意识，只能是诸多'私'人意识的集合，在中国，这样的'私'人集合状态有一个十分自然的名称，就叫'老百姓'。'老百姓意识'当然不是近代意义的'公民意识'。'老百姓'是众多血缘姓氏的集合体，它反映的是宗法制自然经济的观念残余，与'公民'概念相去甚远。"①

---

① 朱学勤：《书斋里的革命》，长春出版社，1999，第 363 页。

公民意识的内容很丰富，其主要方面应包括：公民的人格意识、公民的责任意识、公民的义务意识、公民的权利意识、公民对社会和国家治理的参与意识也即公共精神。就个体而言，公民意识离不开一个个公民个体而独立存在，但也不是公民身份的自然伴生物。就社会而言，人们的公民意识既有赖于社会的全面进步和发展，但同时也需要积极的塑造。在我国，随着社会主义民主政治建设的进步，特别是公民社会的发展，人们的公民意识也在不断觉醒。但公民意识的整体水平还不够高，许多人还缺少维护权益、行使权利、履行义务的自觉意识，并且，城乡之间、不同阶层之间公民意识的发展状况有很大差异。

公民意识在社区建设中同样是十分重要的。居民的社区参与是社区可持续发展的动力，但目前社区居民的参与尤其是对社区公共事务的参与明显不足。这里既有社区与居民的利益关联度不够密切的原因[1]，也有社区建设行政主导倾向的原因[2]，同时还有社区居民的公民意识尤其是公共意识（也即公共精神）淡漠的原因。我国的"村改居"社区往往是传统和现代的交汇地带，相对而言，人们的公民意识和公共意识更加缺少，更需要唤醒和培育。

"公共精神，即公民对公共事务的积极参与，对社会基本价值观念的认同和对公共规范的维护。它是一种公民美德，更是一种社会资本，较强的公共精神能够为民主政治的发展奠定良好基础"，[3]也是社区建设和社区发展的精神动力。居民有了公民意识，在社区生活中自然会有更高的站位，才会自觉地维护权益、行使权利、履行义务，并主动关心和参与社区的公共事务和公益事业。而社区居民社团的发展，特别是促进参与型和公益福利型居民社团的发展，

---

[1] 受现存的基层社会管理体制的制约，我国城市社区自身可支配的资源十分有限，难以吸引多数居民特别是主流社会成员的参与热情。这也与我国农村的较大利益相关性形成反差。

[2] 社区建设行政主导倾向抑制了居民参与的空间，又容易造成社区成员的依赖性和依附性，居民更多的只是希望坐享社区建设的成果，而不愿积极主动地行使自己的权利并承担义务。

[3] 张洋：《理性引导公民公共精神》，《人民日报》2012 年 7 月 18 日第 17 版。

同样离不开居民公民意识的觉醒。居民的公民意识及其公共精神的提升，将为促进参与类和公益慈善类等居民社团的发展，注入持续的精神动力。同时，居民组建和参与社团（即结社）的实践也像一所大学校在潜移默化地提升居民的公民意识和公共精神。这些居民社团以"自组织"的方式将有共同意愿和需要的居民组织起来，依照章程或共同达成的约定开展工作和活动，同时规范成员的行为。居民通过社团组织满足自身的需要，也提升了参与社区公共生活的素质和技巧。从这一意义上说，居民参与基层民主政治和社团组织的实践，是居民提升和发展公民意识与公共精神的"实训基地"。关于这一点，法国政治学家、思想家托克维尔在19世纪30年代对美国社会考察了9个多月后写下了《论美国的民主》一书对我们不无启发。在该书中他写道："美国居民享有的自由制度，以及他们可以充分行使的政治权利，使每个人时时刻刻和从各个方面都在感到自己是生活在社会里的。这种制度和权利，也使他们的头脑里经常想到，为同胞效力不但是人的义务，而且对自己也有好处。"[1]这种较成熟的公民意识和公共精神使美国人形成十分重视社团作用的习惯。托克维尔还写道："美国人不论年龄多大，不论处于什么地位，不论志趣是什么，无不时时在组织社团。在美国，不仅有人人都可以组织的工商团体，而且还有其他成千上万的团体。既有宗教团体，又有道德团体；既有十分认真的团体，又有非常无聊的团体；既有非常一般的团体，又有非常特殊的团体；既有规模庞大的团体，又有规模甚小的团体。为了举行庆典，创办神学院，开设旅店，建立教堂，销售图书，向边远地区派遣教士，美国人都要组织一个团体。他们也用这种办法设立医院、监狱和学校。在想传播某一真理或以示范的办法感化人的时候，他们也要组织一个团体……在美国，你会看到人们一定组织社团。"[2]

---

① 托克维尔：《论美国的民主》（下卷），董果良译，商务印书馆，1995，第131页。
② 托克维尔：《论美国的民主》（下卷），董果良译，商务印书馆，1995，第132~133页。

今天的美国人，许多选民对政治选举不再像以往那样关心，但对于地方事务的参与仍然情有独钟。"选民和积极参与社区事务的民众给社区政策定了调。人们比以往任何时候都更多地参与地方事务，中产阶级、中年人以及社区物业的拥有者似乎更乐意参与，参加社团的人发挥的作用也往往要大于单打独斗的人。社区草根组织就这么兴旺发达起来了。"①

我们认为，这不是民族品格上的差异，而是发展水平和成熟程度的差异。也正因为我国公民意识和公共精神不成熟，我们才要大力培育。当然，公民意识和公共精神的培育和提升不是短时间内就可以突击完成的。在社区，居民参与社区公共生活和各种形式的居民自治组织初期阶段难免会遇到困难，出现这样那样的问题。但我们不能怕出问题而因噎废食。公民依法结成某一社会团体并开展活动是现代文明赋予公民的基本权利，要将宪法规定的公民结社自由的权利切实地给予保障。

还有必要重申的是，培育和提升居民的公民意识和公共精神固然十分重要，但只有公民意识的觉醒和发展，对社区居民社团的建设和健康可持续发展是很不够的。除了前面我们提到的建议，还需要有其他体制、机制和政策改革创新的措施。其中包括密切社区与居民之间的利益关联。因为，"在市场经济条件下，公民作为理性人，为何要参与总是牵涉到很多复杂的问题，如公民个人参与所需付出的时间成本、金钱成本等等。个人参与的外部效应，决定着存在'搭便车'的现象，而参与者必须付出巨额的成本的条件下，必然使个人对参与失去积极性。而要激发这种积极性，除了弘扬公共精神，也必然依赖于一定的内化个人参与的外部性机制"。② 要实现这一点，必须改革创新基层社会管理体制。要多数居民像关心自己的事情一样关心社区、社会和国家的事

---

① 谢芳：《西方社区公民参与：以美国社区听证为例》，中国社会出版社，2009，第86页。
② 梁莹、姚军：《草根社区的合作治理与公民治理》，研究出版社，2011，第258~259页。

业，这是不现实的。但通过多种机制和努力，使居民主动关心和参与社区公共事务又是可能的。目前，我国城市社区与居民的关系较农村组织与村民的关系要淡薄得多，这在三年一次的村（居）换届选举中明显地体现出来。① "村改居"固然是由农村基层管理体制向城市基层管理体制转变的过程，但在社会建设和社会管理体系改革创新的新形势下，城市基层社会管理体制也必须进行改革创新。因此，"村改居"不能简单地复制和模仿现存的城市社区管理体制走强化行政权力的老路，听任城市化进程中居民与社区的关系疏离下去。要充分发挥社区居民社团在"村改居"社区建设和管理中的"正能量"，不仅实现向"社区人"转变，而且推动向"社区社团人"转变。

---

① 以近年来全国一些城市社区开展的社区居委会成员直选为例，其尽管也是竞争性的选举，选民拥有对候选人选择的权利。但是由于与多数居民的利益相关性低，许多人觉得选谁都无所谓，所以对社区选举没有兴趣。在此情况下，就要靠街道党政组织和社区选举委员会动员，以保证"参选率"，许多社区还往往要采用给到会选民发日用纪念品等方式吸引居民参加。当然，在居民他组织的参与中也有一些"积极分子"热情投入，为他们拥护的竞选人献计献策、加油鼓劲甚至拉票。但就整体而言，居民缺乏参与的主动性。而在农村村级组织选举中，不仅候选人有竞争，村民也投入巨大的热情。这是真正在选举集体组织的"当家人"，而谁成为"当家人"，不仅关系到本村的发展，而且直接关系到村民自身的利益。候选人和支持者为了在竞选中获胜，除了各种惠民承诺，还动用各种资源，包括私下的拉票，利用家族宗族力量争取选票，甚至花钱买选票即贿选等。乡镇和政府职能部门（民政部门）也对村级选举分外重视。城市社区与农村的村级选举形成明显的对比。

第七章

改制中的集体经济组织

在我国大陆，城乡基层社区在组织体系和管理体制上有着明显的差别，尤其表现在，村委会有促进本村经济发展和经营管理村集体资产的职能，而城市社区居委会不具有经济职能。在城市化、市场经济交汇的背景下，要进行"村改居"，就需要将其管理的集体资产剥离并进行处置，这是"村改居"过程中面临的最大难题。其中，以产权改制为主线的集体经济组织改革，更具有制度创新的意义。但是，应该说，这一实践探索仍在继续，作为制度创新标志的组织形态也远未定形，还是"进行时"而非"完成时"。本章拟就这方面的内容作一探讨。

第一节 农村集体经济组织改制的背景

研究城市化进程中"村改居"社区集体经济和集体经济组织的改制，有必要先对我国农村集体经济和集体经济组织的形成与历史演变有一个总体的把握。

一 我国农村集体经济组织的历史演变

我国农村经济组织随着我国社会的经济政治形势的变化而几经

变迁。新中国成立初期，党和新生的人民政权领导农民在解放区土地制度改革的基础上，完成了民主革命的遗留任务，废除了封建性及半封建性的土地剥削制度，完成了土地改革，广大农民分得了土地，实现了耕者有其田，但基本生产单位是个体家庭。因而，当时农村还没有集体经济和集体经济组织。随着全国范围内民主革命遗留任务的完成和国民经济的恢复发展，以建设社会主义制度为目标的中共领导层酝酿并提出"要在一个相当长的时期内，逐步实现国家的社会主义工业化，并逐步实现国家对农业、对手工业和对资本主义工商业的社会主义改造"。党和政府依据中国的国情，开始采取向社会主义过渡的步骤，对农业的社会主义改造则是引导个体农民通过互助合作走社会主义集体经济的道路，所采取的步骤是，由社会主义萌芽的互助组，进到半社会主义的合作社，再进到完全社会主义的合作社。"第一步，在农村中，按照自愿和互利的原则，号召农民组织仅仅带有某些社会主义萌芽的、几户为一起或者十几户为一起的农业生产互助组。然后，第二步，在这些互助组的基础上，仍然按照自愿和互利的原则，号召农民组织以土地入股和统一经营为特点的小型的带有半社会主义性质的农业生产合作社。然后，第三步，才在这些小型的半社会主义的合作社的基础上，按照同样的自愿和互利的原则，号召农民进一步地联合起来，组织大型的完全社会主义性质的农业生产合作社。"① 为此，1951 年底中共中央下发《中国共产党中央委员会关于农业生产互助合作的决议（草案）》，1953 年底中共中央又通过了《关于发展农业生产合作社的决议》。在互助组中，土地等生产资料归农民所有，以农户家庭为生产经营单位，按照互利原则开展劳力、耕畜、农具等方面的互助协作。在初级社中，农户以土地及私有牲畜、大型农具入股参与分红，合作社实行统一经营、集中劳动、评工记分、统一核算，实行土地分红和按劳分配相结合。在高级合作社中，入社的土地等生产资料一律由农民所有转归合作社全体社员集体所有，耕畜、大型

---

① 《毛泽东选集》第六卷，人民出版社，1999，第 434～435 页。

农具等主要生产资料也作价转为合作社集体所有，由集体组织农业
生产经营。农民进行集体劳动，实行按劳分配。在党的方针指引
下，农村的互助合作化稳步推进。但到 1955 年夏季之后，合作化
在自上而下的政治动员下出现了运动化的"高潮"，到 1957 年，全
国参加高级社的农户达到 96%。运动式的农业合作化导致了要求过
急、工作过粗、改变过快、形式过于简单划一的倾向，以致遗留了
一些问题。但农业合作化，完成了从分散的个体劳动向集体所有、
集体经营的转变。

1958 年，在全国上下"大跃进"的同时，中共中央通过了
《关于在农村建立人民公社问题的决议》，农村人民公社化运动由此
开始，在一个月时间内，全国 74 万多个高级农业生产合作社合并
为 2.6 万个人民公社。人民公社实行"政社合一"的体制，其管理
覆盖了政治、经济、文化乃至日常生活领域。其基本特点为"一大
二公"，即规模大、公有化程度高。由此带来了"一平二调"之风
泛滥，损害了广大社员和小集体的利益。这种组织体制几经调整，
后来稳定在"三级所有、队为基础"（生产队、生产大队、公社三
级所有，生产队为基础）的形式下。人民公社虽然具有很强的社会
整合能力和资源动员能力，在特殊的历史时期里曾发挥过一定的积
极作用，但这一组织体系在经营管理上的缺陷也是十分明显的，给
农村经济和社会发展带来了很多不利影响。这一制度和组织持续了
二十多年。

中共十一届三中全会拉开了改革开放的帷幕。长期受到压抑的
农民开始以自发的方式摆脱束缚已久的经营管理体制。在"包产到
户""包干到户"实践探索的基础上，中央尊重基层农民的创造和
选择，肯定包产到户、包干到户是社会主义集体经济的生产责任
制，是合作经济的一个层次。在中央的支持和推动下，以包产到
户、包干到户为主要形式的家庭联产承包责任制，在全国各地推
广，此后，进一步完善为以家庭承包为基础、统分结合的双层经营
体制。这一经营体制将集体统一经营和家庭分散经营结合起来，实
现了土地集体所有权与农民承包经营权的适当分离，农户成为独立

的农地经营主体，克服了人民公社体制下"一大二公"生产经营导致的"大锅饭"、低效率等弊端，激发了亿万农民的生产积极性。这是中国农村生产关系和产权制度的一次重大调整。家庭承包为基础、统分结合的双层经营体制的普遍实行，一方面促使人民公社、生产大队、生产队三级所有的组织体系解体，另一方面也产生了建立新型农村基层组织的要求。在一些地方，农民自发建立了群众性自治组织——"村民委员会"，受到中央的重视和肯定，并于1982年载入我国宪法。第二年，中央决定撤销"政社合一"的人民公社设立乡人民政府作为基层政权，并设乡农业合作经济联社。到1984年底，我国基本完成了由公社到乡政府的转变。由于全国绝大部分农村地区已不存在集体生产经营活动，所以乡农业合作经济联社一直没有建立。又经过几年试点，1987年全国人大常委会通过了《村民委员会组织法（试行）》。试行法规定，村委会是村民自我管理、自我教育、自我服务的基层群众性自治组织；要协助乡、镇政府开展工作；应当支持和组织村民依法发展各种形式的合作经济和其他经济，承担本村生产的服务和协调工作，促进农村生产建设和经济发展。可见，村民委员会作为综合性群众自治组织，既有协助乡（镇）政府开展工作的"准行政"职责；又是村民自治组织，具有自我管理、自我教育、自我服务的功能；同时又是一种集体经济组织，负有促进农村生产建设和经济发展的职责。

农村经营管理体制和组织体系的上述变革，有力地推动了农村经济和民主政治的发展，是改革开放初期的制度创新。伴随着我国经济改革的深化，特别是1992年"社会主义市场经济"新理论的提出，中国城乡经济发展步入充满机遇和挑战的市场化发展阶段。市场经济与工业化、城镇化、农业现代化相互交汇和叠加，促使农业开始向集约化、产业化，甚至农工贸一体化的方向发展。在以往计划经济体制和城乡分割的体制下，农村的经济活动相对简单，农户是生产经营的独立主体，集体经济的经营管理有村民委员会（有的地方也有村经济合作社）及其村民小组这些组织形式就可以了。现在不行了，复杂的经济活动要求创生新型经济组织。各种农民专

业合作社正是在这一背景下发展起来的。此外，为更好地履行集体
经济经营管理职能，一些农村设置了村（社区）经济合作社作为集
体经济组织，而将村民委员会的主要职责定位为组织村民开展自治
范围内的社会性事务和协助基层政府开展面向村民的工作（也有的
是一套人马、两块牌子）。一些农村还探索对集体经济进行产权制
度改革，成立经营管理集体资产的新实体——村（组）股份合作组
织。经济发达地区的一些村集体甚至还组建成立了公司制的社区股
份合作企业。

以上我们粗略地回顾了我国农村集体经济和集体经济组织产生
与发展的三个阶段，可以看出，农村集体经济意指新中国成立后形
成的以土地等生产资料和其他资产为基础的农村劳动群众集体所有
制经济。至于集体经济采取何种提高农民积极性的经营方式和组织
形式，各级党组织和政府、基层干部与群众一直在探索和实践，并
不断丰富着认识和理解。1997 年 12 月 16 日农业部、监察部印发了
《村集体经济组织财务公开暂行规定》（农经发〔1997〕5 号），并
于 2011 年 11 月重新修订为《农村集体经济组织财务公开规定》
（农经发〔2011〕13 号）。新文件结合现今我国村集体经济组织实
际，在第二条规定："本规定适用于按村或村民小组设置的集体经
济组织（以下称村集体经济组织）。代行村集体经济组织职能的村
民委员会（村民小组）、撤村后代行原村集体经济组织职能的农村社
区（居委会）、村集体经济组织产权制度改革后成立的股份合作经济
组织，适用本规定。"上述规定，涵盖了我国大陆现阶段农村集体经
济组织及代行原村集体经济组织职能的相关组织的基本形态。

二 "村改居" 过程中原集体资产处置及其产权制度改革

（一）村集体资产处置及其产权改制是城市化背景下
"村改居" 的要求

在本书第二章，我们曾指出，由于现行的城市管理体系与农村

管理体系存在着差别，村民委员会属于农村组织建制，城市社区居委会属于城市组织建制，二者的职责也是有差别的。因此，成建制推进城市化，就需要将村委会改为社区居委会。但"村改居"不是简单地将村委会的牌子换成居委会的牌子，也不只是将农民的农业户口转变为城镇居民户口就完事了。制约"村改居"和农民市民化发展的，不仅有"村改居"过程中职能转换不到位的问题，背后存在着的与原集体资产相关的经济利益关系尚未厘清也是一个重要的因素。"村改居"过程中的一项重要工作就是将合作化时期农民合作入社带进的生产资料等资产以及后来社员投资投劳形成的集体资产加以处置，但如何切割和处置？与此密切相关的还有，原村委会承担的管理集体经济的职能在过渡性的"村改居"社区如何剥离？应建立何种经济组织来承接？这些都是绕不开的坎，需要结合起来寻求解决之道。

这里，有必要先就相关情况做一概略式介绍。村集体资产是指农村集体经济组织全体成员所共有的资产。国务院 1995 年 12 月发布的《国务院关于加强农村集体资产管理工作的通知》指出，集体资产包括：集体所有的土地和法律规定属于集体所有的森林、山岭、草原、荒地、滩涂、水面等自然资源，集体所有的各种流动资产、长期投资、固定资产、无形资产和其他资产。近年来，依据农村集体资产的形态，人们又进一步将其大体分为三类：一是资源性资产，包括集体所有的土地和法律规定属于集体所有的森林、山岭、草原、荒地、滩涂、水面等自然资源；二是非经营性资产，包括村集体兴建的基础设施、公共设施、公益设施等；三是经营性资产，包括集体所有的各种固定资产、现金及银行存款、产品物资、农业资产、对外投资、无形资产和其他参与生产经营活动的资产。在市场经济条件下，资源性资产和非经营性资产是可以转化为经营性资产的。

在"村改居"过程中，对原村集体资产处置是一项涉及面广、问题复杂的工作。目前，在国家层面，尚无统一的法规或政策，各地的做法不尽一致，甚至"一村一策"。

（二）集体经济产权改制是激发农业和农村发展活力的内在要求

集体经济是集体所有制经济的简称。改革开放以来，我国农村普遍实行联产承包责任制，经过三十多年的发展，现在的农村，不仅以农业为主多种产业并存，而且多种所有制并存。在多种所有制经济中，集体所有制、集体资产依然存在。实际上，在推行联产承包责任制时，考虑到存在集体资产和集体经济，特别是土地这一最重要的农业生产资料为集体所有，资源性资产、非经营性资产也为集体所有，当时就将农村改革模式概括为"家庭承包为基础、统分结合的双层经营体制"。这一经营体制在土地这一最重要的生产资料上实现了集体所有权与农民承包经营权的适当分离，解放了农业生产力，但又是中国改革初期在计划经济体制和城乡分割体制约束条件下的政策设计，尚未触及产权这一更为核心的问题。随着以市场为取向的经济改革在中国城乡的全面推展，农村、农业、农民在迎来发展机遇的同时，也遇到了许多新问题，需要进一步破解。农村和农业改革发展需要新的制度创新，其中就有产权制度方面的问题。诸如，土地家庭承包经营形成的土地碎片化经营与现代农业产业化发展所要求的土地集约化、规模化经营的矛盾，市场经济、工业化、城镇化发展要求人口和生产要素自由流动与土地承包经营权固化的矛盾。就集体资产而言，由于缺少清晰的财产所有权界定，虽然在村委会组织法中对村民参与村务管理做了越来越具体的规定，但现实中村民对集体资产仍然难以行使管理权和剩余索取权，监督权有时也难以保障，致使在有的地方，农村集体经济异化为"村委会经济"甚至"村干部经济"。有的村（组）设置了经济合作社，集体经济的管理职能由新设置的经济合作社承接，但由于集体经济组织成员与集体资产的产权关系不清，所有权归属依然模糊。由此带来的负面影响，一是缺乏集体资产经营和集体经济发展的激励机制，二是不利于生产要素和资源的市场化配置，不利于人口流动。因此，需要通过产权制度改革来为农村经济和农业生产力的发展释放新的制度空间。2013年中央一号文件就此指出："建立归属清晰、权能完整、流转顺畅、保护严格的农村集体产权制度，是激发农业农村发展活力的内在要求。"① 近年来，在农村集体产权制度改革方面，一些地区先行先试，积累了许多经验，有的已在一定范围内推开。

资料一：据潍坊晚报报道，截至2012年6月，潍坊市奎文区九成农村社区完成集体资产改制。经过近四年的努力，奎文区农村社区集体资产经营管理体制改革中，全区59个农村社区已有54个完成改制，初步建立了归属清晰、权责明确、利益共享、风险共担、保护严格、流转规范、监督有力的新型产权运行体制。据悉，奎文区成立了不同类型的社区经济组织，其中股份经济合作社43家、经济合作社8家、有限责任公司3家，62235名居民变为股东（社员），量化经营性净资产27.2亿元。针对改制后的社区经济组织无法律支持等实际问题，奎文区选择李家、后栾两家社区经济组织进行试点，在工商部门注册登记为经济专业合作社，成为全省首例。②

资料二：上海市"十二五"期间全面推进农村集体经济改制③

近几年，上海镇村集体资产增长迅猛。据最新统计，目前沪郊镇村组三级集体经济组织总资产达到2398亿元，而20世纪90年代这一数据是600多亿元。如此庞大的蛋糕，到底属于谁，农村居民，还是镇村干部？必须明晰主体。

---

① 《中共中央国务院关于加快发展现代农业，进一步增强农村发展活力的若干意见》（2013年中央一号文件），http://www.farmer.com.cn/xwpd/tjyd/201302/t20130201_805057.htm。
② 资料来源：《潍坊晚报》，引自山东农业信息网，2012年6月14日。
③ 资料来源：《解放日报》，引自东方网，2012年7月19日，原小标题为：《上海市将在"十二五"期间全面推进农村集体经济改制》。原文较长，本书只选取了其中的几个段落。

本市相关部门透露，"十二五"期间，上海"三农"工作的一个重中之重，将是对所有具备条件的镇和村实行集体资产改制，把资产权益量化到每一位集体经济组织成员。届时，财产性收入将成为农民增收新的拉动力，而集体资产本身也会得到健康有序的发展，并为新农村建设发挥积极作用。

农村集体经济，因为没有明晰主体，一直存在"人人有份，人人无份"的尴尬。对于农民来说，少数人知道集体资产与自己有关，但不知如何分享，更多人对此压根没什么概念。然而，现实把这个问题逼到了许多人的面前。

"郊区镇村集体经济，确实到了不得不改制的关键时候。"农业部门一位专家告诉记者，随着城市化进程加快，农村经济社会发展，沪郊镇村集体资产增长迅速，近三年年均增长超过12%，去年底竟达到了2398亿元，比十几年前翻了好几番。而且，根据形势预判，上海集体经济的量还会越来越大。在集体资产规模较小时，大家都不会在意，但是一旦盘子大了，而主体又不明晰，涉及的矛盾就会越来越多，牵扯的利益方也越来越复杂，各方要求改制的呼声也越来越高。

另外，农民增收是农村社会的突出问题，但如今越到最后，可挖掘的空间越有限。而集体资产如果改制成功，让农民分享收益，则可以成为他们增加财产性收入的重要来源。可以说，未来几年里，全市集体资产改制的稳步推进，将为郊区农民增收带来一定的增长空间。

根据规划，"十二五"期间，上海将推进所有具备条件的镇村实行集体资产改制，届时仅村级经济组织就将达到250多个。所谓具备条件的村，就是城市（镇）化进程较快地区面临撤销村队建制的村，或是集体净资产达到1000万元以上且有一定规模的经营性资产、收益相对稳定，或是各区县认为条件比较成熟、群众有意愿的村，届时它们都要建立社区股份合作社。同时，本市还将积极探索实行镇级产权制度改革，将资产量化到集体经济组织成员。

暂不具备改制条件的村，则将做好集体经济组织成员界定和以农龄为基础的统计核实公示等工作。这也是为今后改制打好基础。

据了解，未来三年内，本市还将建立起一个覆盖全市的镇村集体资产网络化管理平台，所有集体资产的家底和变化都将一目了然，这将对加强规范管理、维护农民权益起到时时刻刻的监管和保护作用。

三 "村改居"进程中原村集体资产处置方式

（一）原村集体资产处置的三种方式

对原村集体资产进行处置，各地的做法不尽相同，甚至同一地区不同"村改居"社区的做法也不同。对已有的处置方式进行梳理，我们发现主要有如下几种。

第一种处置方式是对集体资产进行一次性处理。将原经营性资产清产核资后折价出售，"货币化"兑现到原集体经济组织成员个人，或是将政府征用集体土地补偿款一次性发放给原村民，有的还将集体资产以实物的形式分给原村民。采用这种方式，集体资产在原村民中被"一次性"分光。由于集体资产不复存在，也就意味着原村民从此失去了来自集体经济的收益，未来只能自谋出路。这种处置方式显然偏离了长期以来发展集体经济的价值理念，因而，目前采用这种处置方式的很少。

第二种处置方式是撤销村委会，将村委会管理的集体资产剥离移交给经济合作社。村经济合作社是在农村双层经营体制下设立的社区性集体经济组织。村经济合作社依法代表全体社员行使集体财产所有权，享有独立进行经济活动的自主权。目前，全国各地的情况差别较大。相当数量的农村尚未建立这一组织，村集体财产的管理和经营权由村民委员会行使。有的农村虽然设立了经济合作社，但作用没有真正发挥出来，其中一些是与村委会两块牌子一套人马。为了适应农村和农业发展的新形势和新要求，促进农村集体经济发展，维护村经济合作社及社员的合法权益，浙江省还根据宪法和有关法律的规定结合本省实际，制定了《浙江省村经济合作社组织条例》①。在城市化扩张中，"撤村建居"后村委会不复存在。在此情况下，如果出于原村民的可持续生计主张保留原村集体资产，简便易行的做法就是将集体资产交给经济合作社管理经营。而"村改居"后的社区居委会与城市管理体系对接，面向新老居民开展社区性公共服务和管理。人们将此种方式概括为："撤村建居，保留经济合作社。"由于村经济合作社属于农村集体经济组织，因而，这种将村（组）集体资产移交经济合作社经营管理的处置方式，只是城市化进程中的一种过渡性的做法。福建省福州市和浙江省的农村城市化就采用这种方式。之所以选择这种方式，一是农村集体土地尚未征完，再有就是村经济合作社享受国家税收政策优惠，只要缴纳房产税，而不需缴纳营业税和所得税等。但如果改制为公司制企业或社区股份合作社，纳税情况就不一样了。但是，经济合作社内部的产权依然不清，其经营管理也沿用以往的手段和方法，难以适应城市化进程中日益发育的市场经济的要求，也不利于原村民转职转产和跨地域流动。随着"村改居"工作的推进，必须要解决这些问题。

　　第三种处置方式是对集体资产进行产权改制。所谓产权制度，是指既定产权关系和产权规则结合而成的能对产权关系实现有效的组合、调节和保护的制度安排。如前分析，传统的农村集体经济产权制度存在的主要问题是没有明晰的产权主体，资产集体所有在形式上是全体成员"人人有份"，但集体产权的整体性和不可分割性，导致成员权益的模糊性。因此，对集体资产进行产权制度改革就是要将模糊的产权明晰起来。我们将在下面对此详加讨论。

---

① 《浙江省村经济合作社组织条例》，1992 年 7 月 25 日浙江省第七届人民代表大会常务委员会第二十九次会议通过，2007 年 9 月 28 日浙江省第十届人民代表大会常务委员会第三十四次会议修订。

（二）集体资产产权制度改革的模式

梳理全国各地已有的做法，集体资产产权制度改革大体上有三种模式。

1. 成立民办非企业单位

民办非企业单位是从事非营利性社会服务活动的社会组织。《民办非企业单位登记管理暂行条例》规定："民办非企业单位不得从事营利性经营活动。"这就意味着，民办非企业单位不能分红。因此，在改制中很少有选择成立民办非企业单位的。厦门市湖里区的后坑村选择了民非企业，成立了一个资产管理委员会，来管理清产核资后的集体资产。

2. 改制成立社区性的公司制企业

即依据《中华人民共和国公司法》成立股份有限公司或有限责任公司，一步到位完成对集体资产进行彻底的产权制度改造。具体又有两种选择方案，一是成立股份有限公司，二是成立有限责任公司。《公司法》对股份有限公司股东人数没有上限的限制，只规定注册资本最少为 500 万元。有些比较富裕的"城中村"和"城边村"集体净资产额较大（少则几千万，多则上亿），土地已被征完，股东又较多，于是便在改制中选择了股份有限公司的经营模式。但也有不少选择组建有限责任公司的。《公司法》规定有限责任公司的股东人数不得超过 50 人，而改制村的集体经济组织成员少则几百多则上千人，改制使大家都成了股东。因此，在股东人数众多且分散的情况下，如何登记注册为有限责任公司？人们设计了这样的办法：推选股东代表作为显名股东进行注册，其余股东作为隐名股东。需要指出的是，由于政府公共服务和社会保障未能及时覆盖到这些"村改居"社区，而改制成立的这些公司又刚刚脱胎于村社集体经济组织，依然嵌入于转型的村社共同体的各种关系之中，因此，往往需要承担"公司办社区"的责任，并且保留了以往集体经济组织或社区股份合作制的某些痕迹。

3. 改制为社区股份合作经济组织

即在原村集体经济组织的基础上,将村(组)集体净资产的全部或部分量化,设置股权后配置给有资格享有的主体,并按股分红。这是目前多数"村改居"社区产权制度改革选择的方式。因多数未注册为企业,其成员为原自然村(村民小组)成员,改制后也多居住和生活于"村改居"社区,所以一般都定名为:××社区股份合作社,有的还在社区股份合作社的基础上组建社区股份合作经济联合社,即将原行政村(社区)集体资产量化折股组建二级社区股份合作经济组织(股份合作联社)。这些社区股份合作社或联社都不同程度地承担着社区性事务,因而具有社区组织的特征。本章后面将对此作详细分析。

第二节 "村改居"社区股份合作制和股份合作组织

一 社区股份合作制——多数"村改居"社区集体产权改制的路径选择

为什么多数"村改居"社区在集体资产产权改制中选择社区股份合作制这一路径?解释这一问题,自然需要对社区股份合作制的特征和"村改居"过程的约束条件进行分析。

(一)社区股份合作制的特征

股份合作制,顾名思义,是股份制与合作制相结合的产物。"股份合作制是对股份制的改造,对合作制的发展。"① 而股份合作组织就是按照股份合作制的原则建立起来的一种新型经济合作组织

---

① 高山:《股份合作制与乡镇企业改革的目标模式》,《中国农村经济》1990 年第 3 期。

形式，其中，股份合作社又是其典型形式。有学者就指出：股份合作社是把股份制引入合作制，实行劳动、资金及其他要素的联合，容纳多种所有制，聚合和融通各种生产要素，扩大生产规模，扩大社会生产力的一种经济组织形式。社区股份合作社组织则是一种兼具合作社和股份制双重功能的社区性、综合性的经济组织形式，或者说，社区股份合作社是将合作制的基本原则与股份制的形式相结合的新型集体经济组织形式。就"村改居"社区股份合作组织而言，其就是为适应城市化和"村改居"的要求，将土地等自然资源和财产、资金等集体资产折股配置给原集体组织中的成员，使其享有比较清晰的集体资产产权。在此基础上，以股份合作的方式实行劳动、资金及其他要素的联合，统一经营，共负盈亏，收益分享。可见，这种社区股份合作社是对原农村集体经济和集体经济组织改制的产物。社区股份合作社的成员就是原村（组）集体经济组织的成员，现在成为持有股份的股民。多数"村改居"社区股份合作组织一般都取名为××社区股份合作社或××社区股份联合社，而没有注册为企业和公司。因为，社区股份合作社或社区股份联合社还不属于完全意义上的企业和公司。

社区股份合作制这一制度设计既将原村（组）集体资产折股量化配置到个人，使模糊的产权清晰化，同时又以土地集体所有为纽带以合作的方式对股份化的集体资产实行统一经营管理。在社区股份合作制下，合作既是劳动（村民所积累的对集体经济的劳动贡献）的合作，同时又是资产的联合。在分配上，按股分红的形式，力求体现资产、劳动、人口、贡献等的分享原则。"村级股份合作制的产权制度安排是一种分享制，……在制度安排上它将劳动力资本化，并承认劳动者以产权，劳动者参与控制权与剩余权的分享。"[1] 在表决上，实行股民一人一票制，既体现了合作制的民主管理的特色，又体现了股份制中资本的重要性。股份合作组织的成

---

[1] 陈志新、江胜蓝：《城市化进程中农村集体产权制度改革》，化学工业出版社，2010，第25页。

员既是集体资产的所有者,又是股份合作社的股民或股东,这有利于强化成员的主人翁地位。

(二)"村改居"社区的约束条件

"村改居"社区的集体资产改制是在我国城市化进程的特定时空背景下启动的,"村改居"社区的条件既是集体资产改制的支撑条件也是其约束条件。这些条件包括:①置身于工业化、城市化、市场经济的大背景下,但城乡二元结构尚未完全解体。②政府推动"村改居",先"撤村建居",将村民成建制地转为城市居民,然后进行集体资产改制。③自合作化运动以来,农民入社带进的资产,再加上后来村民几十年投资投劳,积累了数量不等的集体资产。特别是随着城市化的快速推进,一些"城中村""城边村"由于集体土地被征用获得了可观的现金补偿,积累了很大数额的集体净资产。这些集体资产是村民共有的财富,也是其基本生活保障。④在快速城市化并置身于市场化的大背景之中,"村改居"过程中的原村(组)集体资产如何确保不流失,并且能够保值增值,关系到"农转非"居民的可持续生计问题,也是"村改居"能平稳推进的关键。社区股份合作社因其既能容纳为数众多的股东,又能借鉴现代企业制度的因素,因而成为多数"村改居"社区集体经济改制的选择模式和组织载体。

二 原村集体资产产权改制的程序

第一步,成员身份认定。所谓成员身份认定,就是依据一定的条件(也即经转制中的村民讨论并认可的标准)界定集体经济组织成员的资格,以此作为配置股权的依据。也就是说,谁是集体经济组织成员,谁有资格享有这些集体资产。收益权也好,分配权也好,都是基于集体经济组织成员这一身份或资格。所以,成员身份认定是集体资产改制的基础性环节,也是"村改居"社区改制中最为人们所关注的问题。

第二步，清产核资。清产核资就是要搞清集体到底有多少资产，能够处置的经营性资产、非经营性资产和资源性资产到底有多少。这项工作一般是委托具有执业资格的社会中介机构来做，也可由镇（街）、社区（村）联合组成清产核资小组，对属于村（居）、组（“村改居”社区居民小组）集体所有的经营性资产、非经营性资产和土地等资源性资产进行全面清查核实，并确定各种集体资产的所有权归属关系，在此基础上分别登记造册。

第三步，股权设置。股权设置是集体资产产权改制的核心环节。所谓股权设置，通俗地说就是，有这么多可分配的集体资产，有这么多有资格参与分配的成员，到底该怎么设置股权来分配。在这一环节上，各地的做法不一，可以说是五花八门。从发展进程上看，起初许多改制的村（社区）设置了用于集体积累的集体股，与集体股对应同时设置了配置成员的个人股，个人股的设置也有不同的做法。除了设置人口股，一些村（社区）设置了贡献股（农龄或工龄股、经营管理等贡献股）。如，广州市在“城中村”资产集体改制中将集体所有财产折股后，分为集体股和村民个人股，后来广州市天河区取消了集体股，将村、队两级资产按照人口股、工龄股、劳动安置股、福利股全部量化分配给村民。山东槐荫区前屯将净资产分为量化股、福利股、派送股、奖励股等形式。随着社区股份合作社实践探索的深入，有的股份合作社为了发展和壮大自己，还吸引社员或外部成员以现金入股，于是就形成了所谓的“现金股”。目前，社区型股份合作社在股份设置上大体有“集体积累股”“社员分配股”“现金股”三种。

第四步，资产量化。资产量化就是确定集体资产处置的范围并进行量化，量化又有折股量化和货币量化两种。由于能够处置的集体资产主要是经营性资产，因此资产量化多数是对经营性资产的量化。而非经营性资产（如村公共设施）和资源性资产（如集体土地）由于尚不具备处置条件，一般不进行量化。

三 "村改居" 社区集体经济实施股份合作制改造的意义和绩效

对传统村（组）集体经济的社区股份合作制改造的核心是集体资产股份化，即将集体资产按股量化，将模糊的集体产权变成相对清晰的股权。为了更好地理解问题，我们不妨先对产权和股权两个概念进行简要说明。产权是经济所有制关系的法律表现形式，它包括财产的所有权、使用权、收益权和处置权。在市场经济条件下，产权的属性主要表现在三个方面：产权具有经济实体性、产权具有可分离性、产权流动具有独立性。股权即股票持有者所具有的与其拥有的股票比例相应的权益及承担一定责任的权利。在"村改居"社区，这一产权制度改革的意义和作用表现在以下几个方面。

（一）以产权的形式确认了成员的主人地位

产权改制使得传统农村集体所有制经济下对集体资产的笼统公有变为按股份共有，村民变为股民。在不改变集体所有制性质的前提下，股权将集体资产的产权由模糊变得较为清晰，也使得成员享有更多的权利。这不仅提高了人们与集体资产的关联度，而且进一步以制度化的方式确认了成员的主人翁地位。正如有的学者指出的："社区股份合作制作为在我国特殊的制度供给约束条件下创立的一种新型社区农民合作经济制度形态，其最大贡献在于它冲破了传统集体所有制的误区，证实了在中国农村'联合的个人所有制'比传统集体所有制更有效率，甚至能更好地兼顾公平，更能适应农业和农村生产力的发展。"①

（二）较好地适应市场经济和城市化发展要求

与职能泛化的村民自治组织——村委会比较，股份合作社其定

---

① 阮文彪、杨名远：《社区股份合作的制度缺陷及创新思路》，《经济体制改革》1998 年第 1 期。

位就是经济组织，并且是发展集体经济的新实体。虽然股份合作社还不是严格意义上的公司制企业，但由于建立了"归属清晰、权责明确、利益共享、保护严格、流转规范、监管有力"的产权制度，因而，相比于以往的农村集体经济组织能较好地适应市场经济发展要求。同时，股权确定和股份配置后，成员凭股权证书就拥有作为股东的各项权益尤其是收益分配权，而不会因户籍和居住地的变动受到影响，也即"迁入不增，迁出不减"。这样，"持股进城""持股转职转产"也就少了许多后顾之忧。这就突破了长期以来制约农业人口流动的瓶颈，因而有利于城市化的推进。

（三）利用农村集体经济制度的遗产让成员普遍受益

许多地方文件依然将社区股份合作社认定为改制后的集体经济组织。集体经济制度的重要价值取向是要让组织中成员普遍受益，走共同富裕之路。社区股份合作制脱胎于农村集体经济制度，自然继承了农村集体经济制度的遗产。原村集体经济组织的成员经过资格认定，成为社区股份合作社的成员，即持有股权证的股东。这里，股东与社区股份合作社成员的身份是重叠的。这种制度设计的目的是希望在明晰产权的同时让失地农民利用政府扶持政策以股份合作的方式创造收益，自己给自己分红，并普遍受益。厦府办〔2010〕107号文件就规定："股份合作经济项目实行普惠制，所在村（居）民享受平等的参与权和收益权，鼓励他们在自愿基础上以征地补偿款、自有资金和集体资产折价入股等形式投资参股。"由于社区股份合作社是合作制的基本原则与股份制形式的结合，因此，按股分红、按股收益不同于股份制下的按资本分红，而是人口、资本、劳动等因素的兼容。在股东身份的形成方面，不是由股东主动出资而是依据是否具有资格和农龄年限等配股的。如设置人口股所体现的是让原村（组）集体经济组织成员能普惠分享集体资产经营收益，农龄（贡献）股所体现的是对以往劳动贡献的承认。奖励股也是按照经营业绩对经营管理人员的激励。同时，在管理上也实行民主管理，股东一人一票，而不是一股一票。

（四）在政府公共服务政策尚未完全覆盖的情况下，股份合作社的社区性责任有利于"村改居"工作的平稳推进

"村改居"社区不仅是城乡接合地带，也是农村管理体制过渡到城市管理体制的转型社区。在这里，城市化扩张给人们带来了空前的商机，征地款和拆迁补偿款也使一些村民一夜暴富。但由于城乡二元分割体制尚未根除，一些基层政府在获取土地城市化红利的同时，公共服务和社会保障政策跟进不及时、不到位。在这种境遇下，股份合作社还需要为"村改居"社区公共服务和公益事业提供资金支持，相当数量的股份合作社还要为成员（原村民）提供福利和"社会性"保障，许多"村改居"社区股份合作社还为此设置了集体股。这在相当程度上缓解了农村管理体制过渡到城市管理体制时政策制度跟进不及时不到位带来的阵痛，也缓解了失去土地的原村民在城市化中的生存压力，有助于避免由此带来的社会震荡，有利于"村改居"工作的平稳推进。

四 "村改居"社区股份合作社组织存在的主要问题分析

"村改居"社区股份合作社组织是城市化和市场经济背景下基层干部和群众的创造与智慧，但也存在着一些不容忽视的问题。

（一）政、社、企不分的问题没有根本解决

社区股份合作社属于经济类组织，但受多重因素制约，相当数量的"村改居"社区的股份合作社承担着提供社区性公共产品的任务，既要为"村改居"社区的公共服务和公益事业提供资金支持，又要为成员提供福利和"小集体"保障。这些负重在相当程度上妨碍了股份合作社作为经济组织绩效的实现。社区股份合作社的分配制度在实行按股分红的同时，为了维护城市化发展中社区共同体的秩序，或配合政府的工作，还制定了各种经济奖惩规定。蓝宇蕴在深入地实地研究后曾这样写道："在珠江村，几乎所有公共活动的

参与，小到出席一般的居民会议，大到代表村参加龙舟大赛；几乎所有的社区管理，小到居民出租屋管理，大到计划生育国法的遵守；几乎所有涉及公共荣辱的事件，小到拿到文凭考上大学，大到参加国际比赛拿了大奖，往往都会与集体经济利益的'补贴'、'奖励'或者'扣除'、'处罚'联系在一起。"①

此外，股份合作社经营管理层多与社区"两委"成员交叉任职，这也容易导致社区党组织、社区居委会与股份合作社理事会、监事会职能交叉、权力交织。

> 在我们这里，股份合作社的理事会、监事会人选，是由集体资产管理工作组提议的，基本上是党支部、居委会"两委"成员，报街道审批，然后经股东代表等额选举，过半数的当选。理事会也将有股权的（村民）小组长吸引进来。（编号：12XJZC）

调研统计的 14 个"村改居"社区，在社区股份合作社经营管理层兼职的"两委"主要领导（书记、副书记，主任、副主任）占 59.7%。"村改居"社区股份合作社经营管理层与社区"两委"成员交叉任职这种情况有其历史原因，短期内难以完全避免。笔者在广州市"村改居"社区调研还了解到一种情况，社区"两委"成员和股份合作社经营管理层的薪酬不一样，股份合作社经营管理层的薪酬更高。如果单在社区"两委"任职没有办法拿到比较高的薪酬。因此，"两委"成员就要在股份合作社挂一个职务。由此带来了社区党委会、社区居委会与股份合作社理事会、监事会职能的交叉，而政、社、企不分的问题不解决，难以形成现代企业法人治理结构。

（二）产权未完全清晰

产权的核心功能是使产权主体的权力与责任对称，并能规范主

---

① 蓝宇蕴：《都市里的村庄：一个"新村社共同体"的实地研究》，生活·读书·新知三联书店，2005，第 224~225 页。

体的行为从而有助于产权主体交易时合理预期的形成。一个有效的产权制度首先要具有清晰的产权划分，这包括三个基本要素：第一，每份财产分配给明确的所有者，并且所有权具有排他性；第二，财产的所有者必须获得资产增值的剩余收入；第三，所有者拥有控制和决定现金资产的使用、调整资产结构、出售财产的权利。

社区股份合作社内部设置股权，目的是将集体资产的产权由模糊变清晰，然而集体股的设置又使得产权明晰不同程度地打了折扣。一些股份合作社尤其是在成立初期，设置了集体股，有的甚至规定集体股要占大头。在政府公共财政不到位的情况下，设置集体股主要是为"村改居"社区的公共服务、公益事业、基础设施的建设维修等提供资金支持，同时也为"农转非"居民（原村民）提供集体福利和社会保障。但就集体股而言，其依然是产权不清的，这是原村（组）资产改制不彻底遗留的尾巴。设集体股从现代企业运作逻辑考量也是不能自洽的。此外，改制中折股量化的也主要是经营性资产，其他集体资产尚不具备折股量化的条件，依然为集体所有。

产权未完全清晰还表现在，个人股份的产权残缺。"社区型股份合作的产权制度一般都规定个人对分配的股份只拥有名义上的所有权，只能据此参与分红和有限的管理（一人一票），没有处置权，也不能转让、买卖、抵押，甚至不能继承。按照产权理论，完备的产权是一束权利的集合，至少包含使用权、收益权和处置权。产权是否完备，除了要看权利束的结构，还要看所有者是否能够充分地行使产权。因而，排他性和可转让性是前提条件。如果产权所有者对他所拥有的权利有排他的使用权、收入的独享权和自由的转让权，就称他拥有的产权是完整的；如果这方面的权利受到了禁止、限制或侵蚀，就称为产权残缺。以此来判定农村社区型股份合作制个人的分配股权，显然是不完备的，或说是严重残缺的，农民群众深刻地称之为'虚权'。"[1] 从社区股

---

① 傅晨：《社区型农村股份合作制产权制度研究》，《农村改革》2001 年第 5 期。

份合作制度的创设过程来看，满足社区成员对集体经营的剩余索取权，这是改制最迫切的制度需求。因而，最重要的产权界定当属收益权的界定。因此，在制度选择的集合中，人们起初选择了产权不那么明晰的制度安排。这符合成本最小原则，但是，这也给股份合作制以后的发展设置了障碍。

（三）股权设置不够合理，具有高福利性

社区股份合作社通过折股量化落实产权，并按股分红。但在相当数量的"村改居"社区，没有将村民过去和现在的贡献等纳入股权，普遍受益的"人人有份"在实际操作中简化为"每人一股"。因此，按股份分红实际上成为按人头分红。此外，多数社区股份合作社具有高福利性，除分红外，还通过实物、慰问金、困难补助、老人补贴、子女考学奖励、过节费等方式发放钱物。这里不仅有"雪中送炭"，有些还属于"锦上添花"。高福利性固然体现了社区型股份合作社作为新型集体经济组织对成员的关怀，有助于增强成员对组织的向心力，但也容易带来福利依赖的问题。高福利性不仅在社区成员中无法体现增量收益公平分配的原则，也影响新型集体经济进一步做大做强。在重分配、高福利的制度框架下，人们更多的是关心自己每年能分多少钱、能得多少福利，而对发展壮大集体经济则不太关注。有的成员甚至将社区股份合作制理解为一种"坐享其成"的福利安排。再加上，由于股权分散，股东的权益、责任意识也分散，股民和资产经营层进一步做大资产的动机都不强烈。

（四）限制股权流动，导致组织的封闭性

社区股份合作社既然是由村集体经济组织改制而来的，因此，股权的取得有严格的条件要求，严格限制在原行政村或村民小组成员范围内，且不能转让、买卖、赠送、抵押等，有的甚至规定不能继承。后来有的改为可以由直系亲属继承，"生不增，死不减"。这种制度设计是基于集体经济具有相对封闭性和排他性的特点，集体

资产也只为本集体所有成员共有。其初衷首先是希望保护原村民的利益，防止集体资产在改制中流失。另外，限制股权流动也能降低社区股份合作社这一特殊经济组织的营运风险。再次，随着市场化和城市化的发展，折股量化的集体资产存在进一步升值的空间。有的"村改居"社区的土地尚未被政府征完，这些土地的价值更难以得到准确评估，而且越往后征用价格越高。基层政府征地预留给村集体的发展用地也会带来新的收益。其他资源性资产、非经营性资产由于暂时难以量化也尚未计入股权。因此，股权的过早流转对转让股权的股民来说是不划算的。可见，限制股权流动在股份合作社发展的初期有其必要性。但我们又必须承认：股权的流动性是市场配置资源的前提，是市场经济的基本要求。而股权固化不利于资源和生产要素的自由流动，也导致了股份合作组织的封闭性。股份合作社之间、股份合作社与其他公司之间无法通过兼并或收购的方式发展壮大自身。股权固化也使得股份合作社内部少了来自股民"用脚投票"的压力。出于"保值与求稳"的双重考量，股份合作社的业务范围局限于"以地为生"的物业经济，基本上以集体物业经营为主，如厂房、楼宇、店面出租等。可以说，股份合作社实现了资产资本化、资本股份化，但还没有实现股份市场化，因而难以按现代公司制方式运作，这就弱化了其在市场经济大潮中扬帆远航的能力。

（五）治理结构不完善，监督机制不健全

就内部治理结构而言，目前，虽然社区股份合作社大都按照要求设置了"三会"，股东（代表）大会为权力机构，理事会为执行机构，监事会为监督机构，但形式大于内容。社区股份合作组织章程的实际约束力不强，股份合作社的社员即股民对股份合作社的运营状况了解较少，股东会议还远未成为真正意义上的最高权力机构，理事会也没能真正做到民主决策、民主管理，监事会在相当数量的"村改居"社区也没有发挥有效的监督作用，甚至成了一种摆设。

就外部监督来说，目前对社区股份合作社的监督主要来自"村改居"社区党组织、村（居）委会、政府管理部门，但这些组织和部门往往缺乏依法监督的制度机制。囿于多种原因，目前许多"村改居"社区"两委"班子的主要成员还在股份合作社经营管理层担任要职。交叉任职的人事安排不仅难以保障股份合作社的独立运作，也在很大程度上使得对社区股份合作社的外部监督难以到位。

（六）缺乏专门法律法规导致身份上的尴尬

以往的农村集体经济组织不论是经济合作社还是代行其职的村委会，尽管也有组织机构、章程等，并且有公章，但都不具有法人资格，也没有登记注册。改制而来的社区股份合作社，目前在国家层面上尚无相关立法，而关于集体经济组织的有关法规、政策已经不大适用于社区股份合作社。由于法律法规的缺失，改制工作、社区股份经济合作社的治理结构、股民的权利义务等只能按"红头文件"执行。社区股份合作组织登记注册时同样面临"身份"尴尬。市场经济是法制经济，如果不登记注册，就不便与其他法人实体和自然人进行正常的交易，导致交易成本高。而如果要登记注册，又没有相关的法律依据。如果依据我国《公司法》登记，固然能成为企业法人，能依法享有民事权利并承担民事责任，但需要与公司一样缴纳营业税、所得税，以及其他附加税，而无法享受原农村集体经济组织的税收优惠待遇。为了推进社区股份合作组织的发展，一些地区探索以"农民专业合作社"的身份来登记注册。但作为社区性股份合作经济组织，其成员构成、业务范围、管理方式与农民专业合作社差别很大。

> 厦门市农村经济管理站 Z 站长："厦门市出台《关于加快推进农村集体资产改制发展社区股份合作经济的指导意见》，提出参照农民专业合作社法来登记注册，是想借农业专业合作社这个'壳'，推动股份合作社。因为，国家没有相关法律法

规。专业合作社在工商（管理）部门注册，不需要验资，也没有注册人数的限制。这样就解决了注册的问题。但是，社区股份合作社毕竟不是简单地联合起来去闯市场的组织，而是集体经济组织，过渡期内还要承担社区性的功能。社区股份合作社借用农民专业合作社这个'壳'来做事，将面临一系列的问题。如法律有规定，国家通过财政支持、税收优惠和金融、科技等措施，促进农民专业合作社的发展。但这是一般性的规定，需要地方政府制定条例等来落实。社区股份合作社以农民专业合作社登记后如何享受支持和税收优惠，现在还没有明确规定。"（编号：XNJZZ13 – 3 – 12）

五　完善"村改居"社区股份合作组织的对策建议

（一）严格"三会"制度，完善内部治理结构

实践证明，"三会"（股东会、董事会、监事会）制度是现代企业制度的有效治理形式，股东（代表）大会为权力机构，董事会为执行机构，监事会为监督机构。在"村改居"社区，改制后的社区股份合作社虽然建立了股东（代表）大会、理事会、监事会，但是没有发挥应有的作用。决策权、执行权、监督权分离后没有形成相互制约。美国经济学家伯利和米恩斯的委托代理理论认为，经济组织是一系列契约关系的总和，由于社员在知识禀赋、经营理念、管理能力等方面的差异，由其全部成员通过约定的合法程序推选出相对具有经营能力、个人魅力、德高望重的成员，委托其负责合作社的经营管理事务，由此便形成了一种委托代理关系。在社区股份合作社，呈现为股民（最初委托者）—股民代表（代表会议）—理事会—理事长的委托代理链条。这种较短的委托代理链条，理论上能够保障有力的监督和高效的决策。但是代理人也是经济人，有着自己的目标函数，追求利益最大化，当内部信息不对称的情况出现时，就极易产生寻租和腐败。在这种委托代理关系中，一旦脱离

监事会、股东大会的有效监督，必然会产生寻租的大量活动空间，使得代理人的目标函数与委托人相背离，而产生"道德风险"和"逆向选择"这样的委托代理问题。① 因此要完善股份合作社的内部治理结构，必须健全委托方对代理人的制衡和监督制度，形成股东对股东代表、股东（代表）大会对理事会、理事会对理事长、监事会对理事会和理事长的约束机制，切实保障股东（代表）会议、理事会、监事会的民主权益。建立社区股份合作社治理结构时，尤其要加强监事会的建设，强化其权威，真正发挥监事会的监事职能。

（二）在股权设置上取消集体股

如前所述，集体股是原村（组）资产改制不彻底遗留下的尾巴，其产权依然不清。通过多年实践，人们已经基本形成取消集体股的共识。但取消集体股，又需要以政府公共服务和社会保障的跟进为条件。在一定意义上，"村改居"及集体资产改制是基层政府、失地农民、社区组织、土地开发商等多种利益相关者之间复杂的利益重组和协调过程。基层政府也要为"改制"埋单。既然政府要主导推进"村改居"，就要将"农转非"居民纳入城市公共服务体系之中，而不能征用农民土地时想到要"村改居"，提供公共服务和社会保障时又将"村改居"社区及居民划入另册。由于"村改居"是政府主导推动的"强制性变迁"，是先"撤村建居"，然后再进行集体资产改制，改制完成才标志着进入城市社区行列。在这种操作路径下，一些基层政府便规定，完成集体资产改制的社区才有政府公共服务的全覆盖。这种做法是极不妥当的。因为，如果政府的公共服务不到位，政、社、企不分的问题就不可能解决。这正是目前集体资产改制步履蹒跚的一个

---

① 吴秋雅、林忠伟、陈振哲、刘晓婧、张黎燕：《社区股份经济合作社工商登记的思考与建议》，http://www.fjaic.gov.cn/ztzl/gsbst/zncszy/llyj/llzh/201203/t20120313_33514.htm。

重要原因。同时，政府还要推动医疗、养老等社会保障与城市接轨。① 这不仅可以减少农民市民化过程中的压力，还可为取消集体股创造外部条件。

近几年，新组建的社区股份合作社一般都不再设集体股。在已设置集体股的股份合作社，如何管理好集体股的收益并逐步取消集体股，也成为人们关注的问题，可采用以下几种方法：①依据合理需要原则，进一步降低集体股所占的比重，并严格按股分红。②成立由社员股东（代表）大会领导的股东基金会或集体资产管理委员会，由其代表全体股东持有集体股和行使相应的权利。③股份合作社设置发展基金或社会保障基金，取代集体股，其提取和使用由股东代表大会审批监督。④与取消集体股同步，逐步弱化直至取消成员（主要是原村民）的福利性分配，强化其经济组织的底色。

（三）适度的股权流转

首先，应该允许股权在社区股份合作社内的成员之间流转。出于保护成员的权益和维护社区股份合作社的稳定的考虑，社区股份合作社成立和发展初期，规定股权不得转让、买卖、赠送、抵押，甚至不允许继承。但股权的流动性是市场经济的基本要求。近年来，在有的社区股份合作社，出现了股权有限度开放的趋向。有的社区股份合作社还作出规定，经理事会批准并办理有关手续后股权可在本社区股份合作社内成员间转让、继承、赠送，这实际上是有限度地允许股权在社区股份合作社范围内流转。募集现金股是社区股份合作社增资扩股发展壮大自身的战略选择。而募集现金股首先可在社区股份合作社内部成员中进行。现金股的引入一方面为社区股份合作社的发展开辟了新的资金来源，也使得股份结构进一步走向开放。

---

① 如政府提供担保，让失地农民与企业人员一样缴纳养老保险，一定年龄后享受与企业退休人员相同的养老金待遇；建立和完善"农转非"居民的社会保障机制并与城市居民接轨。

当然，社区股份合作社要获得更大发展，还需要突破社区的封闭性依法吸纳外部资金入股，即向社区外部的个人和法人融资。但社区股份合作社的性质又要求其首先惠顾内部成员即原村民。因此应当合理规定外部人持股的比例，区别内部成员和外部成员持有股份的权利，从制度上保证社区成员的主体地位。广州市天河区在股份合作制的实践探索中后来就将股东分为社区股东和社会股东两类，并明确各自的身份和待遇。社会股东即原集体经济组织成员之外，用现金入股持有股份的股东。在实际操作中多数规定，在持股比例上，外部持股的比例应以不能控制股份合作社为限。在股权权利上，原集体经济组织成员持股，具有选举权和被选举权，参与决策管理，利率不固定，利益共享，风险共担。外部成员持股股息率固定，有限分红，在企业清算时具有优先索偿的权利，但不具有选举权和被选举权，不参与管理。① 当然，社区股份合作社本身就是一种过渡性的集体经济组织，随着"村改居"过渡期的结束，社区股份合作社将改制为公司制企业，届时将完全按照市场经济的规则来运作。

（四）完善相关政策法规，推动社区股份合作社的地方立法

社区股份合作组织能否成为独立法人？这是"村改居"社区股份合作经济发展中一个引人关注的问题。我国《民法通则》将法人分为企业法人、机关法人、事业单位法人、社会团体法人四大类。必须承认，改制成立的社区股份合作社有其特殊性，不同于现有的机关法人、事业单位法人，也不是社会团体法人，又不同于一般的企业法人。它是以集体资产为基础通过股份制改造形成的一种新型经济组织。因此，不应将社区股份合作社视同企业法人或社团法人，也不宜参照农民专业合作组织进行注册登记。而应就这类组织

---

① 傅晨：《中国农村合作经济：组织形式与制度变迁》，中国经济出版社，2005，第20~23页。

进行专门的立法，作为一类特殊法人登记。目前，在国家层面立法一时难以出台的情况下，地方政府应出台相关政策法规，规范以"村改居"为重点的农村集体资产和集体经济组织改制，并就社区股份合作组织的成立、组织结构、治理方式、股东的权利和义务、财务监管等内容，作出明文规定，以规范股份合作社的运作。鉴于社区股份合作社的特殊性，地方政府要对社区股份合作社税收优惠政策作出明确规定，并就财政扶持、项目扶持和金融扶持作出规定。

（五）理顺股份合作社与"村改居"社区"两委"之间的关系

社区股份合作社与居（村）"两委"属于性质不同、权能有别的组织。社区股份合作社是城市化发展中过渡性的集体经济组织，其主要职能是行使对集体资产的管理经营权，通过对集体资产的经营管理，使集体资产保值、增值，其股东为原村（组）成员。而社区（村）党组织是执政党——中国共产党设在社区（村）的基层组织，社区居（村）委会则是以处理社区（村）公共事务为重点的具有"准行政"色彩的群众性自治组织。因此，社区股份合作社、社区党组织、社区居委会要按照各自的权能定位运行。社区党组织、社区居委会要对社区股份合作社发挥引导、支持、监督作用，但不应包办社区股份合作社的经营管理事务。同时，要顺应城市化背景下"村改居"社区转制政、社、企分开的发展趋向，逐步减少"两委"成员在股份合作社经营管理层交叉任职的人数，这样更有利于上述组织各司其职、各守本分。特别需要强调的是，社区股份合作社和"村改居"社区居委会作为新型集体经济组织和居民自治组织即使有交叉，也"应当职能分开、资产分开、运行分开、财务分开、互不干涉"①。随着

---

① 杜国明：《"村改居"后农村集体经济组织面临的新问题探讨——基于广东省的调研分析》，《农村经济》2011 年第 8 期。

"村改居"过渡期的结束，社区股份合作社将转制为公司制企业。那时，不仅企业经营管理层人员将与社区"两委"成员脱钩，企业的从业党员也将独立组建党组织，纳入街道党工委领导之下的企业党组织体系。

第三节　探索和选择"村改居"集体资产改制的多种组织形式

一　因地制宜地进行"村改居"和集体经济组织改制

（一）"村改居"不能"一刀切"

"村改居"需要政府来推动，但又要立足于城市化的客观要求。本书第三章曾指出，"村改居"的实施最主要的条件有，村民的土地基本上被征用（收储），产业不再以农业为主，村庄基本上纳入城市规划区。客观条件具备后，经过科学的考察论证，"村改居"工作才能进行。

但是，前几年，一些城市在空间扩张过程中，出现了忽视客观条件盲目推进"村改居"的倾向，有的地方"撤村建居"工程甚至演变为上下全参与的一场"运动"。有的村庄，产业基本上还以农业为主，土地也只有少量被征用，但也被"撤村建居"，由此带来诸多负面效应。原村民没有在"村改居"和"农转非"过程中直接感受到实实在在的好处，因而对政府推进"村改居"不热心，个别"村改居"社区甚至出现原村民联名要求再改回村委会管理体制的情况。这种情况虽不能反映全局，但应该引起基层政府的反思；城市化是工业化、现代化的必由之路，"村改居"又是我国城市化的重要路径。但"撤村建居"不能忽视实际条件，不能急功近利。"村改居"不应"走样"为提升城市化率的人为"工程"，地方政府不应以"城市化"为旗号，利用代表国家管理土地的特殊身份搞"土地财政"。

（二）集体经济产权改制也不能"一刀切"

村集体经济产权制度改革，主要是在城市化和工业化进程较快、集体经济实力较强、集体经营性资产数额较大、农民群众又有强烈要求的村（社区）进行。对已经"撤村建居"但尚不具备产权制度改革条件的"村改居"社区，可成立经济合作社或经济联合社，将村级集体资产交给经济合作社或经济联合社经营管理。这一组织设计，使"村改居"后的社区居委会在卸载发展经济职能的同时，增强社区公共服务的职能，从而实现与城市基层管理体制的对接，是一种较为稳妥的选择。实际上，在城市化进程中集体资产的产权制度改革，是一个极其复杂的多种力量交互作用的过程，既要有高屋建瓴的设计，主动积极去推进，又要立足于各种主客观条件稳步推进，在更多的情况下需要一些中间环节进行过渡，不能整齐划一的"一刀切"。

> 访谈资料
>
> 厦门市思明区参与集体资产改制的干部 Y："要不要搞股份合作制，要看土地征用状况。按照（XM市）原来的规定，土地被征用 60%，就可以进行改制。我觉得应该更高些。被征用 80%，再来搞股份（改制），因为这样才好做啊，（村集体）手上有了足够的净资产之后，做股份量化才有意义啊。如果这个村净资产很少又有较多农地，你叫它去做股份改制，它是不会去做的，没意义。"（编号：XNJZ13 – 4 – 10）

具备改制条件的"村改居"社区，也要尊重农村基层干部群众的自主权，因地制宜地探索和选择适宜的组织形式，不能搞"一刀切"。在改制中，如条件具备，可一次性将集体资产摸清，一次性将原村股民划清，一次性将终身股权分清，改制为股份有限公司或有限责任公司，走现代公司制运营模式。也可依据有关政策改制为社区股份合作社,或依据地方法规改制为股份合作企业(如北京),也可改制为社区股份合作公司(如深圳),待条件成熟后再改组为完全意义上的公司制企业。

厦门市农村经济管理站 Z 站长:集体资产改制要分类推动,比如翔安、集美与岛内城中村、城边村,它们的类型不一样,所以改制的模式也应有区别。城中村、城边村,集体经济改制的迫切性就非常大。而对于像翔安区一些村,虽进行了"村改居",但大量土地没有开发,人们仍停留在原有农村的生存模式、生活模式下,如果只是简单地进行人员的固化,这将会造成对今后出生人员生存权的剥夺。因为,以后新出生的人,还要以土地为生。现在进行人员的固化,并规定生不增死不减,那今后新出生的这部分人就没有办法享受这些集体资产带来的收益。对于这部分新出生的人是不公平的。

厦门市 H 社区股份合作社理事长 Y:当时改制的时候,考虑到税收的问题,我们没有注册成立公司,公司要交税,政府没有出台针对我们这种情况的税收减免政策。如果要交税的话就很多了,大概要交20%的税,这样的话我们的分红很少,不划算。村民收入降低太多,不愿意接受。再有,成立公司,经营起来难度大,有能力的人不愿意花精力到这里来。(编号:12XHJHY)

总之,集体产权如何改制,应根据当地"村改居"社区的实际情况,从有利于保护"农转非"居民的合法权益、有利于促进"村改居"社区经济发展、有利于维护"村改居"社区社会稳定的目的出发,还要尊重集体经济组织成员的自主选择。即便是集体资产经营模式也要让集体经济组织成员依法定的程序和形式自己做主。目前,一般采用两种经营模式:一是社区股份合作社直接开展物业租赁经营,将修建的厂房、商业卖场、楼宇设施等出租给企业、商户,以此收取租金。二是出资注册成立公司或入股公司。

二 社区股份合作组织的立法问题

(一) 社区股份合作组织的法律适用和立法实践

不论是集体经济组织产权制度改革,还是社区股份合作制的创设,在我国都处于实践探索过程中。在社区股份合作组织法律适用和立法方面,国内有的省、市已有一些积极探索,积累了经验。这里作一概略介绍。

1. 设立社区股份合作社参照农民专业合作社注册

我国多数"村改居"社区推进集体经济组织产权制度改革,选择了社区股份合作制,又将组织形式确定为社区股份合作社,这在改制初期有其历史合理性。由于我国目前尚未制定关于社区股份合作社的相关法律法规,而社区股份合作社又与企业法人、机关法人、事业单位法人、社会团体法人有明显的区别。为规范其登记行为并使其获得法人资格,上海、厦门等城市根据《中华人民共和国农民专业合作社法》《农民专业合作社登记管理条例》先后作出规定,将社区股份合作社参照农民专业合作社由所在地工商行政管理部门登记,名称中标注"股份合作"字样,领取农民专业合作社法人营业执照,取得农民专业合作社法人资格。农民专业合作社在工商行政管理部门登记,不需要验资,没有注册资金的限制,也没有注册人数上限,只要五人以上即可。以农民专业合作社的名义注册解决了社区股份合作社的注册问题。

江苏省 2009 年通过了《江苏省农民专业合作社条例》,该条例拓宽了农民专业合作社的覆盖范围。第二条规定:"农民专业合作社以其成员为主要服务对象,提供农业生产资料的购买,农业生产作业,农产品的销售、加工、运输、贮藏,农地经营,以及与农业有关的技术、信息、基础设施建设、物业经营等服务。"这是与国家《农民专业合作社法》相一致的。但该条例又将"农地股份合作社""农村社区股份合作社"纳入农民专业合作社。条例第十三条规定:"农村集体经济组织成员可以以量化到其名下的集体经营性净资产份额作为主要出资方式,设立相应的农民专业合作社(以下称农村社区股份合作社),为合作社全体成员提供与农业生产经营有关的公益性服务及其他服务。农村社区股份合作社为了筹集提供公益性服务所需的资金,增加合作社成员财产性收入,可以在合作社所在社区依法经营物业出租等业务。"① 第十九条规定:"农村社区股份合作社应当向成员签发量化到其名下的集体资产份额出资证明书,证明书格式由省人民政府农村经营管理部门统一制定。"第二十条规定:"农村社区股份合作社吸收新成员的,应当经成员大会或者成员代表大会表决权总数的三分之二以上通过。"第二十一条规定:"农村社区股份合作社成员退社的,量化到其名下的集体资产份额和公积金份额可以通过赠与、转让等方式流转给本社其他成员,但不得从合作社撤资变现。"条例第九条规定:"设立农民专业合作社应当依法登记,取得农民专业合作社法人资格。未经依法登记,不得以农民专业合作社名义从事经营活动。"第十条还就农村社区股份合作社登记作出更具体的规定:"依照本条例第十三条设立农民专业合作社的,应当向县(市、区)工商行政管理部门提交经本集体经济组织成员的村民会议三分之二以上成员或者三分之二以上村民代表同意的量化到成员名下的集体经营性净资产份额出资方案。申请设立农民专业合作社,符合有关法律、行政法规和本条例规定条件的,县(市、区)工商行政管理部门应当登记为农民专业合作社法人,不得作为企业法人或者其他经济组织登记。"可以看出,江苏省力图通过地方立法将农村社区股份合作社纳入国家层面已有的农民专业合作社这一法律框架之内,以解决其登记管理、办理营业执照、服务和扶持等问题,是地方立法推动农村社区股份合作社发展的积极尝试。

2. 出台《农村股份合作企业暂行条例》

北京市在推进农村城市化中,根据国家有关法律、法规,结合

---

① 农业部网站,http://www.moa.gov.cn/zwllm/zcfg/nybgz/201004/t20100418_1496933.htm。

实际情况，创设了对农村集体经济组织改制的独特形式——农村股份合作企业。为了规范农村股份合作企业的行为，早在 1996 年 9 月北京市人大常委会就出台了《北京市农村股份合作企业暂行条例》①。《条例》规定："农村股份合作企业是以合作制为基础，实行农民群众劳动合作和资金联合相结合的企业组织形式。""农村股份合作企业经工商行政管理部门依法核准登记成立。""农村股份合作企业是依法享有民事权利，以其全部资产独立承担民事责任的企业法人。合作股东以其所持股份为限对企业债务承担责任。"《条例》还规定："农村股份合作企业享有和承担法律、法规对乡镇集体企业规定的权利和义务，享受国家对乡镇集体企业规定的待遇和优惠政策。"以上规定表明，农村股份合作企业是股份合作性质的企业法人，同时又被作为乡镇集体企业对待，享有和承担法律、法规对乡镇集体企业规定的权利和义务，享受国家对乡镇集体企业规定的待遇和优惠政策。《条例》第十二条还就设立农村股份合作企业的方式作出具体规定："设立农村股份合作企业可以采取改建或者新建的方式：（一）改建方式是指：1. 将乡、镇合作经济联合社或者村经济合作社（以下简称合作社）原有集体企业资产折成股份，并吸纳新的投资设立的股份合作企业；2. 将合作社原有集体企业资产部分出售，按产权折成股份，并吸纳新的投资设立的股份合作企业；3. 按照本条例规定的原则，采取其他方式将合作社原有集体企业改组设立的股份合作企业。（二）新建方式是指合作社及其社员共同投资，并可吸纳其他投资设立的股份合作企业。"不难看出，农村股份合作企业已吸纳新的投资，股东和股份也不再像农村社区股份合作社那样单一。此外，在组织机构和经营管理上，农村股份合作企业开始具有企业特质，不过也依然有股份合作制的色彩。《条例》还规定：企业设立合作股东大会、理事会、经理和监事会。合作股东大会是企业权力机构。合作股东大会实行一人一票制。还需要指出的是，这一条例是在乡镇集体企业普遍存在的 20

---

① 人民网，http://www.people.com.cn/item/flfgk/dffg/1996/A111303199601.html.

世纪 90 年代制定的，而乡镇集体企业本身就存在着产权不清、政企不分的弊端，后来置身市场经济的新环境下纷纷改制，乡镇集体企业基本消失了。在这样的背景条件下，"农村股份合作企业享有和承担法律、法规对乡镇集体企业规定的权利和义务，享受国家对乡镇集体企业规定的待遇和优惠政策"便难以实施，甚至"社区股份合作企业"这一法人主体也受到了质疑。

我们在本章第一节曾指出，农村集体经济意指新中国成立后形成的以土地等生产资料和其他资产为基础的农村劳动群众集体所有制经济。而农村集体经济的经营方式和组织形式则一直在探索和实践中。农业部、监察部 2011 年 11 月重新修订发布的《农村集体经济组织财务公开规定》结合现今我国村集体经济组织实际，在第二条规定："本规定适用于按村或村民小组设置的集体经济组织（以下称村集体经济组织）。代行村集体经济组织职能的村民委员会（村民小组）、撤村后代行原村集体经济组织职能的农村社区（居委会）、村集体经济组织产权制度改革后成立的股份合作经济组织，适用本规定。"2006 年 8 月颁布的《广东省农村集体经济组织管理条例》将股份合作经济联合社、股份合作社包括在农村集体经济组织中，但没有农村社区股份合作企业。

3. 制定《社区股份合作公司条例》

在城市化过程中，深圳市选择了用社区股份合作公司改造村集体经济组织的路径。1992 年，深圳市开展对原特区内农村的城市化改造，村集体经济组织改制成为社区股份合作公司。为了规范社区股份合作公司的运作，深圳市人大常委会 1994 年 4 月制定了《深圳经济特区股份合作公司条例》[①]（1997 年 9 月和 2010 年 12 月又先后两次修正），该条例第二条规定："本条例所称股份合作公司是指依照本条例设立的，注册资本由社区集体所有财产折成等额股

---

① 《深圳经济特区股份合作公司条例》，百度文库，http://wenku.baidu.com/view/8d027ae0e009581b6bd9eb4a.html。

份并可募集部分股份构成的，股东按照章程规定享受权利和承担义务，公司以其全部资产对公司债务承担责任的企业法人。"该条例适用于由社区集体经济组织改组设立的股份合作公司，并要求公司名称应当标明"股份合作公司"字样。并规定"公司享有和承担法律、法规为集体所有制企业规定的权利和义务，享受法律、法规和政策为集体所有制企业规定的优惠待遇"。在"股份"一章中还规定：公司的资本应当划分为等额股份，并采取股权证形式。公司设置集体股和合作股，并可以设置募集股。集体股是指设立公司时由集体财产折股后留归合作股股东集体享受股利利益的股份。集体股的股东即资产代表人为村集体资产管理委员会。合作股是指设立公司时由集体财产折股后分配给股东的股份。合作股可以在章程规定的范围内转让。但合作股股东不得以退股为由抽取股金。募集股是指公司通过募股形式由公司合作股股东和员工认购的股份。公司成立后可以募集新股。新股与已有募集股累计不得超过公司股份总额的 30%。募集股可以转让、抵押、依法继承。

从以上社区股份合作组织立法实践的三种方案的分析中不难看出，从社区股份合作社到社区股份合作企业再到社区股份合作公司，其中所包含的人（集体经济组织成员）的联合和资本（股份）联合的作用在悄然发生着变化，劳动合作的作用在减弱，资本联合的作用在增长；股权和股东也由封闭逐步趋向开放，虽不得抽资退股，但可吸纳新的投资入股，股权也可依据规定在不同范围转让。但是，它们又都具有股份合作制的基本特征，即便是社区股份合作公司也是"公司制与股份合作制交杂的制度安排"[1]，依然属于集体合作经济的范畴。如《深圳经济特区股份合作公司条例》不仅有对合作股的设计，也有对集体股的保留，还有对新股与募集股的限制，明显地体现了公司制与股份合作制交杂的特征。《条例》第四

---

[1] 轩明飞：《村（居）改制：城市化背景下的制度变迁》，社会科学文献出版社，2008。

十一条还规定："每一股东代表享有一票表决权。"这与社区股份合作社和社区股份合作企业实行的"一人一票制"是一致的，也体现了合作经济的"人的联合"的特征。

（二）社区股份合作组织的立法问题

1. 必要性、重要性

既然社区股份合作社组织是现阶段多数农村和"村改居"社区集体资产产权制度改革的选择形式，就该有相应的法律文本加以引导和规范。这对社区股份合作社的健康发展具有重要的意义。具体说来，可从如下五个方面加以理解。

（1）以农民专业合作社的名义进行注册，不是长久之策

如前所述，目前，多数"村改居"社区股份合作社，为了领取营业执照，以"农民专业合作社"的名义注册。但是，我们又必须看到，社区股份合作社与农民专业合作组织毕竟是两个不同的主体，二者在成员构成、业务范围、管理方式等方面有着明显的区别。农村社区股份合作社是以加强农村集体资产经营管理为核心，以资产保值增值、增加农民财产性收入为目的的社区型综合性经济组织，其业务范围主要为"本社自有资产的经营、管理、投资"等。而农民专业合作社则是在农村家庭承包经营的基础上，同类农产品的生产经营者或者同类农业生产经营服务的提供者、利用者，自愿联合、民主管理的互助性经济组织。农民专业合作社以其成员为主要服务对象，提供农业生产资料的购买，农产品的销售、加工、运输、贮藏以及与农业生产经营有关的技术、信息等服务。农民专业合作社的成员以农民为主体，成员入社自愿、退社自由，80%的人同意即可解散。而社区股份合作社的股东资格则是基于集体经济组织成员资格而获得的，因而不能自由撤股退出，至少在初期是如此。因为，它承载的是成百上千"农转非"居民的利益，这跟农民专业合作社自愿联合起来去闯市场的情况不一样。因此，社区股份合作社以农民专业合作社的名义进行注册登记，是在相关法律法规缺失下不得已的选择，不是一条长久的路子。据了解，厦门

市 2009 年出台了农村社区股份合作社由工商管理部门参照农民专业合作社登记注册的文件，但文件出台后，执行效果不理想，截至 2012 年底，没有一家社区股份合作社参照农民专业合作社申请登记。

（2）以立法的形式确认社区股份合作社组织的特殊法人地位

社区股份合作社是社区性、综合性的新型合作经济组织，但由于我国《民法通则》没有设立合作社法人这一法人类型，致使社区股份合作社无法名正言顺地获得法人资格，由此导致无法在工商行政管理部门登记取得经营资格，不能在质量技术监督部门取得组织机构代码证，难以从金融机构获得贷款和在税务部门购买票据，等等。浙江大学中国农村发展研究院的丁关良教授在接受记者采访时也说，直到现在，股份经济合作社的法律地位在很多地方还没有得到确认，它到底是不是法人，是企业法人还是其他法人——连基本的身份问题都尚未解决。① 要通过立法的形式确认其特殊的法人地位。社区股份合作社获得法人地位的意义就在于通过立法赋予其独立享有民事权利、履行民事义务、承担民事责任的地位，使其成为"自主经营、自负盈亏、自我约束、自我发展"的法人实体和市场竞争主体。而如果不具有法人资格，在市场经济条件下它就没有办法以独立的主体参与交易和竞争，甚至无法跟其他市场主体和经济组织签订合同。如果没有办法提供法人证书，其自有资产的经营、管理、投资都将受到限制。出现了法律纠纷，也往往处于被动地位，难以得到法律法规的有效保护，其利益也会受损。但需要指出的是，如果在立法上确立了社区股份合作社的特殊法人地位，就要在法律上明确它与企业及其他现有四种法人的区分，登记为前者就不得作为企业法人或其他经济组织登记。

访谈资料
股份合作制改制前面的几个环节，如清产核资、身份界

---

① 丁关良：《股份经济合作社改革亟待立法》，http://news.hexun.com/2011 - 05 - 03/129233238.html。

定、股权设置,这些目前都搞完了。但这些都是围绕明晰产权来做的。还有一个关键问题,就是要明确法律地位。随着农村集体经济组织产权制度改革的推进,今后股份合作社也会越来越多,有必要通过地方立法先给它们"上户口",不能等到已经普及了股份合作社才来立法,那就晚了。(编号:XTD 13 - 4 - 22)

(3)规范社区股份合作社组织和行为的需要

市场经济是法治经济,参与市场经济活动的主体不仅需要有独立的法人地位,还需要法律法规的统一规制。社区股份合作社也是如此。由于法律法规的缺失,社区股份合作社从成立到运行,多依据政府文件和"一村一策"的规定。其中,有的政策规定往往过于笼统,执行和实施的效果不理想。此外,单凭"文件",社区股份合作经济也难以摆脱政策性经济的尴尬。对成员资格认定、股份设置、配股办法等问题上的"一村一策",虽然尊重村民的自决权,但缺少法律法规的制度供给又大大增加了改制的成本,有的甚至出现少数人操控改制和控制社区股份合作社经营管理的现象,由此导致集体资产流失,少数人中饱私囊,引起"农转非"成员的强烈不满。近年来这类事件多发、频发,屡屡出现在网络等媒体上,带来极大的负面影响。可见,农村集体产权制度改革和农村社区股份合作社的发展不能长期停留在"一村一策"的自发实践上,也不能只满足于一般性的政策指导上,还必须从法律法规层面上进行规范,特别是要完善其内部法人治理结构。

(4)解决不愿在工商行政管理部门注册登记的问题

2008 年 11 月 6 日《新华日报》刊登了一位记者《江苏 2840家农民股份合作社为何 99% "不报户口"》的文章。文章介绍道,至 2008 年上半年,江苏全省 2840 家农民社区股份合作社中,仅 18家进行注册登记,还不到整体的 1%!那么多的合作社既已"出生",为何"不报户口"?根据国家现有的法律体系,农民社区股份合作社"报户口",如果参照工商企业去登记,就要缴纳和企业同样的税费。恰恰是这点，让农民社区股份合作社左右为难。文章提出"有没有办法能做到两全其美，既让农民社区股份合作社报上'户口'，又可享受政策性优惠的"问题，可以说，2009 年通过的《江苏省农民专业合作社条例》在一定程度上较好地解决了这个问题。但是，也需要看到的是，农民专业合作社与农民社区股份合作社实际上是有区别的两种农民合作组织类型，因而从立法的高度看，将农民社区股份合作社纳入《农民专业合作社条例》是不适宜的。

如果有"社区股份合作社条例"，就可对符合条件的社区股份合作社由工商行政管理部门给予注册，使其获得名副其实的法人地位。如果在立法上同时规定，社区股份合作社具有"涉农"集体经济组织的属性应给予政策性税收优惠（具体细则可有地方政府规定），这就较依照《农民专业合作社条例》登记更好，也使农民和"农转非"居民名正言顺地通过"社区股份合作社"对集体资产的管理经营获得稳定的分红，特别是通过财产性收入增收。包括"村改居"社区股份合作社在内的农村社区股份合作社既然是社区性、综合性的合作经济组织，属于集体经济组织的一种新形式，就应参照农村集体经济组织给予支持，并给予税收优惠。

> 厦门市农村经济管理站 Z：在厦门，那些有经营物业的村（社区）经济合作社，营业税、房产税以及附加税都是交的，总的合起来就是 21% 左右。所得税和分红的红利税这两部分较复杂些。其中，所得税为 20%，其中 12% 是上缴中央的国税，交给地方的（地税）是 8%，厦门 2010 年出台了一个文件，就是所得税的地方部分全部返还。如果登记为社区股份合作社，在哪些税种上给予税收优惠，要有明确的规定。所得税中地税这一块厦门现在返还了，但红利税要不要征？征多少？现在没有一个说法。

由此看来，税收问题的确关涉到社区股份合作社的生存、发展和成员的切身利益，关涉到社区股份合作社成立后要不要去登记注册，即要不要"报户口"，这也是立法时不能回避的现实问题。

（5）立法也是来自基层的呼声

厦门市人大代表、厦门市同安区东山村党支部书记 CSY 在关于制定"厦门市农村社区股份经济合作组织条例"的议案中写道：

> 近年来，随着城乡经济一体化程度的提高，特别是农村工业化、城镇化进程的加快，我市农村集体经济组织或多或少都面临着资源的重新配置和利益格局的重大调整，传统的社企合一的农村集体经济组织形式越来越不能适应经济发展的需要。岛内一些"村改居"社区率先开展股份合作制改革试点，成立了股份公司，把经过长期积累形成的村级经营性资产量化给每个村民，使原有村民成为股东，增加了居民的分红收入，解决了城市化进程中撤销行政村、建立社区居委会时出现的原有集体资产处置难的问题。但在其转制过程中，由于相关法律缺失，也存在改制不彻底、新公司管理不到位等缺点。在目前国家立法一时难以突破的情况下，本人认为有必要加快地方立法步伐，既让农民社区股份合作社报上"户口"，又可享受政策性优惠，以更好地推进和完善"村改居"社区股份合作制改革。

2. 思考与建议

近年来，针对农村集体经济改制，各地在实践探索中出台了一些地方性的政策和法规，特别是关于社区股份合作组织的政策和法规，为社区股份合作组织的立法提供了经验和参考。

如前分析，目前我国社区股份合作组织有社区股份合作社、社区股份合作企业、社区股份合作公司等形式，社区股份合作组织立法首先要明确的是，应为各类社区股份合作组织制定通用的法律，还是为其中的一类社区股份合作组织立法？笔者以为，虽然在北京市和深圳市已有关于社区股份合作企业、社区股份合作公司的"条例"，但在全国并不普遍，且这两个条例是 20 世纪末这两个城市对农村城市化进程中村集体经济改制的回应，今天看来，当时作为社区股份合作企业参照的乡镇集体企业，基本都已完成改制，也就是说，尽管国家层面的《乡镇企业法》依然存在，但乡镇集体企业已经成为历史。因此，在今天专门就社区股份合作企业立法，显然是不合时宜的。而社区股份合作公司本身就是一个不十分严密的概念，因为我国《公司法》所称的公司是指在中国境内设立的有限责任公司和股份有限公司，在社区股份合作制这棵嫁接的树上是不能长出现代企业的主导形式——公司制的。而社区股份合作社是目前我国农村集体经济改制的主导模式，也是城市化进程中集体经济改制普遍选择的过渡性的制度安排，因此，为社区股份合作社立法是切合实际的选择。在国家层面的立法尚未启动的情况下，一些具有立法权的地方人大可先行探索就社区股份合作社进行地方立法，出台"社区股份合作条例"。

在课题调研中，也有的受访者主张，应制定统一的"集体经济组织法"或"集体经济发展条例"。

> XM 市 Z 社区书记、Z 建设开发有限公司董事长 C：立法不应单单只说股份合作社，而要着眼于村（居）集体经济怎么发展。我们现在已经成立了公司，但运作不了，后面一些改制的社区根本还没成立公司。所以，立法应该考虑几种对象。不管是合作社，或者是股份合作社，或者是改制后的公司，或者是其他改制后的机构，都是扶持的对象。我的意思是要立法就立扶持集体经济发展的"法"，而不是单单立股份合作社的法。我的建议是，市政府要出台这样一个条例，目标就是促进集体经济发展。如果说单单只是设立股份合作社这个法，认定一种模式，那其他模式，是否政府就不扶持了，那样我们改制成公司的是不是还要再改成股份合作社呢？（编号：XJZ13 - 6 - 3）

集体经济无疑是我国社会主义公有制经济的重要组成部分，集体经济组织又是我国社会主义公有制经济的载体。但也应看到，集体经济组织的外延很宽泛，并且随着城乡经济改革的深入，已经并将进一步经历深刻的变迁。因此，目前将集体经济组织作为法人主体进行立法规范，不仅难度大，可操作性也不强。2006 年，广东省政府出台了《广东省农村集体经济组织管理规定》，首次对农村集体经济组织的管理作出二十五条规定，同时废止了 1990 年颁发的《广东省农村社区合作组织暂行规定》。但这些规定都是原则性的。另外，《管理规定》所称"农村集体经济组织，是指原人民公社、生产大队、生产队建制经过改革、改造、改组形成的合作经济组织，包括经济联合总社、经济联合社、经济合作社和股份合作经济联合总社、股份合作经济联合社、股份合作经济社等"，而没有将改制组建的社区性股份合作公司、代行村集体经济组织职能的村民委员会（村民小组）、撤村后代行原村集体经济组织职能的农村社区（居委会）包括进去。就现代公司制的典型形式——有限责任公司和股份有限公司而言，它们的确不属于集体经济组织，但由集体资产折股量化到村民组建的社区股份合作公司虽然是以公司的名义注册的却又具有合作经济组织的性质，属于过渡性的集体经济组织。至于代行村集体经济组织职能的村民委员会（村民小组）、撤村后代行原村集体经济组织职能的农村社区（居委会）虽然本身为基层群众自治组织，有专门的法律来规范，但在体制转换时期不加说明地将之排除在农村集体经济组织之外，也是有问题的。因为，直至现在，许多农村并无专门的集体经济组织，而是由村委会（村民小组）代行其职能的，撤村建居的改制过程中往往又由社区（居委会）代行其职能。正是基于这样的实际，2011 年重新修订发布的《农村集体经济组织财务公开规定》，将代行村集体经济组织职能的村民委员会（村民小组）、撤村后代行原村集体经济组织职能的农村社区（居委会）也纳入规定的适用范围。可见，农村集体经济组织的情况的确复杂。

与社区股份合作社密切相关的还有农民合作社立法的问题。农民合作社包括农民专业合作组织、社区股份合作社、社区经济合作社等形式。2013 年中央一号文件《关于加快发展现代农业，进一步增强农村发展活力的若干意见》指出："农民合作社是带动农户进入市场的基本主体，是发展农村集体经济的新型实体，是创新农村社会管理的有效载体"，要大力支持发展多种形式的新型农民合作组织，加大力度、加快步伐发展农民合作社，切实提高引领带动能力和市场竞争能力。鼓励农民兴办专业合作和股份合作等多元化、多类型合作社。这一意见表明，农民合作社是发展农村集体经济的新型实体，代表着进一步增强农村发展活力的方向，而随着多元化、多类型合作社的发展，农民合作社法的立法必将提上议程。2006 年我国已颁布了《农民专业合作社法》，今后，可先就其他类型的合作社组织如社区经济合作社、社区股份合作社等进行地方立法，[①] 待条件成熟后再就农民合作社这一涵盖面更广的组织类型从国家层面进行立法。

三 公司化——社区股份合作组织转型的方向

（一）公司制与社区股份合作制的区别

随着城市化的纵深推进，社区股份合作制的局限日益显露，难以适应"村改居"社区经济发展的要求。实践表明，社区股份合作制度的诸多局限，如股权的相对封闭性和股份难以市场化，在其自身的框架内是不可能得到根本性的解决的。厦府办〔2010〕107 号文件要求：农村社区股份合作组织要按照现代企业制度要求，制定章程、制度，设置管理机构，建立产权清晰、权责明确、政企分开、管理科学的运作机制。但是难以实施。其实，《公司法》是现代公司制企业的法律规范，不能削足适履套用《公司法》来规范社区股份合作组织尤其是社区股份合作社，而应量体裁衣完善法律法规。不仅社区股份合作社不可能完全建立起"产权清晰、权责明确、政企分开、管理科学"的现代企业制度，即便改制中注册为社区股份合作公司，它也并非是真正意义上的公司制企业。"公司制与股份合作制企业是两种完全不同的企业组织形式，公司制作为一种成熟的现代企业制度有公司法的规制，无论是城镇还是农村都不

---

① 实际上，北京、浙江、江苏等省市已开始了这方面的工作，本章的一些地方已有论及。

存在'改革探索'的空间，选择股份合作制抑或公司制是'二选一'的单选模式，不存在既改革完善现行股份合作制，又同时进行'公司化'改造问题。"①

公司制是成熟的现代企业制度。公司制企业（简称公司）是现代企业主要的典型的组织形式。它是一种以法人财产制度为核心，以科学规范的法人治理结构为基础，从事大规模生产经营活动，具有法人资格并依法设立的经济组织。公司制企业具有如下主要特征：第一，公司是一个法人团体，具有法人地位，具有与自然人相同的民事行为能力。第二，产权清晰，权责明确。产权关系是清晰的，股东拥有最终财产所有权，公司享有法人财产权。公司股东依法享有资产收益、参与重大决策和选择管理者等权利，并以认购的出资额为限对公司的债务承担有限责任；公司拥有出资人出资及借贷形成的法人财产，对其享有占有、使用、依法处分的权利，同时负有对出资者投资形成的法人财产保值增值的责任和义务，并以其全部资产对公司债务承担责任。第三，规范的法人治理结构。公司设立股东会（权力机构）、董事会（决策机构）、监事会（监督机构）、高层管理层（执行机构），在所有权与经营权分离和经营管理高度专业化的情况下，明确划分各方的权利、责任和利益，形成职责分明、互相合作而又相互制约的内部治理结构和治理机制。第四，吸纳社会资本。公司制企业可以通过发行股票和债券等方式募集资金，吸纳社会资本，大大拓展了资金的来源渠道。

（二）社区股份合作组织公司化改造的意义

1. 股权开放和自由流动

在社区股份合作制下，由社区股份合作社到社区股份合作企业再到社区股份合作公司，股权和股东开始由封闭逐步趋向开放，但

---

① 李桂模：《转制社区股份合作企业公司化改造的路径选择——以广州市"城中村"改制为视角》，《法治论坛》2009 年第 4 期。

"社区股份合作"的性质决定了股权的流动不能不受限，股权流动受限也使"股份市场化"受限。股权流动受限和"股份市场化"不顺畅不仅使股份合作经济融资困难，也不利于生产要素的优化配置和产业的集中与升级。因此，社区股份合作组织进行公司化改造，就是要克服股权的相对封闭性和股份难以市场化的局限，促使股权开放，能够不受限制地自由流动。其意义在于，就股东而言，除了收益权、重大事项决策权、选择管理者等权利外，《公司法》还确认股东可依法对股权和股份进行转让和处置，从而使股东享有了完整意义上的股权和产权。就企业而言，股权开放和自由流动可使企业真正走向市场，既可通过市场融资，吸纳资本进入公司，拓展企业发展的资金来源渠道，也给企业带来了经营风险的压力。就企业之间而言，股权开放和自由流动为各种生产要素的优化组合及合理流动提供了制度保障。

2. 公司化有利于实现政社企分开，更能适应城市化和市场经济的要求

转制中的"村改居"社区，社区股份合作社不同程度地承担着提供村社共同体集体福利和社区公共事务资金支持的任务，甚至还肩负着社区管理的职能。这种政、社、企角色不清的倾向，严重制约了其作为经济组织的职能定位，也影响其对经济绩效的追求。近年来，随着政府公共服务一体化力度的加大，公共财政也开始延伸到"村改居"社区。因而，在多数"村改居"社区，村（居）委会和经济合作社"账目"分开，即收支各走各的账，但人员特别是主要管理人员还是多有交叉。其实，"村改居"社区居委会作为管理社区公共事务和服务新老居民的基层群众自治组织与管理经营原村民集体资产的社区经济合作组织，二者的职能不同，长期合一，既影响各自职能的发挥，也影响"村改居"社区建设和集体资产产权改制工作的深入推进。公司化改造的任务之一，就是要将行政性的、社区性的事务切割出去，确立公司作为独立法人实体和市场主体的地位。改造后的公司虽然还处于社区地域范围内，但"社区组织"的色彩褪去。卸掉外在"负重"以及自身职能的单纯化，将使改造后的公司制企业更能适应城市化和市场经济的要求，至少在组织设计和制度安排上又向前跨了一大步。

3. 公司化有利于形成内部法人治理结构

在股份合作制下，股东和原村民两种身份基本合一，合作社虽然也参照股份制设置了组织架构，但受村社熟人共同体、乡土情结、血缘家族关系的影响，再加上政社企组织职能的交叉，社区股份合作社程度不同地存在着经营管理不规范、监督不到位等问题。公司化改造后，股东不再局限于原村民，他们所关心的也不再仅仅是分红的多少，而是投资的回报。股东与董事、股东与监事、董事与董事长、董事会与经理层之间的委托—代理关系更为密切，股东大会、董事会、监事会和经理层之间的权力制衡关系也具有实质的意义。而面向社会聘用职业经理组建经营管理团队，也使企业的经营管理能力有了人才和队伍的保障。

因此，社区股份合作制在"村改居"过程中有其历史合理性，但又是一种过渡性的制度安排。在城市化和市场经济交汇的背景下，随着"农转非"任务的结束以及其他经济社会条件的成熟，社区股份合作制只有"扬弃"自身才能"凤凰涅槃"。

访谈资料

厦门市人大代表、厦门市社区股份合作社立法提案人CSY：就目前来讲，市场经济在农村的发展还处于初级阶段，要管理本社区的集体经济成立股份合作社还是比较适当的，因为大部分只是进行一些物业的管理。如果要对外参加市场经济活动，股份合作社可能会受到一些限制，如果将来做大了，要进行更大的市场运作那必须是搞企业，就要到工商局去注册登记成为真正的公司制企业。（编号：XTD13-4-22）

（三）社区股份合作组织公司化改造的条件和路径

1. 公司化改造的条件

一般说来，当原村集体土地全部被征完且政府公共服务和社会保障实现全覆盖，政府就要积极引导和鼓励社区股份合作组织进行公司化改造。这以后，政府还要适时"断奶"，取消改制过渡时期给予社区股份合作组织享受农村集体经济组织的政策支持和税收优惠，如地方税退税返还、享受乡镇集体企业优惠政策、集体建设用地政策等。在完成"农转非"的社区，"农村优惠政策"不宜保留过久，因为此时社区股份合作组织的经营范围已不再是国家政策需要扶持的弱质的农业产业及其从业人群——农民了，而是与城市工商业密切关联的物业经济了。长期保留优惠政策不仅有悖于公平税负的原则，也会带来新的社会不公平。

但要对社区股份合作组织进行公司化改造，又是一项工作难度很大的工作。这里首先遇到的就是城乡二元结构尚未完全打破情况下的政策藩篱。单就土地而言，农村土地归村民集体所有，由村委会管理，宅基地又归农户家庭占有和使用。在股份合作制下，资产量化到人并按股分红，但尚未涉及产权变更的问题。而在"村改居"过程中如果成立公司，原村集体所有的建设用地、店面如何过户到公司去经营管理？政府征地预留给村集体的发展用地，又该怎样管理、规划、建设和使用？这些问题都没有得到很好的解决。有的基层人员反映，"我们成立了公司，但公司无法运作，原村集体的土地、厂房无法过户到公司去。法律上有障碍，要解套"。

其次就是公司制改造还面对着"村改居"社区自身不能回避的各种现实和"境遇"。第一，产权清晰、股权开放是公司制作为现代企业制度的内在要求，也是其得以发展壮大的动力。这就要求突破社区股份合作制下股权的集体封闭性的限制。但是，对于一直生活于村社共同体中的村民来说，让"外人"入股也成为股东这是一件并非一下子可以接受的事情，甚至还具有一定的冲击性。因为，这些"城中村"或"城边村"具有独特的区位优势，其股份合作经济的收入主要靠成本很小风险又低的物业出租，没有对外部社会资本的需求，人们都不想让"外人"持股分享他们的"好处"。第二，村落共同体存续中积淀下来的非正式制度，以往集体经济时期的制度遗产，现有"村改居"社区的正式组织结构，它们与社区股份合作制都存在着这样那样的功能"耦合"，这也是"村改居"过程中多数地方的村民没有套用现成而又规范的公司制度而创设社区股份合作社的根由。第三，长期以来，农村基层组织政、社、经职能不分，村干部对此更是情有独钟，身兼数职而不愿意放弃其中的任何一种，这固然有助于强力推进"村改居"社区的工作，但又造成社区股份合作经济组织向公司转型的困难。即便是社区股份合作公司转型为规范的公司制现代企业，看似顺风顺水，实际上也面对着不容忽视的困难和制约因素。有的研究将这些制约因素归纳为：①打破股权的封闭性比较艰难。②规范股权设置存在一定的困难。③出于对社区资产（尤其是土地）升值的预期和与政府博弈的心理，社区股份公司抵制改造。① 因此，实现社区股份合作经济向现代企业制度转变，需要基层政府、转制中的股东及管理层等利益相关方多渠道沟通，尤其要尊重股东及管理层的意愿。但政府不能由此一推了之，而要采用示范、引导和规范、帮助的办法，学会运用经济和法律手段，并发挥群众工作的传统优势。社区股份合作社要求改造为规范的公司，工商管理部门办理相关手续应免除其费用。

2. 公司化改造的路径

在经济发达、集体资产总量大、群众对改制呼声高的"村改居"社区，可直接进行公司化改制。而多数"村改居"社区则需要循序渐进，先搞社区股份合作制，等条件成熟再用公司制改造社区股份合作组织。至于公司制的形式究竟是选择组建股份有限公司还是有限责任公司，要从"村改居"社区的实际情况出发，尊重股东及管理层的意愿。让社区股东和管理层自主决定何时改造、如何改造。

社区股份合作组织能否利用公司这一"外体"拓展实力，这也是多年来人们尝试和关注的"课题"。一些社区股份合作社为了更

---

① 张克听:《特区社区股份合作公司转型方向和路径探析》，载《2011 年中国经济特区论坛:"经济特区与中国道路"国际学术研讨会论文集》。

好地利用市场资源和市场机制发展自身，出资注册成立了公司或在公司中入股。前者是吸收外部资金，成立一家由农村社区股份合作社控股的资产经营管理公司，并由资产经营管理公司经营"村改居"社区股份合作社入股的集体资产，资产经营管理公司聘请专业人士开展经营运作。而后者是以厂房、土地、资金入股，但不控股，也不参与日常经营管理，获得股息收入。

典型实例：在城市化建设中如何实现政府、失地农民、开发企业的合作共赢，一直为人们所关注。闽籍企业家郑武（中泽农公司总裁、北京顺华公司董事长、福建北京总商会常务副会长兼秘书长、北京京华公益基金会理事长）设计并率领北京顺华公司与北京市通州区杨庄村集体经济组织深度合作进行城市化综合改造。在北京市政府政策支持下，10年间不仅实现了旧村改造、农民市民化、产业引进对接，而且秉承"泽惠农民、造福社会"的价值观成立了"中泽农控股公司"。"中泽农"在与杨庄村的合作中，先"输血"再"造血"，实现村民变股民，当年改制，当年分红，逐年递增的目标，保证了失地农民有新住房、有分红、有社保、有就业，成为有别于政府主导推动城市化建设的独特案例，受到北京市政府的表彰，树立了良好的企业形象。

广州市天河区一些改制村则是在原社区股份合作社、社区股份合作联社组织构架的基础上，由社区股份合作联社注册集团公司。这种企业形式类似于"企业集团"，因为从特征上看，它的确是由多个法人经济体，在共同利益的基础上，通过资产等纽带，以实力雄厚的企业为核心组建的具有多层次的组织结构及多种经济功能的大型法人企业联合体。它的核心层是村经济联社，相当于母公司；它的紧密层，是下属的多个经济社，相当于子公司；它的半紧密层，是村里的十几个多种混合产权形式的企业，相当于其他参股控股公司；而它的松散层，是建立在互惠基础上的村民们之间的各种经济合作行动。但它又不是一个法律意义上的"企业集团"。它第一个"嵌入性"特征是，"集团公司"下属的"经济社"，在产权上是独立的，与"经济联社"的产权界限是清晰的。经济社的产权收益只供部分所属村民分配，而不是供全体村民分配。经济社的资产，经济联社也没有处置的权力。从这个特征来说，母公司并不对其"子公司"拥有控股权。在这个村落企业集团里，所谓母公司（经济联社）和子公司（经济社）的"母子关系"，并不是通过控股来实现的，而是由村社的行政组织架构决定的。①

这些都是在我国城市化和"农转非"背景下社区股份合作制与公司制交叉嫁接的有益探索。我国社会依然处于转型过程中，体制、政策尚未定型，各地情况差别很大，社区股份合作社的公司化改造既不应有统一的时间表，也不宜过早地搞统一的"模式"。初期的多种式样探索，有利于相互之间取长补短，也在为以后的公司化改造积累经验。

---

① 参见李培林《村落的总结——羊城村的故事》，商务印书馆，2010，第53~54页。

第八章

社区组织建设与基层管理体制的
改革创新

组织是载体，体制是保障。"村改居"社区组织固然主要在"村改居"社区这一层面存在和发挥作用，但又处在复杂的社会生态系统之中。在这些外部社会环境中，管理体制具有重要的影响，这在"村改居"转制乃至我国社会转型过程中显得尤其突出。因此，"村改居"社区组织建设研究在重点聚焦社区组织体系中各类组织自身的培育和建设的同时，又要关注基层管理体制的改革创新。基于这样的认识，本章第一节拟概述我国基层管理体制的演变，并对城市基层管理体制进一步改革的必要性进行讨论。第二节拟结合近年来各地的实践，就社区管理体制改革创新中的若干重要问题作一些探讨和思考，并从社会建设大政方针的确定分析说明社区管理体制改革创新的利好政策环境。

第一节 我国城乡基层管理体制之检视

"村改居"社区既然是城市化发展中由农村向城市社区的过渡，因此，考察"村改居"社区组织建设的体制环境，就需要全面了解我国城乡基层管理体制和组织体系。

一　我国基层管理体制的演变

新中国成立以后，如何进行社会主义改造？如何在一穷二白的基础上建设社会主义？在特定的国内外环境下，也基于当时对社会主义的理解，我国确立了建立社会主义公有制和尽快实现工业化两大任务目标。前者是通过在全国范围内对农业、手工业、资本主义工商业的社会主义改造完成的，在城市实行全民所有制，农村实行集体所有制。而为了快速实现工业化，国家在公有制的基础上，选择并逐步走上了计划经济和城乡二元体制的发展道路。由此，也形成了城乡有别但又具有同构性的基层管理体制和组织体制与户籍制度。

在城市，基层管理体制是以"单位制"为主导、以"街居制"为辅助的体制。"单位制"（全称应为"单位体制"）是我国计划经济时期城市普遍采用的组织形式，其特征首先表现为行政依附性。在单位与政府的关系上，所有基层的机关、企事业组织等都是国家管理体系中的一个组成单元，就如同机器上的一个"零部件"。其次是职能泛化。就单位的职能而言，单位不仅有在社会分工体系中的特有职能，同时需要履行大量社会的、政治的职能。再次是横向封闭性。在高度集中的计划经济体系和行政管理体系下，单位建立的是纵向的上下"条"的关系，单位与单位之间的横向联系很少，大大小小的单位都自成体系，资源流动困难。最后是"单位办社会"。"进了单位门，就是单位的人。"单位成员要在单位工作、升迁和发展，他们的工资福利、住房、医疗要由单位包下来，甚至退休后的养老保障乃至家属的就业、子女上学也需要单位考虑。单位俨然就是成员的"大家庭"，可以说，"单位人"已全面"嵌入"单位之中。

"街居制"是与"单位制"并存起拾遗补阙作用的基层社会管理体制。20世纪50年代，为了加强对城市非单位居民的管理和巩固城市基层政权的社会基础，城市基层政权组织设立了街道办事处作为派出机关，并按居民的居住地区成立了居民委员会，主要管理对象是没有工作单位的职工家属和其他所谓的社会闲散人员，以实现对所有城市居民的组织化管理。

在农村，基层管理体制几经变动，但改革开放之前实行时间最长且定型化的就是人民公社体制。对此，本书已在第二章做过分析。人民公社体制在所有制上实行"三级所有，队为基础"，但又是"政社合一"的组织，自上而下的行政性管理和控制色彩浓重，这又极大地限制了生产队和农民的生产经营自主权。

以历史主义的态度分析，改革开放之前城乡基层管理体制和组织体系与户籍制度，是适应计划经济条件下基层社会管理的需要而建立的，明显地打上了行政本位和特定时代意识形态的烙印，并且它在组织职能上明显地体现出"总体性社会"下党政不分、政企不分、政事不分、政社不分的特征。随着时间的推移所隐含的问题日显突出，特别是严重地抑制着基层社会的生机和活力，迫切需要作出调整和变革。其中，农村"政社合一"的人民公社体制更是如此。

中共十一届三中全会吹响了改革开放的号角，三中全会后，改革大幕首先从农村拉开，家庭联产承包责任制的推行使农民获得了生产自主权，为了更有效地开展自我管理，一些农村的村民于80年代初又组建了村民委员会这一群众性自治组织。此后，在中央的支持和倡导下，村民委员会普遍推开，并于1982年正式载入《宪法》成为一项国家制度。之后，中央正式决定撤销人民公社，建立乡政府。至此，乡—村管理体制在农村正式确立。

在城市，20世纪80年代中期以后，企业改革的深入和城市化的发展对城市基层管理服务提出了新的要求。因应这一需要，政府开始探索管理重心的下移，倡导和推动开展社区服务，90年代进一步拓展为全国范围的社区建设。在这一热潮中，各地城市进行了许多探索，在城市基层管理体制和社区组织体系上也作了富有创造性的探索。上海市将社区建设与城市管理体制改革相结合，将社区定位为街道辖区层面，率先探索"两级政府、三级管理、四级网络"的城市管理体制和"条块结合、以块为主"的运行机制，引起较大的反响。沈阳市则将社区定位于居委会辖区，突出其地域性社会生活共同体的内涵，并构建了社区党组织、社区成员代表大会、社区管理委员会（后改为社区居委会）、社区协商议事委员会"四位一体"的社区组织体系，在全国的影响最大，此后得到民政部的肯定并在全国普遍推广。上述社区建设及城市基层管理体制改革，成效是多方面的，但最为根本的是社区的功能得到重视，社区的自组织机制得以恢复并逐步发育。

三十多年来，从农村"乡（镇）—村"体制的设置到城市社区建设的兴起和管理重心的下移，基层管理的这些变迁仿佛在不经意之中发生，但却是代表着我国基层管理改革方向的历史性进步。

二 我国基层管理体制进一步改革创新的必要性

在肯定已有成绩和进步的同时，我们又必须正视城乡基层管理体制目前存在的问题。在积极推进社会建设和社会管理体制改革创新的今天，我们更应有这样的自省。鉴于本书是研究"村改居"社区组织建设的，而聚焦与"村改居"社区组织建设密切相关的基层管理体制改革问题，自然首先需要聚焦城市社区管理体制的改革创新。因为"村改居"社区已经跨进城市管理体制。所以，接下来我们首先拟就城市社区管理体制存在的问题及其改革创新的必要性开展讨论。另外，与社区建设密切关联的城市基层管理体制改革还涉及"单位制"的改革问题。虽然在"村改居"社区不像城市社区那样仍然有众多"单位人"，但有必要在这里作些说明。

（一）城市社区管理体制的改革创新问题

社区管理体制也就是管理社区的体制，它是政府各层次、各部门在社区管理中与各类社区组织、社区居民以及其他社会服务机构之间关系和权能配置的定型化、制度化。需要指出的是，对城市社区建设开展以来的体制，目前存在着不同的概括和评价。有的学者用"街—居体制"指称计划经济时代我国的城市基层社会管理体制，而将社区建设开展以来的城市基层社会管理体制称为"社区体制"，并由此认为"我国的社区制已完全取代了街居制"。笔者以为，这一论断缺乏充足的依据。社区建设的确增强了城市社区的功能，承接了社会转型过程中企事业单位剥离出来和政府转移出来的许多社会职能，已成为重构我国城市社会管理体制的一项基础工程，预示着我国城市基层社会整合机制的一次创新。但是，将目前城市基层社会管理体制看作一种与"街—居体制"判然有别的"社区体制"却难以成立。因为，目前在城市基层管理中，单位体制弱化，社区的功能受到重视。但街道办事处不仅依然存在，而且随着城市管理中心的下移和社区建设的推进，其职能和地位也发生了适应性改变。因此，不能把目前的城市基层管理体制归结为"社区制"。更为重要的理由在于，基层社会管理涉及的基本关系实际上是政府与社会（社区是它的基本组成部分）的关系。而现阶段就总体而言，我国城乡基层社会管理体制中政府与社会（社区）的关系尚未有根本性的改变，行政全能主义的体制性弊端仍然突出。

无疑，不要政府介入社会管理的想法不仅是幼稚的，也是有害的，但政府管理社会和社区又有一定的边界。就法定社区这一层面而言，现阶段社区依然是国家治理的单元，而非真正的地域生活共同体。作为居民群众自治组织的社区居委会也并没有改变一向被人们所诟病的"政府的腿"的处境。政府行政管理与居民自我管理严重失衡，抑制了社区共同体的自组织功能的发挥，也抑制了社区居民组织成长发展的空间。因此，在城乡社区组织建设中，不能单纯地抓社区内各类组织的培育和建设，而必须以增强社会生活共同体的自我管理能力和自组织能力为着力点，在改革和创新社区管理体制上及时跟进，理顺政府与社区的关系，为社区居民组织的发展提供体制和机制保障。正如有的学者指出的："不进行基层行政体制改革，仅仅改革居委会组织，是难以形成新型社区管理体制的。"[1]我们还可以进一步补充说，不进行基层管理体制改革，新型社区组

---

[1] 唐忠新：《现代城市社区建设概论》，上海交通大学出版社，2008，第124页。

织体系也难以形成，社区组织建设的效果也会大打折扣。

(二) 革除机关事业单位的"单位体制"遗留

作为计划经济体制的伴生物，单位制是就我国城市管理中的"体制内"组织而言的。随着改革的深化，单位制的作用弱化，但不同组织，情况又不尽相同。国有企业在改革中要与市场经济对接，最先开始冲决"单位办社会"的堤坝，此后又以建立现代企业制度为目标，不断深化改革，不仅在职能上实现了政企分开，而且建立了与市场经济接轨的劳动用工制度，企业的退休人员都实行社会化管理。如今在国有企业，单位制的色彩已基本褪去，而在党政机关和事业单位，单位制的色彩还比较浓重。由于这类组织自身从事公共管理，如何进行人事和社会保障制度的改革，虽然酝酿多年，但步履蹒跚。即便是机关事业单位退休人员也享受着与企业退休人员不同的待遇，如机关事业单位人员退休后仍然由原单位的专门机构（如老干处等）负责管理，而企业人员则退到社区由社区进行管理。养老金也实行双轨制，企业人员参加社会化养老保险，退休后领取养老保险金；机关事业单位人员退休后仍然由原单位发退休金。因此，机关事业单位退休人员对社区的认同程度远不如企业退休人员，也不能很好地融入所居住的社区。至于在职人员与机关事业单位的关系就更密切了，这些组织依然不同程度地承载着政治、社会、福利、文化等功能。在此情况下，城市社区建设吸引单位人参与就会有困难。要改善这种状况，一是积极推进机关事业单位人事和社会保障制度的改革，革除其"单位体制"的遗留。随着这些改革的深化，其"单位体制"也将进一步弱化，这些组织与其人员的关系也将单纯化，这将推动"单位人"向"社会人"和"社区人"转变。二是在社区建设中提高社区与居民特别是主流社会成员的利益相关度，使他们不仅居住和生活在社区，而且愿意行使权利、履行义务、承担责任。

与纯城市社区不同，在"村改居"社区，居住的人口复杂，但新老居民多数都不属于体制内的所谓"单位人"。即便是正规的就业，也多在一些新经济组织和新社会组织就业。不是"单位人"，自然没有对单位的归属感。但是其中的老居民（主要是原村民），却与村社共同体有着千丝万缕的联系。虽然不同时期，他们的称谓经历了社员、村民、居民的变化，但都主要在有确定边界的村落（社区）内生产和生活，而且生产、生活、交往等交织在一起。由于祖祖辈辈居住在一个村落，不仅知根知底，而且往往还是同宗、亲戚、世交、近邻、同学等。总之，这是一个熟人社会，总能拉上关系。因此，"村改居"后，虽然名称变了，但这些原住民对"村改居"社区的认同度很高，上了一点年纪的人还习惯于称"我们村"。至于外来人口，虽然短时期难以融入城市，但他们渴望走进城市后先在租住的"村改居"社区找到一个归宿。因此，"村改居"社区建设不都是困难和问题，也有自身的优势。

第二节　社区管理体制改革创新的实践与思考

我们在上一节检视我国基层管理体制时，曾讨论了社区管理体制改革创新的必要性。社区管理体制不仅受历史文化传统、社会制度、经济社会发展水平的影响，同时又是人们主动构建的结果。如前所述，社区管理体制是政府各层次、各部门在社区管理中与各类社区组织、社区居民以及其他社会服务机构之间关系和权能配置的定型化、制度化。社区管理体制的构建是一个宏大而复杂的课题，在此我们不做全面讨论。本节拟结合近年来我国一些城市的改革实践，就改革创新社区管理体制的几个着力点进行一些思考。

一　合理界定政府与社区居民组织职能

作为地域性社会生活共同体，社区有其公共事务。管理这些公共事务的主体，既有社区居民及居民组织，也有政府部门及其派出机关。前者处理和解决的是社区内部的公共事务，是一种社区居民及其法定组织对社区的自我管理。后者处理和解决的事务虽然发生在社区但又是社会层面上的公共事务，是政府对社区的行政管理。从公共经济学考察，前者是面向本社区提供半公共产品，后者则要面向众多社区提供纯公共产品。两个方面都是不可缺少的。这就要求社区管理体制要"努力实现政府行政管理与社区居民自我管理的有效对接，政府依法行政和社区依法自治的良性互动"，实现"政社分开"与"政社协调"的统一。

管理公共事务、提供公共产品是政府的责任。有些公共事务虽然发生在社区，却往往是整个社会公共事务的一部分，如社会治安、公共卫生、计划生育、社会保障、外来人口管理，对这些公共事务的管理，基层政府及其相关职能机构负有主要的直接责任，不能将其转嫁给社区居委会。至于社区公共设施建设、社区公共服务投入、社区建设规划等，政府的责任更是不可缺少的。政府还要担负起社区建设掌舵者的责任，包括建立健全社区建设和管理的政策与法规，用民主、法治、引导的方式方法来指导社区居委会和其他社区组织，为社区建设提供经费支持，协调社区组织与社区单位开展社区共建活动，推进社区管理体制改革。在履行这些职能上政府不能缺位，否则就是失职。但政府的行政管理不能取代社区居民的自我管理。社区是地域性社会生活共同体，有些公共事务和公益事业与居民生活息息相关，居民自己能够管得了、管得好，就理应由社区居民及其组织依法自主决定和处理，即由居民自治（相关内容前面各章已有详细的分析，这里不再赘述）。对这些居民自治范围内的事务，政府不应干预，也不应越俎代庖，否则，不仅会导致行政管理的高成本，而且效果不如意。

理顺政府与社区居民组织的关系，首先要合理界定基层政府及其部门与社区居民组织尤其是作为政府派出机关的街道办事处与社区居委会各自的职能。在政府主导的社区管理体制下，政府职能的转变是关键。政府在基层社区工作中的角色，要由直接组织实施者转变为规划者、指导者、支持者、协调者，而社区服务管理的工作主体应为社区中的各类居民组织、政府设置的社区公共服务平台、社区性服务组织以及社会组织等。

　　需要指出的是，社区公共事务是一个复杂的集合体，从社区准公共产品到纯公共产品犹如一条"连续统"，位于其两端的，是社区准公共产品，由社区组织提供，以及纯公共产品，由政府提供，但中间部分则往往需要政府与社区组织或社会组织合作提供。由于我国社会正处于转型时期，许多矛盾和问题缠绕在一起，社区特别是"村改居"社区又是各种矛盾的交汇地带，在社区公共事务管理和公共服务提供上完全实现"政社分开"有困难，也不现实。有些工作，如社会治安、公共卫生、计划生育、社区就业、外来人口管理等，是政府的职责，但又涉及社区居民，社区居委会有责任协助政府或它的派出机关做好这些工作，但不承担行政指标任务。为了将这些工作落实到社区，近年来，政府及其派出机关在社区普遍设置了社区综合服务站，并派驻或招聘专职工作人员，社区居委会给予配合。有些事项，如社区卫生保洁、公共设施养护等，则可交给社会中介组织通过市场招标的形式由物业公司、保洁公司承担，居委会在职能范围内给予协调和监督。而对一些政府做不好也做不了，营利机构不愿做，社区居民组织、社会组织工作起来有优势的工作事项，如青少年课外管理和教育、老人日间照料、残障人士康复训练、社区矫正等，在实行"管办分离"（管理工作和行政责任由基层政府承担）的前提下，履行报批程序获准后，可依据"费随事转"的原则委托社区居委会、居民社团、社区民办服务组织等社区组织来做，也可以采用政府购买服务的方式面向社会招标。

　　还有一点需要说明，城市中的社区事实上存在法定社区（居委会辖区）、街道办事处辖区、居住小区三个不同的层次。对不同层次的社区，社区公共事务的管理情况自然不同。法定社区层面上的社区管理，需要政府"他组织"与社区"自组织"的结合和平衡。而街道层面上的社区公共事务则更为宏观和复杂，往往涉及政府组织、社会中介组织、社区组织、社区单位、社区居民等多重利益相关者，需要各种主体在平等协商的基础上合作治理，但政府组织是主导，如国外的社区委员会就是半官方的组织。① 在居住小区更要发挥业主委员会、物业服务机构、居民小组等社区组织的主导作用。

二 合理划分政府管理层级的权责

社区管理体制改革创新，不仅要合理界定政府与社区组织各自的职能，确立二者之间"指导与协助、服务与监督"的应有关系，而且要合理划分政府各个行政层级之间的权责。因为，在我国城市，政府的行政管理存在着三个层级，即市政府、区政府，再加上政府派出机关的街道办事处。它们各自的权力、职责如何划分？人员如何配置？进一步追问，政府层级又如何划分才更科学合理？这些问题的确需要深入研究。20 世纪 90 年代中期以后，上海"两级政府、三级管理、四级网络"的城市管理模式被全国许多城市移植，其目的在于实现管理重心的下移和管理权限的下放。但如果没有理清政府、街道办事处、社区居委会之间的关系，这又容易导致街道办事处政府化、社区居委会行政化的倾向。社区建设的实践表明，要建立与社会主义市场经济和社会建设要求相适应的社区管理体制，理顺政府与社区组织的关系是十分重要的，但又是不够的，还需界定政府各管理层级的权责，实现管理层级之间权责的合理配置和同一管理层权力与责任的均衡，防止权力逐级上收，责任却在"管理中心下移"的名义下层层向下转嫁，最后落到社区组织的头上，再次陷入"上面千条线，下面一根针"的困局。当然，近年来，政府为了更好地履行社区行政管理和公共服务的职能，在街道和社区层面设置了公共服务平台，在社区层面上完成了工作主体不再只有居委会这根"针"，但政府管理层级的权责划分甚至管理层次的划分仍然是社区管理体制改革创新绕不开的话题。

---

① 孔娜娜、张大维：《美国的社区建设是如何开展的》，《社区》2007 年第 15 期。

来自珠海的经验：政府职能分层，打造幸福社会生活共同体①

珠海在进行社会管理体制改革之前，市、区、镇（街道）三级的主要精力都放在招商引资、发展经济上，基层社会管理和公共服务的职能相对偏弱。随着珠海转型升级的需求日益迫切，社会管理的短板开始凸显，对新一轮大发展形成一定的阻碍。在新的形势面前，人们逐步认识到，社会管理体制改革是实现转型升级目标的重要保障，是建设幸福珠海的重要支撑。

2008年，《珠江三角洲地区改革发展纲要》明确提出鼓励和支持珠海开展社会管理综合改革试点。此后，珠海以转变政府职能为核心，强化社会管理和公共服务，推动事权、财权和人事权在政府纵向层面的合理配置，形成市一级主要抓规划统筹和政策引导，区一级主要抓经济社会发展和城市管理，镇（街道）一级主要抓社会管理和公共服务的政府职能分层管理新体系。同时，积极推动社会组织"自立、自主、自律"发展，引导各类社会组织加强自身建设、增强服务社会的能力，有序承接政府转移的职能。2010年6月，珠海出台了《关于加强和改进城市基层社会治理与社会服务体系的意见》及四个配套文件，将居委会现行承担的130项工作重新划分为"社区居委会依法完成"（38项），"社区居委会依法协助完成"（23项），"镇（街道）、职能部门依法完成"（41项）和"政府购买或委托管理"（28项）四类，明确了镇（街道）和社区的关系；在镇（街道）设立了社区政府服务中心，在社区设立了公共服务站，分别承担相关职能，社区党支部和居委会集中精力开展居民自治。

实践证明，市政府、区政府、街道办事处职能分层，既有利于实现产业由分散布局、粗放发展到集中布局、集约发展的转变，又有利于夯实基层基础，做好群众工作。转型后，经济

---

① 《中国社会报》（纵深专栏）2011年10月25日第3版。

发展和管理重心上移，社会发展和管理重心下沉，经济集约化发展，社会管理和公共服务到位，两方面工作都得到加强，而且相互促进。

在城市社区管理体制改革创新的实践中，街道办事处作为连接城区政府和法定社区的层级，如何进行功能定位也引起多方关注。本书前面相关章节曾对街道办事处的缘起及演变做过说明。在"单位制"时期，街道办事处的职能十分有限，随着"单位制"的弱化和城市管理重心的下移，街道办事处被赋予许多管理职能，除了社会性、群众性、公益性、地区性的工作外，还具有行政执法等职能，一些城市出于全力发展经济的愿望，还赋予街道办事处招商引资、协税护税的职能。在许多城市，街道办事处也有自身的财政，事实上已被当作一级"准政府"。近年来，在加强和创新社会管理的新形势下，一些城市主政者意识到：加强和创新社会管理体重在基层，但仅仅着眼于社区建设是不够的，还需要以街道办事处和街道党工委工作重心的转变为新的突破口。于是，一些城市将原来赋予街道办事处发展经济的职能取消，街道办事处由主要抓经济向社会性、群众性、公益性、地区性工作回归。

从长远发展来看，可能还需要就城市行政管理层级划分开展探索和研究。我国的行政管理层级过多，城市基层管理也是如此，管理成本高、管理效率低已是不争的事实，而且抑制了社会自组织生存和发展的空间。最近几年，有的城市率先试水——撤销街道办事处，引起许多关注。

2011年9月5日，《京华时报》记者以《撤销街道办的铜陵试水》为题目就安徽省铜陵市撤销街道办事处、由区级政府直接服务社区的情况作了报道。① 铜陵市也由此成为全国首个撤销街道办事处的市级试点城市。

---

① 京华网，http://www.jinghua.cn，2011年9月5日，来源：《京华时报》，记者：陈荞。

铜陵模式的举措：撤销街道办建立大社区①

"1234"改革举措，也就是一个减少、两个实行、三个完善和四个强化。一个减少即撤销街道办，减少了管理层级；两个实行即实行了社区扁平化管理和网格化管理；三个完善即完善了社区公共服务体系、市场服务体系和社区义务服务体系；四个强化即强化了党的核心功能、居民自治功能、社会管理功能和居委会监督功能。

整合后的新社区，设置社区党工委、社区居委会、社区服务中心，三套班子一套人马。前者主要承担社区范围内总揽全局、协调各方的职责，社区服务中心负责对居民的事项集中办理。居委会则还原自治功能，组织居民开展各类活动。

街道职能和资源下放到社区。鹞山社区居委会副主任张德仙表示，街道原有的行政执法职能和主要的经济职能归到区里，民政、社保等社区管理和服务职能下划至社区。改革后，办事效率大大提高。比如，社区服务中心负责对居民的事项进行"一厅式"审批和"一站式"集中办理，并且因少了一道审批环节，像以前办理就业、失业手续，起码要20天，现在不到10天就能办好。在人力资源上，铜官山区在此次改革中被撤销的6个街道，共涉及196名工作人员，包含公务员、事业编制人员以及聘用人员，除部分街道办事处主任选到区里外，绝大多数分流到基层。同时"下放"的还有原街道的经费。据铜陵市民政局副局长王世平介绍，调整后的社区，服务人员从原来的7~12人增加至22~40人，工作经费由3万元左右增加至30万~50万元。

社区经费纳入财政预算。改革后，市、区所拥有的党群、经济、教育等部门在社区都有对口，现在的大社区承担了更多的行政职能。据民政部门介绍，按照社区发展的要求，各地把

---

① 转引自《撤销街道办，铜陵为基层社会管理探路》一文的第二部分，http://www.worlduc.com/blog2012.aspx? bid = 8166951。

人力、财力、物力更多投入基层，将社区服务设施建设维护、社区工作经费、人员报酬等纳入财政预算，建立社区建设经费投入的长效机制。

民政部官员：街道办撤销是趋势，可强化居民自治①

街道办，一个在大陆存在了 50 多年的行政机构，2011年彻底退出了安徽省铜陵市市民的生活。今年 4 月，民政部组织专家论证，对铜陵撤销街道办的这种做法都非常肯定。

作为城市基层社会管理创新的一次有益尝试，"铜陵模式"是否存在持续发展性？有无可能在全国推广实行？基层社会管理和建设又将朝哪方面发力？近日，本报记者就这些问题专访了民政部基层政权司副司长王金华。

谈问题：街道只是个"二传手"

街道将大量的工作交给社区，直接导致居委会行政化严重。"居委会成为政府的腿脚，自治的功能大大弱化。"

民政部基层政权司副司长王金华说，中国城市的管理层次比较多，一个市就有市、区、街道、社区四级，市、区布置下来的任务，街道转手开个会，再布置给社区，街道起的只是个"二传手"的作用。

"由于管理层次比较多，人、财、物到街道这个层级基本就下不去了，大都被截留在街道以上了。"王金华说，社区没有手段、没有服务资源、没有财力，很多工作难以开展，只能往上反映，"上面重视了就能及时解决，不重视就可能一拖再拖，到最后不了了之"。王金华认为，"看得见的管不着，管得着的看不见"，这是我国城市管理中一个长期存在的最大问题。

同时，街道和社区的很多功能都重合，街道也具备社区管

---

① 京华网，http://www.jinghua.cn，2011 年 9 月 5 日，来源：《京华时报》，记者：陈荞。

理的职能，社区也具备社区管理的职能，"但谁去做这件事呢？谁把这个事情做实了？"王金华说，这个问题在过去始终没有分清楚，即使分清楚了也没有落实。

更重要的一点是，由于街道只是个"二传手"，大量的工作任务被交给社区，直接导致居委会行政化严重。王金华说，按照法律规定，居委会是一个居民自治组织，现在其大量精力却是放在处理上级政府和街道办事处交给的各项任务，没有时间去组织居民开展活动、了解基层民意、化解基层矛盾等，"居委会成为政府的腿脚，自治的功能大大弱化"。

谈应对：撤销可强化居民自治

"一个城市管理层次越多，信息失真的可能性就越大。"

王金华介绍，今年4月，民政部组织专家论证，对铜陵撤销街道办的这种做法都非常肯定，"这是城市管理中革命性的一种变革"。

王金华说，一个城市管理层次越多，信息失真的可能性就越大。铜陵减少了一个层次后，信息上下互动交流更快速了，对各方面的诉求可以及时反馈，提高了社区管理服务的效率。同时，1954年颁布的《街道办事处条例》在2009年由全国人大宣布废止，"这个条例废止后，（撤销街道办）在法律上没有障碍了"。

王金华说，铜陵的改革显示，居民的自我管理、自治能力得到了很大的提升。

王金华表示，社区是一个生活共同体，居委会主要的功能是组织居民开展活动、开展自治等，居民自治事务就是要由居委会来组织落实。

"铜陵的探索符合社会发展趋势和要求。"王金华说，特别是目前社会矛盾凸显期，老百姓诉求多样化，让社区强大起来，把社区的功能和效用发挥起来，可以快速地对居民的诉求作出回应，把矛盾化解到基层。

谈未来：今后有望在全国推广

铜陵改革最终评估效果好的话将会在全国推广。街道办取消是一个趋势，"这是肯定的"。

王金华说，安徽铜陵铜官山区的改革刚刚实行一年多，全市也是在今年1月开始全面跟进，有些改革措施还需要进一步完善，也需要民政部进一步评估。

民政部将对铜陵铜官山区试验区进一步观察、跟踪，"最终的试验效果好不好，要看老百姓是不是满意，是不是肯定这个做法，这是最关键的"。王金华表示，从目前各方面的反映来看，改革还是很有成效的，效果也比较明显。

王金华说，居民满意度需要有一些指标支撑，比如办事是不是方便了，过去办事怎么办的、有哪些环节、服务态度怎样，环节是多了还是少了，服务态度好不好等，"居民满意是一个主观方面的感受和评价，我们还会有一些其他方面的评估指标，比如工作任务的完成情况、跟居民联系情况等"。

王金华透露，在加强和创新社会管理工作中，民政部负有重要职责，目前也正在研究贯彻落实的措施，铜陵试验也是其中的一个方面。

王金华同时表示，目前贵州省的贵阳全市、湖北省的黄石市一个区也在试点撤销街道办，各地做法在改革的具体细节上可能会有差别，但主要的思想就是减少管理层次，优化管理结构，提高管理效率，强化社区的功能，把管理中心下移到社区，使社区管理到人、到物、到事、到位。

"我们会在对铜陵改革效果评估总结的基础上，再决定是不是推广，毕竟上升到民政部层面，影响的就不是一个省一个市，而是涉及全国整个管理层次架构的一个改革，还是要非常慎重的。"王金华表示，如果最终评估效果好的话将会在全国推广，但街道办取消是一个趋势，"这是肯定的"。

　　　三年时间撤销城区街道：黄石探索"市一区一社区"三级
管理服务模式①

　　　体制上：因地制宜，撤销街道，做大社区。"3 年的时间，
主城区的 15 个街道办事处全部撤销，原有的 153 个社区整合
为 104 个。"一场历时三年、以创新城区街道社区管理服务体
制为主题的改革日前在湖北省黄石市全面完成。

三　构建和完善社区组织体系

　　改革创新社区管理体制，构建和完善社区组织体系很重要。经
过二十几年的城市社区组织建设，目前，在我国城市社区，以社区
党组织为领导核心，以社区居民自治组织为主体，以群团组织为侧
翼，以社区共建联席会为拓展，以业主委员会、居民社团、社区性
服务组织为生长点的社区组织体系已经基本形成。在农村也形成了
以党支部为领导核心，以村委会为主体，以群团组织为辅助的组织
体系，近几年来，建立新型农村社区管理和服务体制的工作也已
开始。

　　但是，社区组织体系还不能很好地适应建设城乡新型生活共同
体的需要，存在的主要问题有，一是体制内正式组织普遍建立，但
体制外居民社团、社区性服务组织发育不够，邻里社群网络衰落。
二是社区组织建设理念上存在不足。习惯于自上而下的党政推动，
从而使社区组织建设明显地具有"他组织"的印记，自组织机制重
视和运用得不够。三是社区组织管理行政化。习惯于把社区作为一
个行政管理单元，忽视了社区作为生活共同体的特征，自然忽视了
社区组织的社会性、社区性、群众性、自治性。因此，社区组织体
系建设必须从建设新型社区生活共同体的角度来整体谋划，构建体
制内组织与体制外组织互补、正式组织与非正式组织乃至社群网络
结合的社区组织体系。

---

　　①　《中国社会报》2012 年 11 月 26 日。

在"村改居"社区组织体系中，党组织、村（居）委会、集体经济组织是最主要的"三驾马车"。但随着城市化、市场经济的发展，一些企事业单位尤其是各类新经济组织和新社会组织开始落户于"村改居"社区，这些"两新"组织因其非体制内组织的属性，无主管单位甚至无挂靠单位。因此，与社区的关系更密切，是参与共驻共建共享的重要主体。随着"村改居"社区建设的深入，居民社团日渐成为社区居民自我管理和服务的重要组织载体。随着旧村改造和商品房、保障房小区建设的推进，"村改居"社区也出现了小区业主委员会这一业主自治的新形式、新领域，而物业公司既是业主委员会聘用的物业服务机构，同时又承担着物业管理的职责，在小区物业服务和管理中扮演着重要角色。民办非营利社会服务机构近年来发展迅速，在城乡社区服务中已开始显身手。随着"村改居"社区建设的深入，将会有更多的社会服务组织或机构进入社区，接受基层政府部门或社区委托，面向社区特定对象乃至全体居民开展专门化服务，是开展社区服务的有生力量。

构建"村改居"社区组织体系不仅要重视正式组织，还要重视非正式组织甚至邻里等初级社群网络的作用。在居民日常的社区生活中，以非正式组织和初级社群为载体进行的活动更为普遍和经常。甚至可以说，没有非正式组织和初级社群，就不会形成社区生活共同体。在传统社会的村落和城市的胡同，邻里街坊、血缘亲缘群体、熟人生活圈等起着重要的作用，是社会整合和互助的重要纽带。邻里关系在社区生活中尤其重要。但在现代城市社区中，邻里已失去亲近感。在工业化、城市化和市场经济裹挟下的"村改居"社区，邻里关系也面临弱化的问题。"村改居"社区固然要走向城市社区，但我们必须重视并利用邻里网络、熟人共同体、血缘亲缘群体等本土资源，发挥其正向社会资本的功能，营造合作、信任、友善的社区氛围，编织居民生活的自助—互助网络。

在多重治理主体参与的社区组织体系中，由于不同组织的性质和功能不同，活动的范围和工作对象不同，因此多重治理主体之间不是垂直的隶属关系，而应该是合作关系（或伙伴关系）。当然，这些治理主体不都处于同一层次上，新型社区组织体系应该是"扁平化"的组织网络。

四 社会建设与社区管理体制的改革创新

长期以来，人们对生活于其中的社会领域，缺少自觉的建设意识，甚至在我国改革开放的现代化建设过程中，经济建设一路高歌猛进，政治建设和文化建设后来也开始被关注和重视，但是，社会建设的概念却一直阙如，致使我国的社会建设和社会管理明显滞后。

进入 21 世纪后，党中央先后提出"构建社会主义和谐社会"和"社会建设"的任务。党的十七大报告第一次对社会建设作了阐述，并将社会建设与经济建设、政治建设、文化建设并列。社会建设要建设什么？十七大报告顺应人民群众过上更幸福生活的期待，提出了加快推进以改善"民生"为重点的社会建设的六大任务，努力使全体人民学有所教、劳有所得、病有所医、老有所养、住有所居。这主要是基于当时民生问题突出而强调的。社会建设的内容十分丰富，其中，培育和发展社会组织，建设城乡社区生活共同体，积累合作、规范、信任等社会资本，营造健康的社会环境，构建合理开放的社会结构，提升社会的自组织能力，这些方面也是当前和今后一段时期社会建设应关注的。

社会建设的一项重要任务是社会管理。领域分化是现代化的重要特征。世界各国现代化的经验表明，走向现代化，既要有健全的市场体系，又要有廉洁高效的政府，还要有一个有序运行的社会，这就需要对社会进行管理。进入 21 世纪，我国现代化建设站在新的历史起点上，但发展中不平衡、不协调、不可持续问题依然突出，特别是社会发展的"短板效应"突出。社会管理工作面临着更加错综复杂的形势、更加严峻繁重的任务。而目前我国社会管理的理念、体制、机制还不能适应新形势下社会建设的要求。有鉴于此，中央领导近年来多次强调要加强和创新社会管理。

2011 年 3 月，胡锦涛在省部级主要领导干部社会管理及其创新专题研讨班开班式上强调，社会管理的基本任务包括协调社会关系、规范社会行为、解决社会问题、化解社会矛盾、促进社会公正、应对社会风险、保持社会稳定等方面，要扎扎实实提高社会管理科学化水平，确保社会既充满活力又和谐稳定。这些论述具有很强的针对性和指导性，为加强和创新社会管理指明了方向，也体现了党中央在新世纪新阶段积极的社会管理姿态。

基于对社会管理改革创新的新认识和新实践，中共十八大报告拓宽了社会建设的视野。报告使用"在改善民生和创新管理中加强社会建设"的标题，强调"加强社会建设，必须加快推进社会体制改革"，并用了四个"加快"加以具体阐述，即"要围绕构建中国特色社会主义社会管理体系，加快形成党委领导、政府负责、社会协同、公众参与、法治保障的社会管理体制，加快形成政府主导、覆盖城乡、可持续的基本公共服务体系，加快形成政社分开、权责明确、依法自治的现代社会组织体制，加快形成源头治理、动态管理、应急处置相结合的社会管理机制"。这些论述在以往"社会管理体制"提法的基础上，进一步提出"社会管理体系"特别是"社会体制"，并从"社会管理体制""基本公共服务体系""现代社会组织体制""社会管理机制"四个方面提出加快建设的要求。其中，"政社分开"也首次写进党的重要文献。"政社分开"既是现代化进程中领域分化的表征，也是社会建设的要求。

在社会管理体制中，执政党、政府、社会力量都有各自的职能定位。我国是社会主义国家，中国共产党是执政党，因此，社会建设和管理必须在党的领导下进行。各级党组织要总揽全局、把握方向、整合力量、统筹各方，提升引领社会、组织社会、管理社会、服务社会的能力。在社会建设和管理中，政府起着主导作用，其主要职责是提供公共产品和公共服务。而许多社会事务，是政府管不了也管不好而市场又不愿做的，这就需要社会力量发挥更大的作用。社会力量在民生建设、公共服务和社会管理中也发挥着积极的作用。除了更好地发挥事业单位、人民团体的作用外，还要发挥城乡基层自治组织、各类社会组织在扩大群众参与、反映群众诉求、参与社会建设和管理方面的积极作用，有效增强社会的自组织功能。在社会建设和管理中，城乡基层自治组织、各类社会组织不仅大有可为，更应大有作为。政府应为基层自治组织、各类社会组织让渡更多的发展空间。

通过上述分析，我们清晰地认识到，进入 21 世纪，加强社会建设，创新社会管理已成为开创中国特色社会主义事业新局面的重要领域。党的十八大报告对社会建设的系统阐述，是指导今后我国社会建设的行动纲领，可以说，是吹响了加强社会建设创新社会管理的"集结号"。社会建设大政方针的确定不仅为城乡社区建设和社区管理体制的改革创新提供了利好的政策环境，也提供了新的助推力。

参考文献

1. 著作

奥斯特罗姆等：《公共服务的制度建构》，上海三联书店，2000。

陈天宝：《农村社区股份合作制改革及规范》，中国农业大学出版社，2009。

陈伟东：《社区自治：自组织网络与制度设置》，中国社会科学出版社，2004。

陈幽泓主编《社区治理的多元视角：理论与实践》，北京大学出版社，2009。

陈志新、江胜蓝：《城市化进程中农村集体产权制度改革》，化学工业出版社，2010。

董小燕：《公共领域与城市社区自治》，社会科学文献出版社，2010。

窦泽秀：《社区行政》，山东人民出版社，2003。

杜德印主编《社区党建工作创新研究》，中国社会出版社，2009。

樊纲、武良成：《城市化：一系列公共政策的集合》，中国经济出版社，2009。

傅晨：《中国农村合作经济：组织形式与制度变迁》，中国经济出版社，2005。

郭虹：《城市社区治理探索之路：社区参与治理资源平台成长纪实》，四川大学出版社，2010。

国务院发展研究中心社会发展研究部课题组：《社会组织建设：

现实、挑战与前景》，中国发展出版社，2011。

哈肯：《协同学》，戴鸣钟译，上海科学普及出版社，1988。

胡锦涛：《坚定不移沿着中国特色社会主义道路前进 为全面建成小康社会而奋斗》，人民出版社，2012。

黄中廷：《农村集体经济产权制度改革研究》，新华出版社，2007。

江泽民：《论"三个代表"》，中央文献出版社，2001。

柯武刚、史漫飞：《制度经济学：社会秩序与公共政策》，韩朝华译，商务印书馆，2002。

蓝宇蕴：《都市里的村庄：一个"新村社共同体"的实地研究》，生活·读书·新知三联书店，2005。

雷洁琼主编《转型中的城市基层社区组织——北京市基层社区组织与社区发展》，北京大学出版社，2001。

理查德·博克斯：《公民治理：引领21世纪的美国社区》，孙柏瑛等译，中国人民大学出版社，2005。

李培林：《村落的总结——羊城村的故事》，商务印书馆，2004。

李雪萍：《城市社区公共产品供给研究》，中国社会科学出版社，2008。

梁莹：《基层政治信任与社区自治组织的成长——遥远的草根组织》，中国社会科学出版社，2010。

梁莹、姚军：《草根社区的合作治理与公民治理》，研究出版社，2011。

廖鸿主编《社会组织建设的新视野》，时事出版社，2010。

刘伟红：《社区治理——基层组织运行机制研究》，上海大学出版社，1010。

《毛泽东选集》（第六卷），人民出版社，1999。

潘小娟：《中国基层社会重构：社区治理研究》，中国法制出版社，2004。

《彭真文选》，人民出版社，1991。

齐格蒙特·鲍曼：《共同体》（第2版），欧阳景根译，凤凰出版传媒集团，江苏人民出版社，2007。

萨缪尔森、诺德豪斯：《经济学》（第十四版），胡代光译，北京经济学院出版社，1996。

上海市农村经营管理站编《上海推进农村集体经济组织产权制度改革集锦》，复旦大学出版社，2012。

孙雷：《上海农村集体经济组织产权制度改革实践》，上海财经大学出版社，2012。

唐忠新：《现代城市社区建设概论》，上海交通大学出版社，2008。

托克维尔：《论美国的民主》（上、下卷），董果良译，商务印书馆，1995。

王道勇：《国家与农民关系的现代性变迁——以失地农民为例》，中国人民大学出版社，2008。

王名：《中国社团改革——从政府选择到社会选择》，社会科学文献出版社，2001。

王浦劬、萨拉蒙等：《政府向社会组织购买公共服务：中国与全球经验分析》，北京大学出版社，2010。

王巍：《社区治理结构变迁中的国家与社会》，中国社会科学出版社，2009。

吴锦良：《政府改革与第三部门发展》，中国社会科学出版社，2001。

吴群刚、孙志祥：《中国式社区治理——基层社会服务管理创新的探索与实践》，中国社会出版社，2011。

吴亦明：《现代社区工作》，上海人民出版社，2003。

夏建中：《社区工作》，中国人民大学出版社，2005。

夏建中：《中国城市社区治理结构研究》，中国人民大学出版社，2012。

夏建中、特里·N.克拉克等：《社区社会组织发展模式研究：中国与全球经验分析》，中国社会出版社，2011。

谢芳：《西方社区公民参与：以美国社区听证为例》，中国社会出版社，2009。

徐勇：《现代国家乡土社会与制度建构》，中国物资出版社，2009。

徐永祥：《社区工作》，高等教育出版社，2004。

轩明飞：《村（居）改制：城市化背景下的制度变迁》，社会科学文献出版社，2008。

杨贵华：《自组织：社区能力建设的新视域》，社会科学文献出版社，2010。

杨团：《社区公共服务论析》，华夏出版社，2002。

臧杰斌：《城市街道社区党建读本》，中国社会出版社，2003。

张暄：《日本社区》，中国社会出版社，2007。

赵军、张志勤、陈志主编《城乡社区社会组织实用工作手册》，中国社会出版社，2010。

珍妮特·V. 丹哈特、罗伯特·B. 丹哈特：《新公共服务：服务而非掌舵》，丁煌译，中国人民大学出版社，2004。

2. 论文

毕爱生：《美国流行社区邻里"合作社"》，《社区》2006 年第 24 期。

曹国英：《"村改居"亟待规范》，《乡镇论坛》2010 年第 13 期。

丁煌、黄立敏：《从社会资本视角看"村改居"社区治理》，《特区实践与理论》2010 年第 3 期。

杜国明：《"村改居"后农村集体经济组织面临的新问题探讨——基于广东省的调研分析》，《农村经济》2011 年第 8 期。

费孝通：《居民自治：中国城市社区建设的新目标》，《江海学刊》2002 年第 3 期。

傅晨：《农村社区型股份合作制产权制度的演进与困扰》，《学海》2006 年第 3 期。

傅晨：《社区型农村股份合作制产权制度研究》，《农村改革》2001 年第 5 期。

高灵芝、胡旭昌：《城市边缘地带"村改居"后的"村民自治"研究——基于济南市的调查》，《重庆社会科学》2005年第9期。

姜振华：《专业社会工作在城市社区发展中的介入及模式探讨——以北京市中关村街道华清社区服务站为例》，《中国青年政治学院学报》2009年第5期。

孔娜娜、张大维：《美国的社区建设是如何开展的》，《社区》2007年第15期。

孔有利：《农村城镇化进程中农村集体经济组织产权制度变迁——对无锡市农村集体经济组织产权制度变迁的剖析》（博士论文，2004），中国学位论文（万方数据）。

李桂模：《转制社区股份合作企业公司化改造的路径选择——以广州市"城中村"改制为视角》，《法治论坛》2009年第4期。

李汉林：《变迁中的中国单位制度》，《社会》2008年第3期。

李菁怡：《论"村改居"中的社区自治与居民参与》，《中共南京市委党校学报》2011年第4期。

李培林：《转型背景下的社会体制变革》，《求是》2013年第15期。

罗新阳：《生态变迁与基层党组织功能转型——基于对城市化进程中"村改居"社区的分析》，《领导科学》2012年第32期。

潘冠瑾：《社区党组织"公推直选"的实践与思考——以杭州市的实践为例》，《中共浙江省委党校学报》2011年第1期。

阮文彪、杨名远：《社区股份合作的制度缺陷及创新思路》，《经济体制改革》1998年第1期。

邵建斌：《农村城镇化进程中集体经济组织公司化改造研究》（硕士论文），中国学位论文（万方数据），http://www.doc88.com/p-516670142931.html。

孙健敏、姜铠丰：《中国背景下组织认同的结构——一项探索性研究》，《社会学研究》2009年第1期。

王碧红、苏保忠：《比较分析框架下的"村改居"社区居委会的治理研究》，《湖北社会科学》2007 年第 6 期。

王权典：《城市化转制社区股份合作组织公司化改制之法治路径与保障机制探讨》，《南方农村》2012 年第 7 期。

王权典、江惠生：《城市化"村改居"中农村集体资产改制的困境与出路——结合广东珠三角的实践》，《行政与法》2008 年第 5 期。

杨贵华：《社区建设与我国城市基层社会整合机制的创新》，《科学社会主义》2006 年第 2 期。

杨敏：《作为国家治理单元的社区》，《社会学研究》2007 年第 4 期。

姚华：《社区自治：自主性空间的缺失与居民参与的困境——以上海市 J 居委会"议行分设"的实践过程为个案》，《社会科学战线》2010 年第 8 期。

余冰：《国家与社会关系：社区及其组织研究的一种路径》，《学术研究》2007 年第 5 期。

张红云：《"村改居"后基层党组织的现实困境与职能重构》，《理论导刊》2012 年第 9 期。

张尚仁：《"社会组织"的含义、功能与类型》，《云南民族大学学报》（哲学社会科学版）2004 年第 2 期。

郑春牧：《"村改居"社区党的基层组织建设的探索与实践》，http：//www. 12371. gov. cn/djllcxysjzqlt/sxjs1/2011/05/24/1556149-0979. html。

郑风田、赵淑芳：《论城市化与农村集体资产改制》，《财经问题研究》2006 年第 1 期。

3. 报纸等其他

《北京市农村股份合作企业暂行条例》，人民网，http：//www. people. com. cn/item/flfgk/dffg/1996/A111303199601. html。

郭道晖：《只向真理低头的法学家》，《社会科学报》2011 年 4 月 21 日第 8 版。

国务院：《关于加强和改进社区服务工作的意见》，国发〔2006〕

14 号。

国务院办公厅：《关于印发"社区服务体系建设规划（2011～2015 年）"的通知》，国办发〔2011〕61 号。

《国务院机构改革和职能转变方案》，http：//baike. baidu. com/link？url = hLzvAcafZee5cGYi...2013 - 07 - 19 - 百度快照。

姜力：《在全国农村社区建设实验工作推进会上的讲话》，民政部网，2010 年 10 月 15 日。

《江苏省农民专业合作社条例》，农业部网站，http：//www. moa. gov. cn/zwllm/zcfg/nybgz/201004/t20100418_ 1496933. htm。

《李克强在国务院机构职能转变动员电视电话会议上的讲话》，http：//www. china. com. cn/guoqing/2013 - 05/15/...2013 - 5 - 15 - 百度快照。

《民办非企业单位登记管理暂行条例》，1998 年 10 月 25 日国务院令第 251 号发布。

《民政部关于促进民办社会工作机构发展的通知》，民发〔2009〕145 号，http：//www. mca. gov. cn/article/zwgk/fvfg/zh/200910/20091000039649. shtml。

《民政部关于促进农民工融入城市社区的意见》，民发〔2011〕210 号。

《农村集体经济组织财务公开规定》，农经发〔2011〕13 号，农业部监察部。

《社会团体登记管理条例》，1998 年 9 月 25 日国务院第 8 次常务会议通过。

《深圳经济特区股份合作公司条例》，百度文库，http：//wenku. baidu. com/view/8d027ae0e009581b6bd9eb4a. html。

厦门市农业局：《关于加快推进农村集体资产改制发展社区股份合作经济的指导意见》，厦府办〔2010〕107 号。

厦门市委组织部、市民政局：《关于推进村改居社区基层治理机制改革试点工作的指导意见》，厦委办发〔2010〕34 号。

《物业管理条例》，2003 年 6 月 8 日公布，2007 年修订。

中共中央办公厅、国务院办公厅:《关于加强和改进城市社区居民委员会建设工作的意见》(中办发〔2010〕27号),人民出版社,2010。

《中共中央国务院关于加快发展现代农业,进一步增强农村发展活力的若干意见》(2013年中央一号文件)。

《中国共产党党和国家机关基层组织工作条例》,中发〔2010〕8号。

《中国共产党农村基层组织工作条例》,http://www.34law.com/lawfg/law/6/1189/law_ 253809892446. shtml。

《中国共产党章程》,人民出版社,2012。

《中华人民共和国城市居民委员会组织法》,1989年12月26日第七届全国人民代表大会常务委员会第十一次会议通过。

《中华人民共和国村民委员会组织法》,1998年11月4日第九届全国人民代表大会常务委员会第五次会议通过,2010年10月28日第十一届全国人民代表大会常务委员会第十七次会议修订。

《中华人民共和国公司法》,1993年12月29日第八届全国人民代表大会常务委员会第五次会议通过,2005年修订。

《中华人民共和国宪法》,1982年12月4日第五届全国人民代表大会第五次会议通过,1982年12月4日全国人民代表大会公告公布施行。

附录　概念索引

后　记

　　本书是我主持完成的国家社会科学基金规划项目"城市化进程中'村改居'社区组织建设研究"（项目批准号：10BSH052）的最终成果。其中有的内容曾在《社会科学》《科学社会主义》《湖南社会科学》《东南大学学报（社会科学版)》等刊物选登发表过。此次出版，将书名确定为《转型与创生："村改居"社区组织建设》。在我看来，置身于城市化进程和社会转型的大背景之下，"村改居"社区组织建设必然是一个动态发展的建构过程，这也是我加上"转型与创生"的基本考虑。

　　"村改居"是我国大陆城乡二元结构依然存在条件下政府主导和推进城镇化的路径选择，是一个独特的中国式话语。进入 21 世纪以来，"村改居"工作不仅受到基层和决策层的重视，而且进入学术界的研究视野，引起经济学、政治学、管理学、社会学等学科的关注。2010 年我申报的"城市化进程中'村改居'社区组织建设研究"有幸获得国家社科基金的立项资助。由于"村改居"社区组织建设研究的问题比较特殊、复杂，涉及多个知识领域，因而课题研究颇具挑战性。为了做好课题，我一边调研收集资料，一边研究和写作。有的研究内容，如对"村改居"社区新型服务组织、居民社团组织特别是过渡性集体经济组织的研究，更伴随着诸多艰辛甚至还有难啃的"硬骨头"。四年间，寒来暑往，岁月在不经意间流过。我也在耕耘中收获了喜悦，完成了课题的研究并结项。

　　在书稿即将付梓之际，我首先要感谢课题调研过程中相识和不相识的受访者。他们不仅给予了积极的配合，而且结合各自的工作体验提出许多富有启发的见解，使我受益良多。感谢社会科学文献出版社社会学编辑室童根兴主任和谢蕊芬编辑为本书出版付出的努力和辛勤劳动。这是我与他们第二次愉快的合作。最后，我还要感谢课题申报时的各位成员，他们虽然没有撰写书稿中的章节，但直接或间接参与了部分课题内容的调研。几位研究生、本科生也协助我做了部分调研记录和文字校对工作，这里一并致谢。

本书虽然是专门研究"村改居"社区组织建设的著作，但受时间、精力特别是本人学识和水平的限制，不免有这样那样的不足、缺点甚至错讹之处，寄望专家、学者和读者不吝赐教，给予批评指正。"村改居"社区组织建设研究是一个开放性的课题，议题广泛，内容丰富。有些议题，如"村改居"社区组织建设与新老居民的城市融入、"村改居"社区组织建设中本土资源利用等，也是"村改居"社区组织建设需要加以研究的，本书没有专章论述，留待今后的研究去展开和深化。

杨贵华

2014 年 2 月于集美大学

图书在版编目（CIP）数据

转型与创生："村改居"社区组织建设 / 杨贵华著 . —北京：
社会科学文献出版社，2014.6
ISBN 978 - 7 - 5097 - 5789 - 5

Ⅰ . ①转… Ⅱ . ①杨… Ⅲ . ①城市 - 社区建设 - 研究 - 中国
Ⅳ . ①D669.3

中国版本图书馆 CIP 数据核字（2014）第 050855 号

转型与创生："村改居"社区组织建设

著　　者 / 杨贵华

出 版 人 / 谢寿光
出 版 者 / 社会科学文献出版社
地　　址 / 北京市西城区北三环中路甲 29 号院 3 号楼华龙大厦
邮政编码 / 100029

责任部门 / 社会政法分社（010）59367156　　　　　　责任编辑 / 谢蕊芬
电子信箱 / shekebu@ ssap. cn　　　　　　　　　　　责任校对 / 李　俊
项目统筹 / 童根兴　谢蕊芬　　　　　　　　　　　　责任印制 / 岳　阳
经　　销 / 社会科学文献出版社市场营销中心（010）59367081　59367089
读者服务 / 读者服务中心（010）59367028

印　　装 / 三河市尚艺印装有限公司
开　　本 / 787mm×1092mm　1/20　　　　　　　　　印　　张 / 17.6
版　　次 / 2014 年 6 月第 1 版　　　　　　　　　　字　　数 / 315 千字
印　　次 / 2014 年 6 月第 1 次印刷
书　　号 / ISBN 978 - 7 - 5097 - 5789 - 5
定　　价 / 69.00 元